本书是浙江省哲学社会科学重点研究基地温州大学温州人经济研究中心（课题编号16JDGH097）研究成果。

本书获得温州大学区域特色文化著作出版资助

温州大學 WENZHOU UNIVERSITY 区域文化特色研究系列丛书

基于自我效能的创业创新研究

——以温州为例

阮爱清▸著

Self-Efficacy Based
Entrepreneurship and Innovation:
a Case of Wenzhou City

经济日報出版社

图书在版编目（CIP）数据

基于自我效能的创业创新研究：以温州为例 / 阮爱清著. — 北京：经济日报出版社，2021. 10
ISBN 978 - 7 - 5196 - 0963 - 4

Ⅰ. ①基… Ⅱ. ①阮… Ⅲ. ①创业 - 研究 - 温州 Ⅳ. ①F249. 275. 53

中国版本图书馆 CIP 数据核字（2021）第 206820 号

基于自我效能的创业创新研究——以温州为例

作　　者	阮爱清
责任编辑	李晓红
责任校对	温　海
出版发行	经济日报出版社
地　　址	北京市西城区白纸坊东街 2 号 A 座综合楼 710（邮政编码：100054）
电　　话	010 - 63567684（总编室） 010 - 63584556（财经编辑部） 010 - 63567687（企业与企业家史编辑部） 010 - 63567683（经济与管理学术编辑部） 010 - 63538621　63567692（发行部）
网　　址	www. edpbook. com. cn
E - mail	edpbook@ 126. com
经　　销	全国新华书店
印　　刷	北京九州迅驰传媒文化有限公司
开　　本	710 mm × 1000 mm　1/16
印　　张	16. 25
字　　数	269 千字
版　　次	2021 年 11 月第 1 版
印　　次	2021 年 11 月第 1 次印刷
书　　号	ISBN 978 - 7 - 5196 - 0963 - 4
定　　价	49. 00 元

自序:

为何研究创业自我效能

当今世界“创业”和“创新”已经成为两个最重要的词，在中国“大众创业、万众创新”的话语更是耳熟能详。与此同时，社会上也出现了关于创业与创新的大讨论，各种观点交锋交流。其中很多人质疑是不是人人都该考虑创业，很多人慨叹，我们缺的就是创新精神。

作为中国改革开放以来的“创业热土”，号称“人人想当老板”的温州，创业似乎是一个永恒的主题。因此笔者认为，改革开放四十年以来，温州向全国各地输送了大量的“创业者”“老板”和“企业家”。看着走出去的温州创业者，我提出“温州就像一个发动机，‘发射’了许多创业者和企业家到全国各地”。从这个意义上说，我认为温州市被誉为中国创业的“黄埔军校”是不为过的。

为什么我要研究温州商人的创业自我效能？借着此次专著出版的机会，我仔细思考和梳理了一遍。

这项研究应该最早是缘起本人的博士论文。当年读博士的时候，参与导师的江苏省哲学社科基金项目，涉及产业集群的研究，讨论进化博弈中个体的创业行为选择（理性与有限理性）。博士论文的最后一个部分，运用了温州的产业集群的案例。那个时候，并没有亲身到温州的块状经济区域调研，运用的多是从各个渠道收集到的文献和数据资料，可以说完全是理性的认识。

后来有缘到温州大学工作，让我能够得以近距离感受温州。温州有许多风俗习惯与我的家乡福建省宁德市相似和接近，后来才知道，原来温州有大量的福建移民，所以温州方言分布中，以苍南和洞头为代表的区域，是说闽南话的。真的非常遗憾，我的方言是闽东话，否则的话，也可以为自己的调研提供大量的便利了。由于前期博士研究的基础，我参与了温州产业集群相关的几项省级和市级课题研究，让自己有机会近距离地接触温州的创业者、产业集群，有了更多的感性认识。同时，我听到了更多的温州故事，那些创业者们在温州机场、温州铁路、温州集会等方面的努力和实践，让我对温商这个群体涌起了钦佩，也产生了好奇。

2010年开始，我在温大从事创业教育。与大学生们沟通的过程中发现，有很多大学生的创业种子与其家庭是分不开的，很多大学生的种子是到了温州这个城市才播种的。面对这些满怀热情的大学生，我在思考创业教育对大学生意味着什么？大学生需要怎样的创业教育？通过创业教育，他们需要获得什么？需要解决哪些疑问？需要为他们未来的人生汲取什么？这些问题的思索一直延续到我到美国弗吉尼亚州进行访问。

访问的经济系，正在研究的项目是美国家庭的调研资料，不适合对外开放。这使得我的访问日程有了很大的变动，我去旁听了更多的课程，参加当地各种形式的更多的活动。一次活动当中认识了台湾籍老师DAN博士，听说他在北卡的大学里面任教创业管理这门课。我非常激动，赶紧和他聊天，才知道他曾经在大陆工作。后来我们成了朋友，我还专门要求他和他的学生到温州大学来交流，分享他的创业研究、他学生的创业项目。我们还合作开发了学生创业交流合作项目，我希望让学生的创业项目走向世界，比如可以和国外大学生合作，在亚马逊上开店。我印象最深的是，我特地带着一个美国的创业大学生体验中国足底按摩，让这个外国小伙子嗷嗷叫。接下来的两年，DAN博士带着他的学生团队到温州大学创业学院交流。很遗憾，因为后来DAN博士工作变动等因素，这个项目终止了。

另外一个缘起，是我从念大学开始对心理学的兴趣，促使我在博士以后，在生活中坚持学习心理学相关理论，尤其是心理学在家庭领域的应用。为此我先后成立了学校内部的家庭教育协会和温州市家庭和谐文化研究会，现担任常务副会长。当我和DAN博士交流创业教育的时候，他当时正在研究“创业自我效能”，我想“自我效能”是心理学领域的概念，我从未关注过它们和创业的关系。

访问回国后，我继续从事创业教育，并参与了一个政府的以创业环境为主体的研究项目，让我更多地接触温州的创业者们，了解了更多的创业故事，同时对创业问题的理解，也有了更大和更宽的视角。为此，我特地认真地看了《温州一家人》《温州两家人》这两部典型的温州改革开放题材电视剧，从创业的视角去欣赏。

在不断的阅读、思考、调研中，我不断思考着创业创新教育。创业和创新这两个词，以前我是把它们分开来思考和研究的。现在我认为它们密不可分，创业中必然包含创新，而创业又是创新的一种方式。创业有各种丰富的形态，生存型与发展型创业、内部创业、链式创业、大学生创业等等从不同维度探索，可以看到各种形式的内核差别。这些创业自我效能和创业意图，与创业时候所拥有的要素条件相关联，而这些要素的实体不是那么重要，重要的是创业个体的解读和认识，这就是心里的感觉和判断。

在多年的漫长的好奇和积累中，我一直不敢肯定自己是否了解真正的温州和温州的创业者们，一直犹豫自己的研究是否有足够的学术价值进行发表。直到我有一天听到了东亚研究泰斗级人物傅高义先生的故事。他受到杰出社会学家弗洛伦斯·克拉克“未在另一种文化中生活，你如何理解美国社会？”的启发，专门携妻儿往日本生活两年进行田野调研。相比之下，作为外地人、“新温州人”的我虽然没有大规模地系统性集中调研，但我在温州生活了十几年，持续参与与温州创业相关的研究，与温州创业者成为朋友，与他们共同开展公益事业。这些经历是真实的，体验是丰富的。所以我最终决定把自己零零落落的研究与思考整理成书，作为对自己的一次突破，也让自己有机会与大家分享。

概括起来，因博士论文我与温州结缘；因工作关系我与创业教育结缘；因为有机会访问美国，我开启了心理学与创业研究的结合；因着温州人研究中心的研究项目，我把自己的多年经历与研究进行了融合；因着对温州的好奇、对温州模式的好奇，我关注温州的模仿与创新，我研究中观层面的产业集群的形成、温州模式的利弊，我用放大镜来看产业集群，就是一个个活生生的创业者与他们生生不息的创业行为。从创业自我效能的视角，去看待和分析温商创业行为，我希望为温州人的研究和创业研究贡献自己的一点力量。

从我研究温商创新创业自我效能开始到现在，一转眼几年过去了，世界在不断地发生变化，互联网和数字技术更加深刻地影响着世界，新冠疫情的爆发更是以最广泛的方式冲击着世界。这些环境的变化和挑战，也对创新创业行为产生着各种各样的影响。尽管这些内容并不在课题的原定计划当中，但是创新创业始终搭着与时俱进的时代脉搏，所以本人特地在疫情暴发之后开展了与创新创业自我效能相关的研究。

除此以外，本人还有幸受邀与东莞理工学院尹小勇副教授一起讨论创新创业自我效能的相关研究，尹教授正承担广东省教育厅创新强校工程项目“互联网时代基于创新自我效能视角的广东省区域创新动力系统研究：以东莞市为例（2016GXJK157）”，于是我们在本书中开展了关于创新创业的籍贯差异方面的跨区域合作研究。

阮爱清

2021年3月于温州

目　录
CONTENTS

第一章　基本理论与概念

2015 年以来，创新创业理念越来越为人们熟知，并迅速扩散和发展，大众最为熟知的当属“大众创业、万众创新”的口号。而且随着世界格局的变化以及中国发展的需要，创新地位越来越突显。中国共产党最重要的纲领性文件十九大报告强调：创新是引领发展的第一动力，是建设现代化经济体系的战略支撑。

一、创业自我效能

创业是一个紧扣时代脉搏的事情，同时创业又是极具个人特色的事情。所谓个人特色，最为典型的体现就是在创业意图与创业自我效能方面。本书的研究，主要侧重于创业者创业意图与创业自我效能方面。

创业意图就是创业者为什么创业，即创业目的，它是创业行为的认知镜头，是最靠近创业行为的预测量（Ajzen，1991）。

创业自我效能是自我感觉的创业能力（Zhao et al.，2005），可以通过多个方面的能力进行测度。创业自我效能是创业者相信自己能够胜任不同创业角色和任务的信念（Chen et al.，1998）。Chen et al.（1998，p. 312）认为创业自我效能 ESE 相比人格特征有更好的预测力，因为 ESE 指的是对个人和环境的创业任务特性的个人能力的认知评价。Mcgee et al.（2009）也提出了这样一个相似的论点。此外，高度有效的个人不仅喜欢具有挑战性的活动，而且在这些追求中能展现更高的保持力（Bandura，1997）。事实上，高度有效的人可能将挫折当成学习经历而不是个人的失败（Bandura，1986；Seligman，1990）。因此，那些被认为高创业自我效能感的人，更容易打算开始自己的业务，并实际上长远地从事这些行为。事实上，自我效能感与机会识别和冒险有关系（Krueger and Dickson，1994）。

关于创业自我效能 ESE 是怎样形成的，Wood and Bandura（1989），Zhao et al.（2005）认为 ESE 受到经验的影响，Bandura' s（1986）的社会认知理论认为高自我效能感能引导行为、塑造行动的过程，并在面对障碍时提高毅力（Bandura，1999）。根据社会认知理论，自我效能信念是通过四种方式发展和加强的:（1）以往的熟练程度;（2）替代经验或是榜样;（3）主观规范或是社会劝说;（4）生理状态（Wood and Bandura，1989）。

在这些理论观点的基础上，许多实证研究都集中在创业教育对自我效能认知的影响（Bergman et al.，2011；Florin et al.，2007；Oosterbeek et al.，2010；Peterman and Kennedy，2003；Von Graevenitz et al.，2010；Wilson et al.，2007；Zhao et al.，2005）。众多学术机构也有同样想法，意欲通过创业课程提高毕业生的创业自我效能 ESE。许多研究已经确定了创业教育课程对个人 ESE 观念的积极影响（Peterman and Kennedy，2003；Von Graevenitz et al.，2010；Zhao et al.，2005），有些则发现没有这样的关系（Bergman et al.，2011；Oosterbeek et al.，2010），而有些研究甚至发现了两者之间的负关系（Cox et al.，2002）。

大量的研究推动创业意向和行为的要素。一个重要的聚焦点是个人的自我效能和行为意图的正面关系。与此同时，创业环境也是创业自我效能的重要来源和影响因素，通过社会规范、教育培训等多个方面，参与培育和引导创业自我效能。其中创业教育对创业自我效能以及创业意图的影响，近些年受到诸多学者的关注，成为各个创业创新动力的重要依据（Yar Hamidi et al.，2008；Fayolle et al.，2006；Galloway and Brown，2002；Kolvereid and Moen，1997；Souitaris et al.，2007；Vaizler，2011；Von Graevenitz et al.，2010；Wu and Wu，2008；Von Graevenitz et al.，2010）。最具代表性的一个创业环境分析的成熟模型是“全球创业观察框架”（GEM）。此外还有内亚威利和福格尔的创业发展环境理论（G&F 模型）以及史蒂文森和伦德斯特罗姆的 MOS 理论（MOS 模型）。

国内研究方面，与创业自我效能相关的研究相对较少。钟卫东等从创业者角度对创业自我效能感、外部环境支持与初创科技企业绩效之间的关系，进行了系统考察和实证分析，发现创业自我效能感对初创科技企业绩效产生直接的积极影响（钟卫东等，2007）。Wu and Wu（2008）研究了中国学生的创业课程和 EI 之间的关系。一些学者对大学生创业自我效能进行了测评（王彭等，2015）。

二、创新的相关理论

1. 创新

创新理论，最早可追溯到1912年美国哈佛大学教授约瑟夫·熊彼特《经济发展概论》。美国学者埃弗雷特·罗杰斯提出的创新扩散理论从20世纪60年代起一直处于领导地位[28]。

Chesbrough（2003）提出开放式创新的概念。宋刚（2009）认为，信息通信技术的融合与发展，加快了知识社会的形成，知识化具有流体特征，推动了创新民主化的进程。

“国家创新体系”是英国著名的创新理论大师克里斯托夫·弗里曼教授在他所研究的《技术政策与经济绩效——日本的经验》的书中第一次提出的。我国的创新思想家许庆瑞教授也提出了“全面创新”的企业创新理论，他提出的全面创新管理，其本质就是国家创新体系的一种体现。

2. 区域创新系统

有关区域创新系统的研究，具有丰富的研究维度，目前大量的关于区域创新系统水平、创新能力、技术创新等宏观层面的测度和研究，关于企业和个人层面的创新意识和创新能力的微观讨论，都侧重于人力资源开发和利用的角度。有关创新意愿与创新自我效能的研究，国内缺乏系统的研究，国外的研究也多数以微观层面为主。创新能力的研究较为丰富，多数从创新投入、协调创新能力、知识产权能力、创新驱动能力四个方面进行。张敏、吴结兵、孙冰、左小明、侯广辉等学者分别从不同角度研究创新动力系统。此外，还有NK Jaiswal，RL Dhar，PS Ellen，WO Bearden，M Mokhber，GG Tan等学者的研究工作。[17-20]

三、关于民营经济

“民营”一词最早是20世纪30年代被提出。王春圃（1931）第一次把民间私人经营的企业称为“民营”。毛泽东（1942）是中国共产党人中首次使用“民营”的人。随着时代的变迁，民营经济的内涵不断发生变化，当前通常所说的民营经济是1978年改革开放以后涌现的各种类型的民间经济。广义的民营经济包括除国有经济外的其他一切经济成分。本课题研究的民营经济就是利用民间的资金，由民间人士经营的经济。

对中国民营经济发展的研究，通常是两条清晰的主线：一是民营经济合法性的地位演变；二是民营经济发展的制度环境不断改善。围绕这些主线，有许多研究是围绕产权进行的，主要注重温州模式和苏南模式两种模式。

Svejnar（1990），Pittand Putterman（1992），Dong and Putterman（1997）以及 Stiglitz（1994），Chang-wang（1994）、田国强（1995）、李稻葵（1995）、裴小林（1999），冯曲和张涛（2002）主要探索苏南模式取得绩效的原因。

王连娟（2004）、郑海平、鲁兴启（2005）、储小平（2002），程书强（2005）、李新春、黄焕明（2002）、王锐兰（2005）、王宣喻（2006）、周新德（2008）等研究了家族企业制度环境与治理结构演变。

何德旭（1999）、陈佳贵（1999）、樊刚（1999，2001）、张杰（2000）、栾天虹（2001）、康立等（2001）、高正平（2004）、林毅夫（2001，2006）、郭斌（2006）、卢少辉（2006）等从融资的角度研究民营经济制度。

王世勇（2004）、何伟（2007）、韩朝华、戴慕珍（2008）、丁启军（2011）、于良春（2007）和王福友（2004）、郭春丽（2009）、厉以宁（2007）、杨永忠（2010）、王学人（2011）等围绕政府政策研究民营经济制度。

此外，还有许多研究者围绕非正式制度，即文化、企业家精神等方面研究民营经济的发展。

四、创业与创新

1.创业创新动力与创业创新自我效能

创业创新动力系统是由创业创新的内驱力、情动力、意志力构成的既能促进创新能力形成和提高，又能使之得到理想发挥的动力系统。如图 1.1 所示，创业创新动力中重要的两个维度，是创业创新意愿和创业创新自我效能。创业创新意愿影响创新动力，同时从创业创新意愿到创业创新能力的实现，中间有个转化的关键点——自我创业创新效能。

创业创新自我效能的提升能够为创业创新提供源源不断的动力。创业创新自我效能不仅受创业创新主体创业创新能力的影响，同时受创业创新意愿的作用；此外，通过创业创新教育，能够帮助个体和组织获取创业创新的思维、工具和方法，有助于提高创业创新能力从而提升创业创新自我效能；创业创新体制方面，通过政策制度的保障，能够鼓励和保护创业创新，有助于提升创业创新意愿，从而提高创业创新自我效能，进而增强创业创新动力。

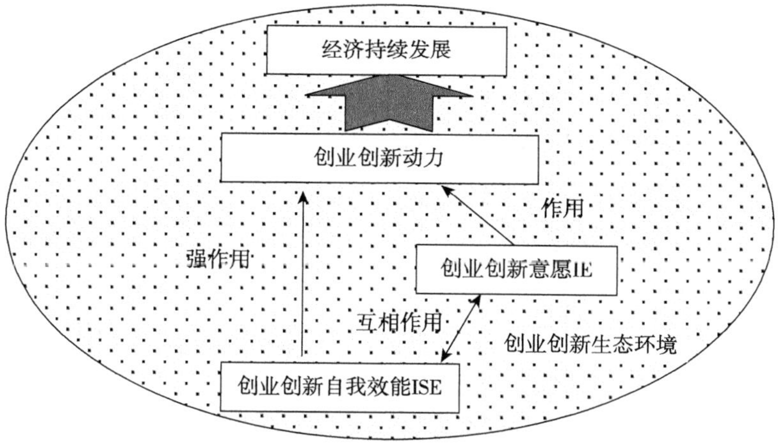

图 1.1　创业创新动力体系

2. 本书中的创业与创新

本书的观点是，创业与创新密不可分。创业本身是一种形式的创新；创业过程中，必然伴随各种各样的创新。当然，这里的创新是广义的。

所谓创业是某种形式的创新，指的是创业从开始到过程中，处处显示出创新的特点。例如创新一个组织，可以理解为广义的创新。又如，创业常常创造出一个现实问题的解决办法。有的创业开创一个新行业。此外，创业的行为里充满了各种创新：创新的思维、创新的做法、创新的领域、创新的连接、创新的解决问题的办法等等，无不处处彰显。

这里需要说明的是，创业中创新的衡量与一般的科技创新有所不同。最典型的特征是，创业中的创新，领域更广，其表现方式和途径丰富多样，特别体现出思维的弹性，情境性极强，最突出的特点是体现在解决问题的能力上，比如管理创新。此外，创业中的创新也必然包含科技创新，以及与之相配套的诸多目标的达成。例如，以更经济的方式达成现有的产品或是服务目标。

在创业过程中的创新，往往强烈体现出创业者自身与创新相关的个人特质：接受变化的程度、开放交流程度、学习新的事物、冒险精神、抗挫力、心灵韧性等等。

而且随着21世纪的信息技术和知识经济的发展，创业中的创新要素越来越广泛，互联网、移动互联、平台、跨界连通、跨国连通，这些都更有力地推动产业创新，创新出更多的场景/需求拉动，激发出更丰富的想象。

五、众创空间

1. 众创空间的起源、概念和内涵

众创空间这种创新创业形式由来已久。一些程序设计师和编程爱好者们日常聚会，这些都可以视为众创空间。“黑客空间”[28]，被认为是众创空间的起源。早在1995年在德国柏林成立的C-base.V黑客空间，最早被认为是独立的黑客空间。之后在美国，黑客空间真正发展起来，不断成为创客的聚集地，后来黑客空间的概念和形式就被带到了北美，从那以后，在美国遍地开花。2010年，黑客空间正式进入了中国大众的视线，出现了“创客空间”。

刘志迎、陈青祥（2015）认为新时代的趋势是开放创新、大胆创新，在互联网大环境下，“众创空间”顺应当前新时代（创新2.0）的发展趋势。王佑镇、叶爱敏（2015）进行“众创空间”的概念的总结提炼。

张娜（2015）认为“众创空间”有广义与狭义的不同。孟国力（2016）认为，“众创空间”是许多新型孵化器出现的产物，是创新创业生态网络。此外，卓晓宁（2015）[33]、黄世芳（2016）[34]、邵永新（2016）分别给出众创空间的概念。众创空间就是在创客空间、科技企业孵化器的基础上，通过提供开放式的专业化的交流和服务空间，帮助实现创业者和所需各项要素相结合的低成本、专业化的开放式综合创新平台。

2. 众创空间的发展阶段

创客空间最早是在欧美地区DIY文化下发展起来的。从发展脉络看，经历了以下四个阶段：（1）私家车库空间阶段[36]；（2）黑客空间阶段[37]；（3）创新实验室的阶段；（4）现阶段的众创空间。从发展历史看，很多创客空间的特征、行为和做法都与众创空间的发展定位相吻合。国家科技部通过对北京、上海、深圳地区的众创空间进行调研后提炼总结出来新的词语——“众创空间”，是一个具有中国特色的词语，赋予了我国本土化的专业特色。

3. 众创空间的创新理论

创新理论，最早可追溯到1912年美国哈佛大学教授约瑟夫·熊彼特的《经济发展概论》。美国学者埃弗雷特·罗杰斯提出的创新扩散理论从20世纪60年代起一直处于领导地位[38]。

Chesbrough（2003）提出开放式创新的概念。宋刚（2009）认为，信息通信技术的融合与发展，加快了知识社会的形成，知识化具有流体特征，推动了创新民主化的进程。

“国家创新体系”是英国著名的创新理论大师克里斯托夫·弗里曼教授在他所研究的《技术政策与经济绩效——日本的经验》的书中第一次提出的。我国的创新思想家许庆瑞教授也提出了“全面创新”的企业创新理论，他提出的全面创新管理，其本质就是国家创新体系的一种体现。

“众创空间”背后的创新思想主要体现在三个方面：其一，打破原有经济运行的循环模式，建立一种新的“生产函数”，从而产生了创新；其二，开源精神形成了对“知识创造”的强逼机制；其三，为“创客”提供了发明创造的“工具箱”，推动着“民主化”创新的浪潮。[45]众创空间搭建了“发明”通向“创新”的桥梁。

4. 众创空间发展模式

国外创客空间发展模式。在美国、德国、新加坡等国家，创客空间基本上通过市场化建设、企业化操作的模式进行。全球知名的创客空间有Metallab、Tc-base.V.、Fab Lab、TechShop等。特拉维斯·古德（Travis Good）对国外创客空间进行分类研究，发现创客空间的运行模式之间大有不同，可分为集中开发型、协同工作型和自主创业型三种类型[40]。

国内创客空间发展模式。赖晓南等（2015）认为众创空间发展模式一般划分为七大类，分别是专业服务型、活动聚集型、投资拉动型、媒体主导型、地产思维型、培训辅导型及垂直产业型。王圣丹（2017）将我国高校众创空间分为高校主导型、校企协同型、企业主导型三种发展模式。周素红（2016）认为众创空间的主要运行单位分为投资单位、运营单位、使用单位和生产辅助单位四类。每一种发展模式都具有其独特的特点、资源和运作的规律，需要深入研究不同模式下众创空间的运行机制，结合不同模式的特点，走符合自身发展的特色化道路。[43]董弘毅（2016）研究指出5G时代从物理空间向虚拟空间转变会是众创空间发展的趋势。

六、本书研究的温商

关于温商的理解，大体包括以下几种。

一是“温州籍”的商人和企业家。这个范围蕴含着“温籍”和“成功”的意涵，木包括在全国各地、世界各地的自认为是温州人的商人和企业家。

二是温州籍的创业者、中小企业主和大企业家。凡是自己当老板，不管是在努力的路上，还是已经相当成功，还是暂时失败陷入谷底，都是温商。

三是在温州的企业家和创业者。他们有些虽然不是温州籍贯，但是他们在温州创业多年，被认为是“新温州人”。虽然很多人并不喜欢这个称呼，但是他们觉得自己已经是温州商人群体的重要部分。

本文研究的温商，是较为广泛意义上的温商，涵盖以上三个方面的人群，既有自认为是温商的遍布全国和世界的创业者和企业主，也包括目前在温州这片热土上创业和守业的企业主和企业家们。

第二章　创业者自我效能总体分析

一、评价内容

创业意图就是创业者为什么创业，即创业目的，是理解创业者内心动力的重要方面。对创业者创业意图的了解，通常通过询问创业目的来获得。本研究通过七个方面的创业目的来与创业者探讨，分别是“赚到一大笔钱”“独立地思考和行动”“工作更多彩多姿”“维持自己的价值观”“符合我的个性”“把自己的想法变为现实”以及“享受挑战的感觉”。

本书将创业自我效能通过六个不同方面的能力感知进行比较。创业自我效能的六个测评维度分别是：（1）销售能力主要是指进行市场分析、建立产品定位、实现市场份额的能力；（2）创新能力主要是指发现新商机、新点子，开发新产品和新服务、开发新市场和区域以及应用新方法的能力；（3）管理能力主要是指进行战略规划、减少风险、建立信息系统、进行目标管理、明确组织角色、承担责任等相关的能力；（4）风险决策能力主要是指进行风险评估、在不确定情况下做决策、在冲突下工作和承担责任的能力；（5）财务管理能力主要是指进行财务分析、完善财务系统和内部控制、控制成本，以及资金控制的相关能力；（6）社交能力主要是指建立社会关系、进行有效沟通的能力。

创业支持是创业者或是创业行为得到的外部支持。创业支持通常来自创业者亲朋好友以及所处的各种环境，其中外部的扶持政策，也是支持的重要部分。

二、创业意愿

对温州创业者的创业与创新研究，延续多年并有大量的案例，其中进行定量评估的受访总数 153 人（其中男性占 63%，女性占 37%）。

受访者的受教育经历如图 2.1 所示，大学大专及以上学历总计 79%，其中大学大专占 70%，研究生以上学历占 9%。

对于创业类型，63.4% 的创业者认为自己属于生存型创业。创业目的分类如图 2.2 所示。理论上，生存型创业有不利于创新的因素，因为以解决生存为目的的创业，往往更关注经济，因而主动进行创新的意识相对薄弱。

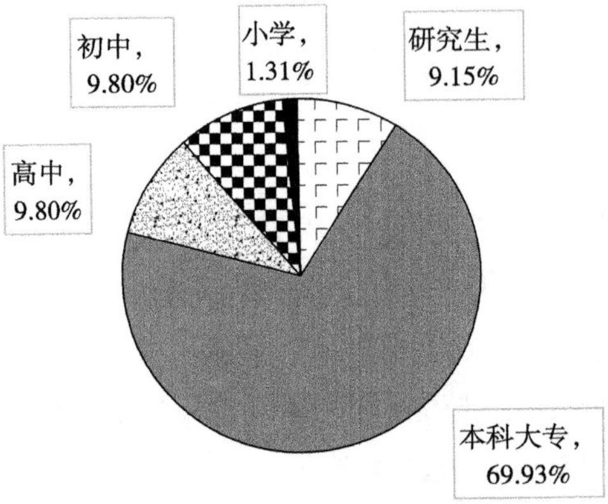

图 2.1 受访者的学历分布

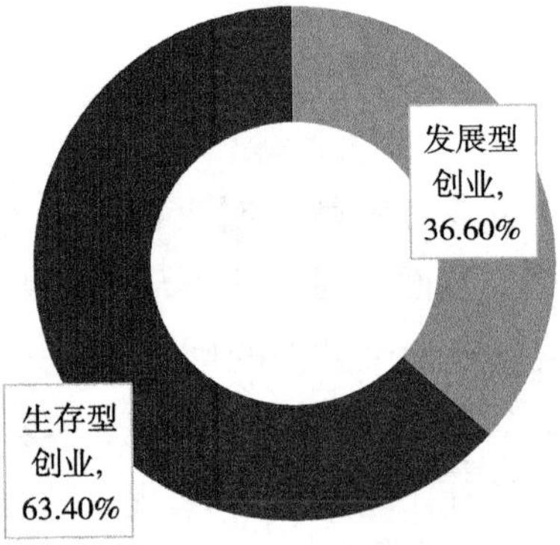

图 2.2 受访者的创业类型分布

表 2.1 创业目的分布（多选）

选项	比例
赚到一大笔钱	43.14%
独立地思考和行动	32.03%
工作更多彩多姿	33.33%
维持自己的价值观	39.22%
符合我的个性	28.1%
把自己的想法变为现实	58.82%
享受挑战的感觉	34.64%

从创业意愿看，58.8% 的创业者想通过创业创新“把想法变为现实”，43.1% 的创业者希望赚到一大笔钱，39.2% 的创业者创业是为了维持自己的价值观，约三分之一的创业者想通过创业独立思考和行动、让工作更多姿多彩、享受挑战的感觉。

三、创业自我效能

对于市场开发能力的自我评估，分别针对创业初期和现阶段进行，在进行市场分析、建立产品定位和实现市场份额方面的创业者的把握能力。如图2.3所示，可以看出这方面的创业者成长性不错，成长速度较快，“有很大把握”的创业者的比例从15.69%上升到42.48%；“完全有把握”的创业者比例从2.61%上升到11.11%。

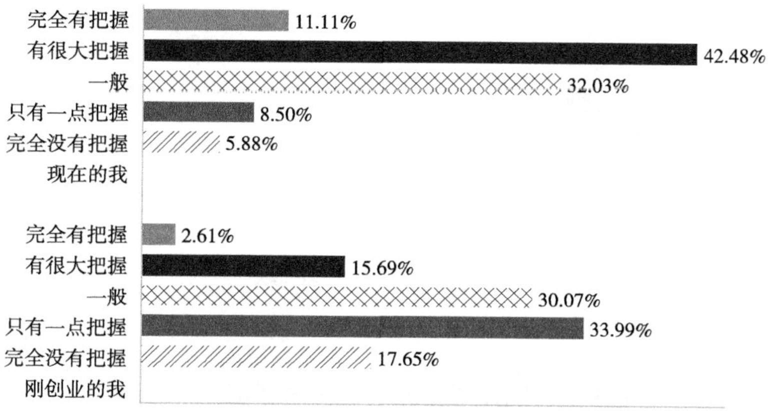

图 2.3　市场开发能力评估

在完成市场创新方面的任务，包括发现新商机、新点子、新产品和服务、开拓新市场和新区域、采用新的方法方面的创业者评估，如图2.4所示。相比较而言，完全有把握的创业者成长相对缓慢。创新本身是一件很有挑战的工作。

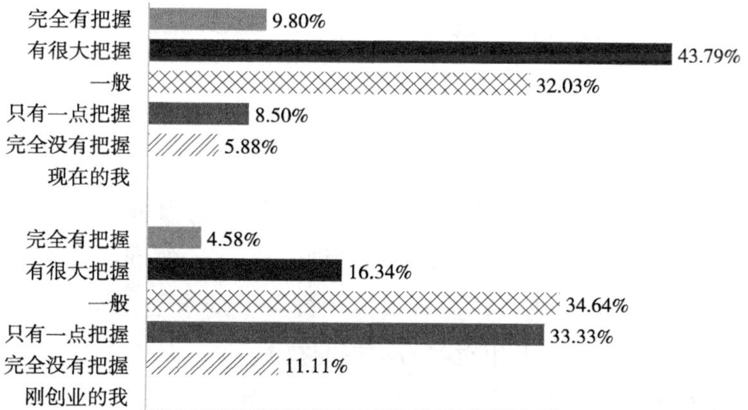

图 2.4　市场创新方面评估

在完成管理方面任务的情况，如图 2.5 所示，即进行战略规划、建立信息系统、采用目标管理、明确组织角色、责任和政策方面，创业者也成长较快，有把握的比例从 18% 上升到 54%，这是成长较快的方面。

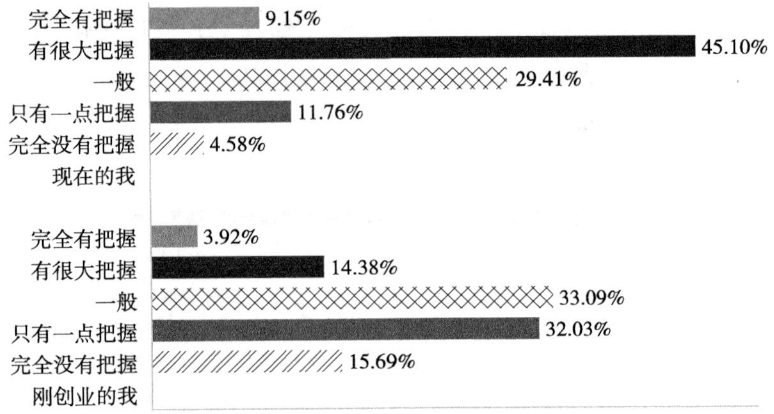

图 2.5　管理方面的评估

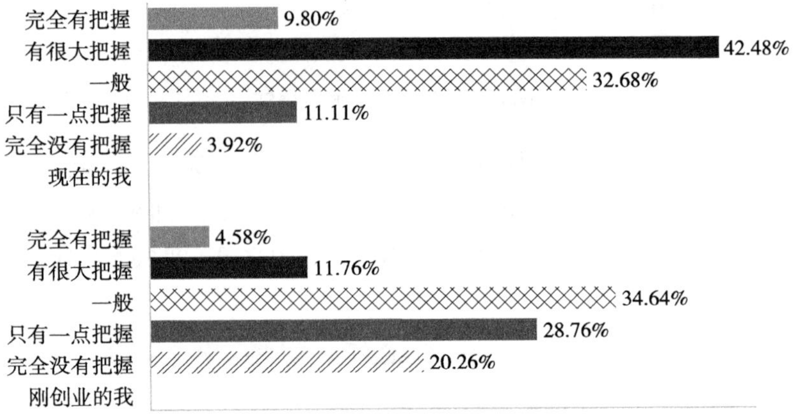

图 2.6　风险方面的评估

在完成财务管理、资金控制方面的任务，即进行财务分析、完善财务系统和内部控制、控制成本方面的工作，刚创业时 18% 的创业者感觉有很大把握以上，现在有 52% 创业者认为有很大把握以上的水平，如图 2.7 所示。可见，财务能力是一个创业者相对容易掌握的技能。

在诸多创业自我效能指标中，社交能力方面，即建立社会关系、进行有效沟通方面，同样时间段内，是成长最为明显的。从刚创业的时候 44.76% 的创业者认为是“一般”水平，仅有 1.9% 的创业者完全有把握，转变到现在的 44.76% 的创业者感觉有很大把握，还有 20% 的创业者“完全有把握”，如图 2.8 所示。即有把握的创业者比例从约 23% 上升到约 65%。

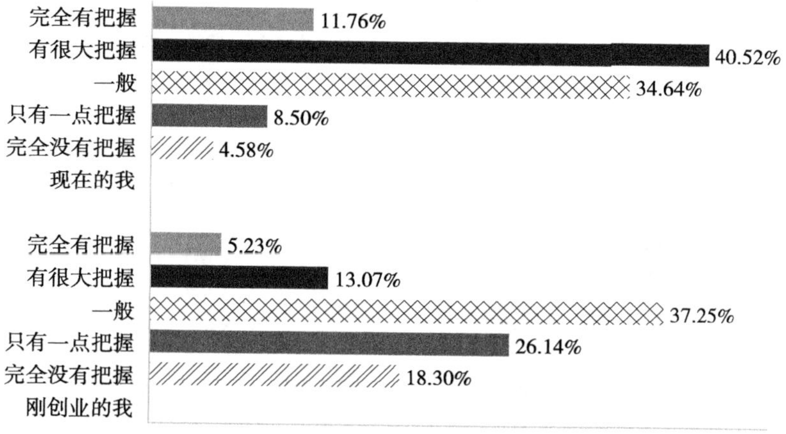

图 2.7　财务资金方面的评估

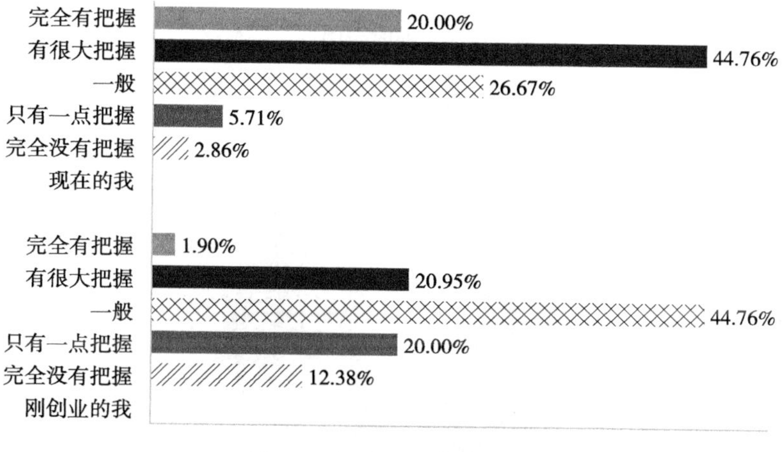

图 2.8　社交能力自我评估

综合上述创业自我效能的几个方面，可以发现创业者在市场开发、完成管理、进行风险决策、财务管理资金控制和社会交往方面的成长较快，在创新方面的成长则相对缓慢，这说明创业者在这方面需要更多地学习和成长。相对来说，创新也是相对更有难度的工作。

四、创业支持

对于初次创业时家人、朋友和配偶的支持状况，如图 2.9 所示。59% 的创业者都得到了家人的支持，充分证明了温州是创业的热土。朋友一起创业的比例高达 36%，高于家人（14.38%）和配偶（13.07%）的比例。

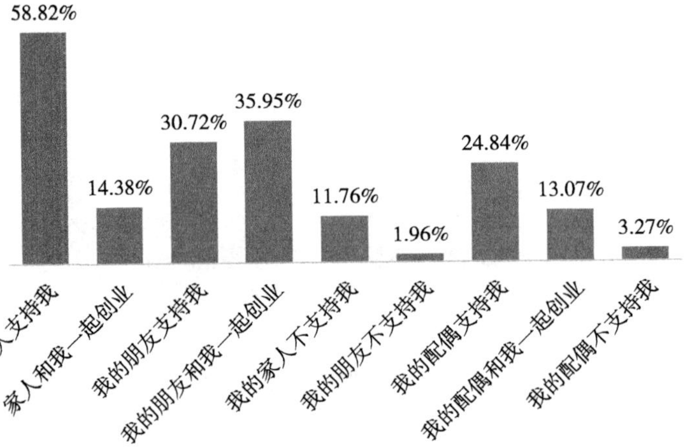

图 2.9　首次创业时得到的支持情况

所有的受访创业者中，75.82% 的父母不是创业者。

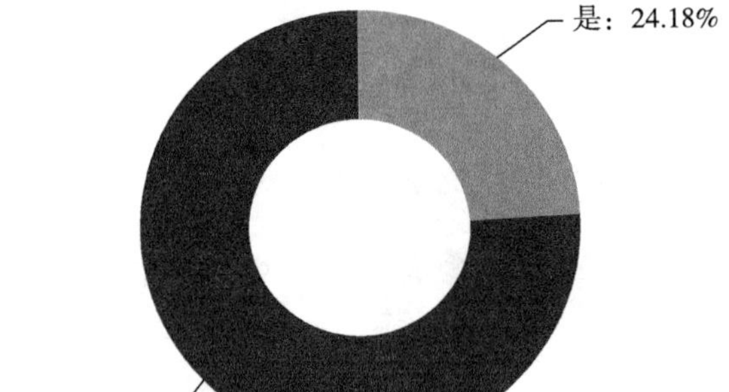

图 2.10　创业者的父母是否创业

第三章　创业自我效能的代际差异

创业是一个典型的与时俱进的行为，创业自我效能是创业精神的典型表现。创业行为受到创业意图、创业自我效能以及创业环境等多种因素的影响。本章通过对共计 101 名不同时代创业的温州籍创业者的调查访谈，从创业意图和创业自我效能等多方面分析和比较不同时代创业者的代际差异，并对代际差异产生的原因进行分析，并得到相关的启发。

在 2017—2019 年的三年中，笔者访谈了超过 100 名的温州籍创业者。他们从 90 年代创业到最近三年的创业，显示出了许多不同之处，也在一定程度上体现了温商群体创业状态的变迁。本章创业者代际差异研究，主要侧重于创业者创业意图与创业自我效能方面。

一、创业意图的代际差异

在随机受访的 101 位创业者中，按照创业的时间分，20 世纪 90 年代以前创业的有 4 位；90 年代创业的有 16 位；2000 年到 2009 年创业的有 24 位（为了方便简练，用“00 年代”来代表 2000 年到 2009 年这个阶段）；2010—2018 年创业的有 57 位（同样，用“10 后”来代表这个阶段），其中近三年（2016—2018 年）创业的有 32 位。

受访的 101 位创业者中，女性创业者共计 41 名，占 41%。受访者全部是温州籍创业者，有 18 位主要工作所在地在温州以外地区，其余创业者主要在温州工作。受访创业者中，2000 年以前创业者的平均学历是高中学历，2010 年以后平均是大专以上学历。受访创业者中，2000 年以前的创业者全部都是创一代；“00 年代”75% 是创一代；“10 年代”创一代的比例则下降至 56%。

最直接体现创业意图差异的地方，是“首次创业类型”。在所有受访创业者中，66 名创业者首次创业是“生存型”创业，“发展型”创业的比例是

35%，而且不同年代创业者显示出明显的变化趋势：90 年代以前，25% 的创业者是发展型；90 年代创业者中，31% 的创业类型是发展型创业；“00 年代”的创业者中 33% 是发展型创业；“10 后”创业者中的比例是 37%。发展型创业的比例缓慢上升，符合经济社会发展的规律。

创业者在创业前的工作年限，不同年代也有差异，总体趋势是越来越短：受访的创业者中，90 年代创业者创业前平均工作了 7.47 年，“00 年代”创业者平均工作了 6.46 年，“10 年代”创业者平均工作 5.49 年，近三年创业者平均工作 4.75 年。每个年代的受访者中，均有工作时间达到 20 年者，充分说明温州是一方适合创业的沃土。近些年来，越来越多的大学生毕业后不久就创业，越来越多的年轻人确立创业作为就业的途径，这是创业前平均工作时间下降的主要因素。作为大学的创业导师，笔者曾经特别鼓励大学生，除非是机遇所迫，尽量在累积一些工作经验后再进行创业，这在理论上能够提高创业的成功率。但是另一方面，信息社会变化更加地快速和不确定，使得发现创业机会的创业者们都倾向于快速行动抢占先机。

对于创业的目的，往往是多种因素的交织。本研究对小样本的调查，探讨了七个维度。分别是“赚到一大笔钱”“独立地思考和行动”“工作更多彩多姿”“维持自己的价值观”“符合我的个性”“把自己的想法变为现实”以及“享受挑战的感觉”。从受访群体中发现，从创业目的上看，“00 年代”与 2000 年以前以及 2010 年以后的创业者相比，创业目的相对简单，平均只有 2 个维度，其中前三位的目的分别是：“把自己的想法变为现实”“赚到一大笔钱”和“维持自己的价值观”。2000 年以前的创业者和 2010 年以后的创业者平均有 3 个维度的创业目的，近三年的创业者创业目的均值为 3.22，显示出更多元的、更丰富的创业意图。

2000 年以前的创业者中，55% 的人为了“赚一大笔钱”，50% 的人选择了“维持自己的价值观”，60% 的人认为创业可以“把自己的想法变为现实”。2010 年以后的创业者中 65% 的人选择了“把自己的想法变为现实”。近三年的创业者中，除了 63% 选择“把自己的想法变为现实”之外，50% 的人选择了“工作更多彩多姿”，此外“赚到一大笔钱”“维持自己的价值观”和“享受挑战的感觉”的认可比例达到 47%。这说明近三年的创业者认为创业可以实现更多维的人生目标。从这些变化可见，2000 年代以前的创业者是相当有追求和情怀的，2010 年之后，创业目的的多元化才重新变得越来越明显。

小样本研究发现，所有年代中，创业者的创业目的中被认可比例最高的均是“把自己的想法变为现实”。由此可见，“赚钱”本身并不是创业第一位的目的，更多的创业者是因为有了想法而更有动力，想法是比赚钱更具有创业驱动力的内容。

综合创业目的的多个方面，可以发现改革开放四十年来的创业目的，的确出现了“为温饱而奋斗”向“为理想而奋斗”的转变，这与小康社会的逐步建成是密切相关的。

同时发现，对于“创业符合我的个性”的选择比例几乎都是最低的，笔者推测尽管创业具有高风险和高挑战性，但是由于温州创业环境的特点，众多的成功实践，让大家产生了“人人都可以当老板”的想法，这对于创业需要的极大勇气，显得非常重要。也正是因为如此，温州的创业者群体特征具有极大的丰富性。

二、创业自我效能代际差异

通过访谈的小样本，研究不同年代创业者的创业自我效能，也体现出一些特点。本研究将创业自我效能通过六个不同方面的能力感知进行比较。创业自我效能的六个测评维度分别是：（1）销售能力主要是指进行市场分析、建立产品定位、实现市场份额的能力；（2）创新能力主要是指发现新商机、新点子，开发新产品和新服务、开发新市场和区域以及应用新方法的能力；（3）管理能力主要是指进行战略规划、减少风险、建立信息系统、进行目标管理、明确组织角色、承担责任等相关的能力；（4）风险决策能力主要是指进行风险评估、在不确定的情况下做决策、在冲突下工作和承担责任的能力；（5）财务管理能力主要是指进行财务分析、完善财务系统和内部控制、控制成本，以及资金控制的相关能力；（6）社交能力主要是指建立社会关系、进行有效沟通的能力。

让受访者进行自我分析和打分，做出自我评估，在此基础上分别比较不同年代创业者的创业初期自我效能以及他们在创业后自我效能的变化情况。研究发现以下典型的特征。

（1）创业初期的自我效能。2000 年以前的创业者具有平均最高的自我效能感，除了“社交能力”接近中等水平，其余五项的自我效能感都超过中等水平，其中财务管理和创新这两方面的自我效能感最高。

2000年前的创业者具有所有年代中最高的创业初期销售自我效能（3.05），这与温州当时的发展情况相符，那个年代很多温商都是从“销售员”开始，逐步走上创业之路。而且在摸爬滚打中，在全国各地的东奔西走中，练就了多方面与创业要求相适应的市场开拓、目标管理、风险控制、财务管理等方方面面的本领。与市场经济最为相关的“销售能力”方面的自我效能成为许多创业者最后决定“自立门户”的最重要因素。

比较2000年前、“00年代”和“10年代”三个时代的创业者，创业初期自我效能最高的是2000年前的创业者，其次是“10年代”创业者，而“00年代”创业者创业初期自我效能最低。访谈中发现，由于2000年前，创业并不常见，往往需要更多的勇气，相应地也就能够解释创业者们往往是具备较高的自我效能才开始创业。2000年以后中国经济快速发展，更多的创业者紧紧抓住机遇，相信机会早就能创业成功，因此这个年代的创业者们创业初期的销售能力和创新能力的自我效能感是所有维度中最高的。2010年以后的创业者们创业初期社交能力和财务管理的自我效能感相对较高，也是与当今社会看重人脉和资金相关。

（2）创业自我效能的现状。“00年代”的创业者在创业自我效能的所有方面明显高于其他几个阶段的创业者。其中得分最高的两项是“销售能力”和“社交能力”，紧接着是“创新能力”和“财务管理能力”。2000年以来是信息技术快速发展、信息革命兴起、互联网技术快速发展的阶段，与时代共成长的创业者们认为他们在“最好的时代”与中国经济共成长，也赢得了自我效能的重大提升。

2000年以前的创业者对目前的自我效能评价最高的是财务管理能力和社交能力。2010年后的创业者们的自我效能最高的是社交能力。

（3）创业自我效能的变化。比较刚开始创业与现阶段的创业自我效能，可以发现，“00年代”的创业者自我成长性感觉最好，成长分值高达1.29，远远高于2000年以前的创业者以及2010年以后的创业者群体。“00年代”创业者具有最快的能力提升，而且自我效能明显高于2000年前的创业者，笔者认为这是因为“00年代”的创业者相对能够更好地适应市场经济环境，而且相比“10年代”创业者具有更丰富的实战经验。“10后”创业者虽然创业时间较短，即显示出更强的自信和更快的学习能力，其自我效能提升幅度接近

2000 年前的创业者水平。

比较不同方面的创业自我效能成长情况，发现 2000 年前的创业者在社交能力方面提升最多，其次是风险决策能力方面和管理方面；“00 年代”的创业者的财务管理自我效能提升最多，其次是风险决策能力方面；“10 年代”后的创业者以及近三年的创业者在社交能力自我效能方面提升最多，其次是风险决策能力方面。

比较 2000 年前，“00 年代”和“10 年代”三个时代的创业者，他们的创业自我效能变化的共同特点是：风险决策能力的成长都高居第二位，而创新能力的自我效能变化都是排在最后。结合访谈发现，应对市场风险、进行不确定性的决策和冲突下的工作，这些能力可以在创业的过程中不断积累和成长；但是创新能力是很难随着创业过程自然得到提升的。由此可见，创新自我效能的提升是最困难的，必须是创业者有意为之方可提高的部分。

综合六个方面的创业自我效能，可以发现“00 年代”的创业者在创业初期各方面创业自我效能都是最低的，笔者认为，这是因为相比之下，2000 年前的创业者因为有更多的工作经验因而具备较高的创业自我效能（可以称为创业的社会经验预备），“10 年代”创业者则可能获得了更多创业教育机会（可以称为创业的教育预备），“00 年代”的创业者具有当下平均最高的创业自我效能。所有年代的创业者自我效能提升过程中，风险决策能力提升明显，但创业能力提升最弱。

三、创业支持分析

关于创业获得的支持情况，温州人创业得到家人支持的比例一直较高，受访的创业者中 2000 年以前得到的支持比例是 45%，“00 年代”得到支持的比例最高，高达 71%，“10 年代”后的创业者也得到 58% 的家人支持。这种高度的支持正是温州作为创业者之乡的独特优势的体现。

尽管家人支持创业的比重一直较高，但是家人参与创业的比重则不断下降。受访的创业者中，比重从 2000 年前的 40% 下降至“00 年代”的 13%，再至“10 年代”的 4% 以及近三年的 3%。本人认为这是一个健康的趋势。随着社会的不断发展和进步，大家意识到家人共同创业存在的挑战和不利因素，更多人选择和朋友一起创业。与此同时，朋友参与创业的比重则从 2000 年以前的

5% 上升到“00 年代”的 33%，再到“10 年代”的 49% 以及近三年的 50%。相应地，朋友支持创业的比重也不断上升，从 2000 年以前的 10% 上升到“00 年代”的 17%，再到“10 年代”的 37% 以及近三年的 44%。由此可见，社会环境更加积极地支持创业，创业者得到了更多情感上的支持。本章认为这主要来源于两个方面，一方面是已有创业者的成功示范，另一方面源于国家对创业者地位和贡献的肯定。

此外，从 2000 年前到“00 年代”再到“10 年代”，创业者得到的家人和朋友的反对的声音不断下降；得到配偶的支持程度则经历了先升后降的过程，配偶的参与程度，则是明显地下降（35%，25%，7%）。可见，创业支持条件越来越宽松，创业的方式也越来越理性。

四、本章的结论及其启发

本章通过小样本访谈的方式，研究温商创业者创业自我效能之间的代际差异。根据创业者首次创业的时间，划分为三个阶段，即 2000 年前、“00 年代”（即 2000 年至 2009 年）和“10 年代”（即 2010 年及以后）的创业者。研究发现了创业意图和自我效能方面的一些特征。

（1）随着时代的发展，“发展型创业”所占的比重越来越大；创业者在创业前的工作年限趋向减少。代际之间的创业意图更加地多元和丰富，但是不论哪个年代“把自己的想法变为现实”都是占主要地位的创业目的之一。

（2）2000 年前的创业者由于创业前工作年限长，创业环境更加挑战，因而具有较高的创业初期自我效能；当前状态的自我效能，“00 年代”的创业者在所有的六个方面明显高于其他几个阶段的创业者，同时他们也是自我效能提升最多的群体。比较 2000 年前、“00 年代”和“10 年代”三个时代的创业者，他们的创业自我效能变化共同的特点是：风险决策能力的成长都高居第二位，而创新能力的自我效能变化都是排在最后。

（3）比较 2000 年前、“00 年代”和“10 年代”三个时代的创业者，他们持续获得家人的支持，但是配偶的支持度变化不大；同时家人参与创业的比重则不断下降，特别是配偶的参与度明显下降；朋友参与一起创业的比重快速上升。

本章的研究还需要继续深入，需要进行更大规模的案例研究，从而使小样本的结论得到更好的验证和展示。

基于代际之间的差异，在鼓励创业和创新方面可以有更深入的应用。例如，创业者代际差异的研究内容，可以帮助现有的一代创业者更好地进行代际传承。又如，因为创新能力是自然的创业过程中很难发展和提升的，本研究支持政府在引导和帮助创业者更加重视创新能力的培养方面能够有所作为。

第四章　创业自我效能的性别差异

创业行为受到创业意图、创业自我效能以及创业环境等多种因素的影响。不同性别的创业自我效能有差异吗？本章通过对共计 153 位温州创业者的定量研究并结合调查访谈，从创业意图和创业自我效能等多方面分析和比较不同性别创业者的差异，并对性别差异产生的原因进行分析，得到相关的启发。

一、创业意图的性别差异

在随机受访的 153 位创业者中，男性 96 名，女性 57 名。体现创业意图差异的地方，是“首次创业类型”。在受访女性创业者中，六成创业者首次创业是“生存型”创业，“发展型”创业的比例是 40%；男性创业者中 66% 是“生存型”创业，比例高于女性。

对于创业的目的，往往多种因素交织，这里从七个维度进行探索。女性的创业目的分布，如图 4.1 所示。33% 受访女性创业者选择“赚到一大笔钱”，三成选择“独立地思考和行动”，35% 希望“工作更多彩多姿”，44% 选择“维持自己的价值观”，37% 认为创业“符合我的个性”，最高的比例是“把自己的想法变为现实”，有 54%，另外三分之一选择“享受挑战的感觉”。

男性受访者的创业目的分布，如图 4.2 所示。通过比较发现，男性创业群体的创业目的中，赚钱的比例明显更高，占 49%，比女性的 33% 高出约 50%。对于“独立思考和行动”“工作更多姿多彩”以及“享受挑战的感受”这三方面的追求，男性与女性差别不大。男性想“维持自己的价值观”的比例是 36.5%，相对低于女性，认为“符合个性”的比例是 22.9%，也较女性比例低。受访男性创业者中最高比例的创业目的是“把自己的想法变为现实”，达到 61.5%。

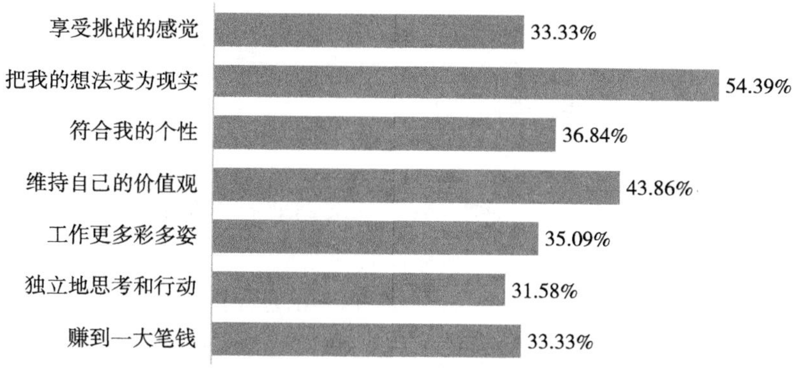

图 4.1　女性创业者的创业目的

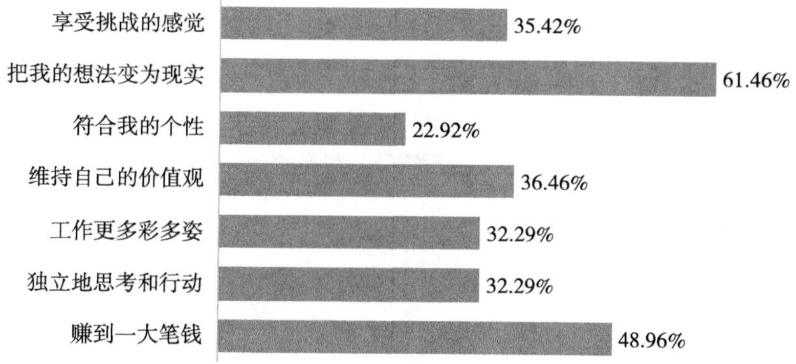

图 4.2　男性创业者的创业意图

进一步比较发现，男性和女性创业者的创业目的中共同的特点是，比例最高的均是“把自己的想法变为现实”。由此可见，“赚钱”本身并不是创业第一位的目的，不论是男性还是女性，更多的人因为有了想法而更有动力，想法是比赚钱更具有创业驱动力的内容。排在第二位的创业目的，女性是维持自己的价值观，男性是赚一大笔钱，同时，男性女性在对自己个性是否符合创业问题上的差距，从中也许可以看到男性受到的社会生存压力更大，女性相对更加感性。

同时发现，男性对于“创业符合我的个性”的选择比例几乎都是最低的，笔者推测这与男性不太注重自我感知有关。面对创业具备的高风险和高挑战性，看到身边众多的成功实践，为“人人都可以当老板”的想法驱动，从而产生极大的创业勇气，因而忽略创业与自我个性的匹配思考。同时，创业过程又是非常能够塑造个性的，久而久之，创业者也在创业生涯中发展了许多与创业创新相匹配的个性特征。

二、创业自我效能性别差异

在受访的创业者样本中，研究不同性别创业者六个测评维度的创业自我效能，也体现出各自的一些特点。

（1）销售能力自我效能。主要是指进行市场分析、建立产品定位、实现市场份额的能力。女性创业者的销售能力自我效能如图 4.3 所示。可以看到创业初期到受访时，女性销售自我效能成长迅速，创业初期 42.11% 的女性对销售“只有一点把握”，28.07% 的女性是“一般把握”状态，仅有 14.04% 的女性创业者有“很大把握”。受访时，42.11% 女性选择“一般把握”，36.84% 的女性是“很大把握”。

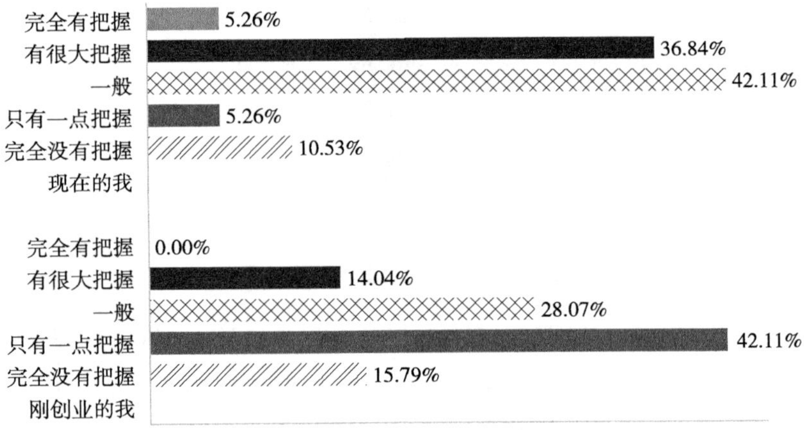

图 4.3　女性销售能力自我效能

男性创业者的销售能力自我效能如图 4.4 所示。可以看到创业初期到受访时，男性销售自我效能成长迅速，创业初期 29.17% 的男性对销售“只有一点把握”，31.25% 的男性是“一般把握”状态，仅有 16.67% 的男性创业者“有很大把握”。受访时，26.04% 受访男性选择“一般把握”，45.83% 的男性是“有很大把握”。

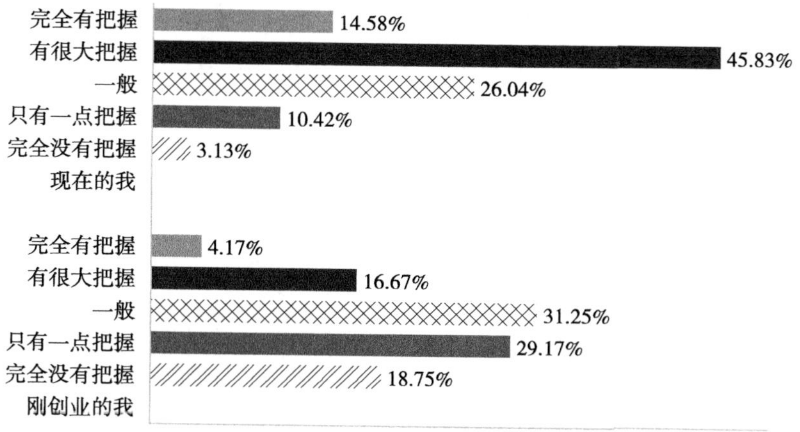

图 4.4　男性销售能力自我效能

（2）市场创新能力自我效能。主要是指发现新商机、新点子，开发新产品和新服务、开发新市场和区域以及应用新方法的能力。

女性创业者的市场创新能力自我效能如图 4.5 所示。可以看到创业初期 40.35% 的女性对市场创新“只有一点把握”，36.84% 的女性是“一般把握”状态，仅有 14.04% 的女性创业者有“很大把握”。创业过程中女性市场创新自我效能成长迅速，受访时，43.86% 女性选择“一般把握”，29.82% 的女性是“很大把握”。

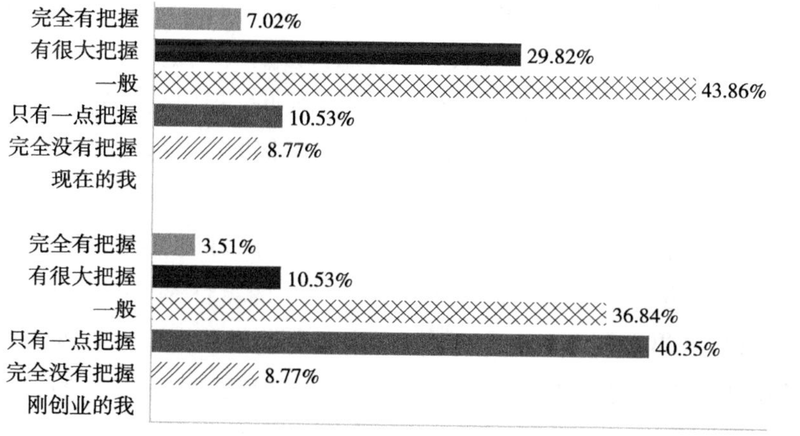

图 4.5　女性市场创新能力自我效能

男性创业者的市场创新自我效能如图 4.6 所示。可以看到创业初期 29.17% 的男性对市场创新“只有一点把握”，33.33% 的男性是“一般把握”

状态，仅有 19.79% 的男性创业者“有很大把握”。创业过程中男性市场创新自我效能成长迅速，受访时，25% 男性选择“一般把握”，52.08% 的男性是“很大把握”。

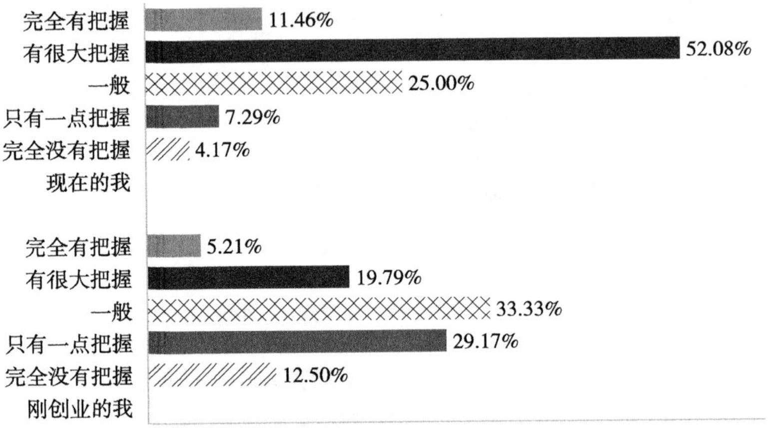

图 4.6　男性市场创新能力自我效能

相比较发现，市场创新的自我效能方面，受访男性创业者的成长比女性创业者显著得多。

（3）管理能力自我效能。主要是指进行战略规划、减少风险、建立信息系统、进行目标管理、明确组织角色、承担责任等相关的能力。

女性创业者管理方面自我效能如图 4.7 所示。可以看到创业初期 35.09% 的女性对管理方面“只有一点把握”，35.09% 的女性是“一般把握”状态，仅有 8.77% 的女性创业者有“很大把握”。创业过程中女性管理方面自我效能成长迅速，受访时，31.58% 女性选择“一般把握”，38.60% 的女性是“很大把握”。

男性创业者管理方面自我效能如图 4.8 所示。可以看到创业初期 30.21% 的男性对管理方面“只有一点把握”，33.33% 的男性是“一般把握”状态，仅有 17.71% 的男性创业者“有很大把握”。创业过程中男性管理方面自我效能成长迅速，受访时，28.13% 男性选择“一般把握”，48.96% 的男性是“很大把握”。

对比发现，女性创业者和男性创业者在管理自我效能方面的成长幅度是相近的，只是在创业初期男性具有相对更高的管理自我效能感。

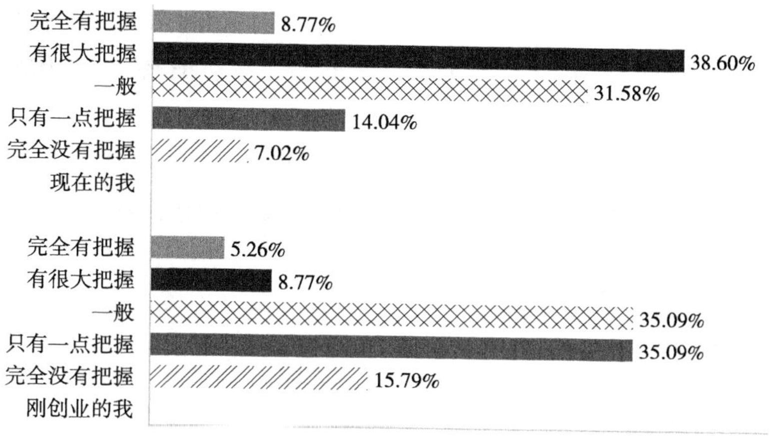

图 4.7　女性管理能力自我效能

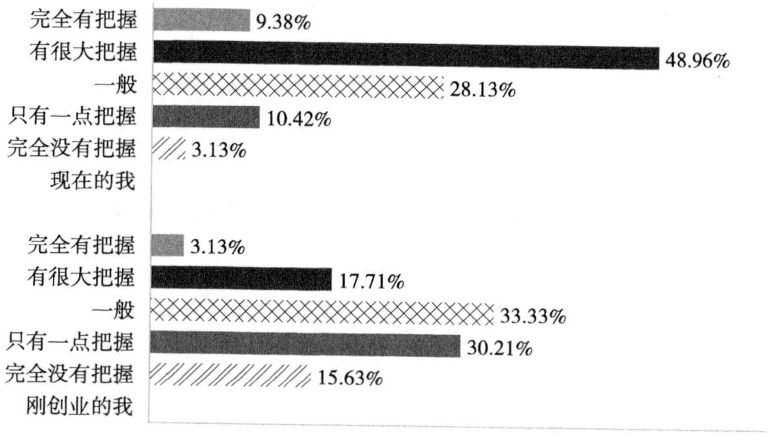

图 4.8　男性管理能力自我效能

（4）风险决策能力自我效能。主要是指进行风险评估、在不确定情况下做决策、在冲突下工作和承担责任的能力。

女性创业者的风险决策自我效能如图 4.9 所示。可以看到创业初期 26.32% 的女性对风险决策“只有一点把握”，38.60% 的女性是“一般把握”状态，仅有 8.77% 的女性创业者“有很大把握”。创业过程中女性风险决策自我效能成长迅速，受访时，40.35% 女性选择“一般把握”，33.33% 的女性是“有很大把握”。

男性创业者的风险决策自我效能如图 4.10 所示。可以看到创业初期 30.21% 的男性对风险决策“只有一点把握”，32.29% 的男性是“一般把握”

状态，仅有 13.54% 的男性创业者“有很大把握”。创业过程中男性风险决策自我效能成长迅速，受访时，28.13% 男性选择“一般把握”，47.92% 的男性是“有很大把握”。

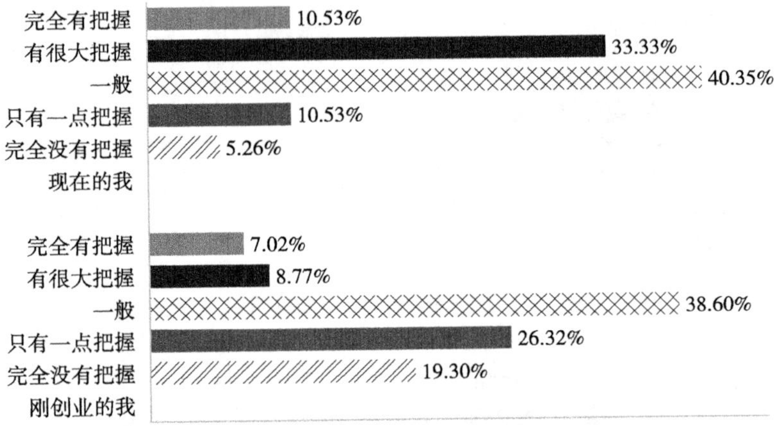

图 4.9　女性风险决策自我效能

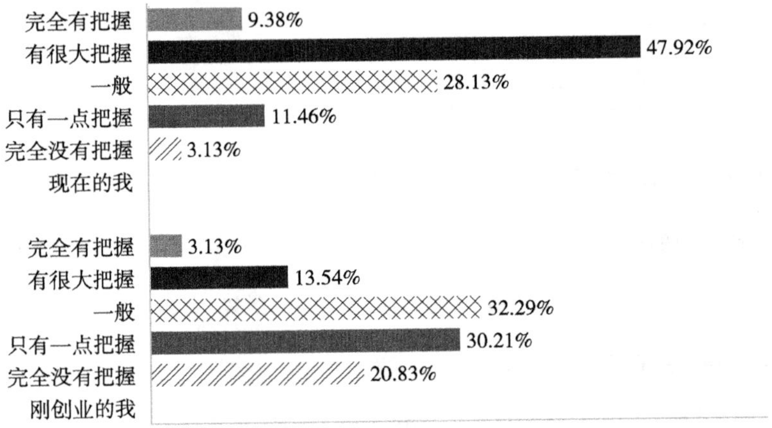

图 4.10　男性风险决策自我效能

对比男性和女性创业者，可以发现男性在创业初期的风险决策自我效能相对高些，而且在创业过程中的自我效能提升也非常显著。作者认为应该是成功的创业经历强化了男性自我效能的提升。

（5）财务管理能力自我效能。主要是指进行财务分析、完善财务系统和内部控制、控制成本，以及资金控制的相关能力。

女性创业者的财务管理自我效能如图 4.11 所示。可以看到创业初期

28.07% 的女性对财务管理“只有一点把握”，36.84% 的女性是“一般把握”状态，仅有 12.28% 的女性创业者有“很大把握”。创业过程中女性财务管理自我效能成长迅速，受访时，42.11% 女性选择“一般把握”，31.58% 的女性是“很大把握”。

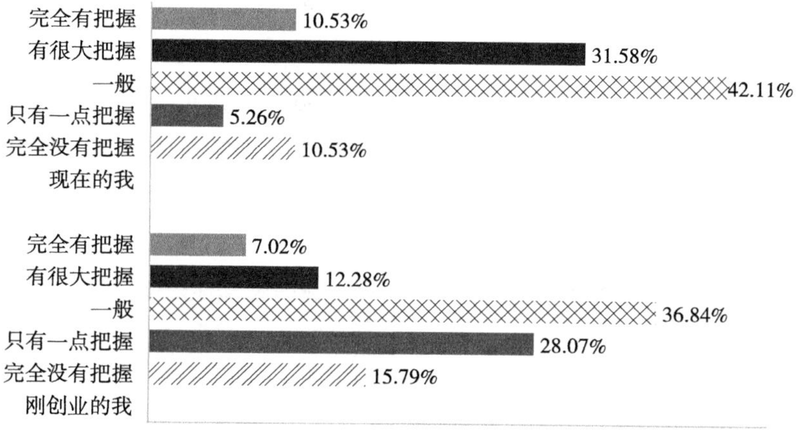

图 4.11 女性财务管理自我效能

男性创业者的财务管理自我效能如图 4.12 所示。可以看到创业初期 25% 的男性对财务管理“只有一点把握”，37.5% 的男性是“一般把握”状态，仅有 13.54% 的男性创业者“有很大把握”。创业过程中男性财务管理自我效能成长迅速，受访时，30.21% 男性选择“一般把握”，45.83% 的男性是“有很大把握”。

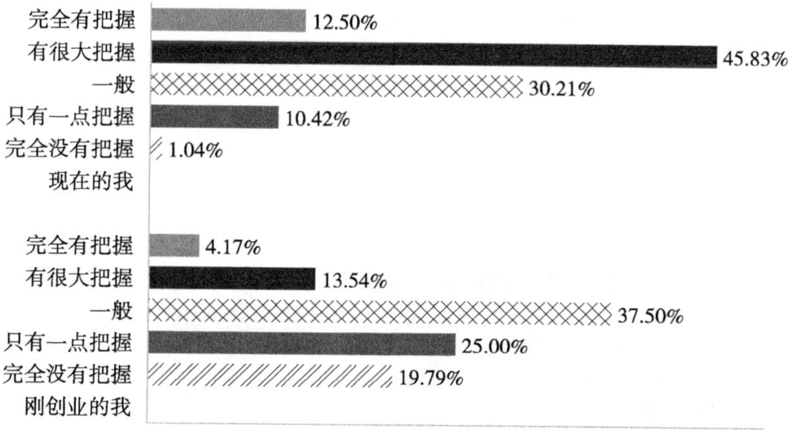

图 4.12 男性财务管理自我效能

相较而言，女性与男性在创业初期的财务管理自我效能方面比较接近，女性相对强一点。经历创业之后，男性的财务管理自我效能提升非常明显，特别是“有很大把握”的比例高出女性比例约 50%。

（6）社交能力自我效能。主要是指建立社会关系、进行有效沟通的能力。

女性创业者的社交公关自我效能如图 4.13 所示。可以看到创业初期 19.3% 的女性对社交公关“只有一点把握”，43.86% 的女性是“一般把握”状态，仅有 24.56% 的女性创业者有“很大把握”。创业过程中女性社交公关自我效能成长迅速，受访时，31.58% 女性选择“一般把握”，47.37% 的女性是“很大把握”。

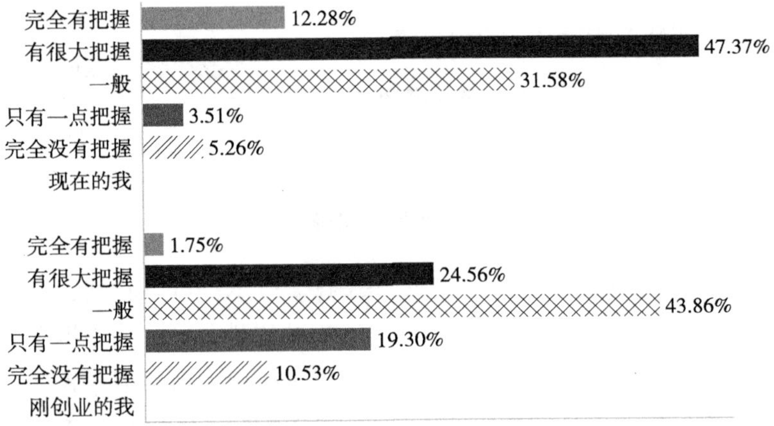

图 4.13　女性创业者社交公关自我效能

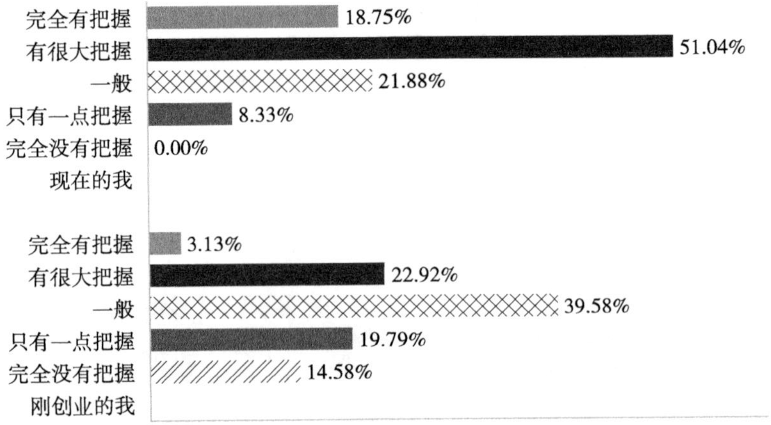

图 4.14　男性创业者社交公关自我效能

男性创业者的社交公关自我效能如图 4.14 所示。可以看到创业初期 19.79% 的男性对社交公关“只有一点把握”，39.58% 的男性是“一般把握”状态，仅有 22.92% 的男性创业者“有很大把握”。创业过程中男性社交公关自我效能成长迅速，受访时，21.88% 男性选择“一般把握”，51.04% 的男性是“有很大把握”。

通过社交公关自我效能的比较发现，女性在初创期与男性差不多，经过创业之后他们均有显著提升，而且男性自我效能略高一些。

三、创业支持及其他差异

对于首次创业时的周边环境，如图 4.15、图 4.16 所示。54.39% 的受访创业女性得到家人支持，并且有 14.04% 女性的家人和创业者一起创业。61.46% 的受访创业男性得到家人支持，并且有 14.58% 男性的家人和创业者一起创业。

36.84% 的受访创业女性的朋友支持创业，且有 36.84% 创业者的朋友参与创业。22.81% 创业女性的配偶支持创业，19.30% 创业女性的配偶和她一起创业。

27.08% 的受访创业男性的朋友支持创业，且有 35.42% 创业者的朋友参与创业。26.04% 创业男性的配偶支持创业，9.38% 创业男性的配偶和他一起创业。

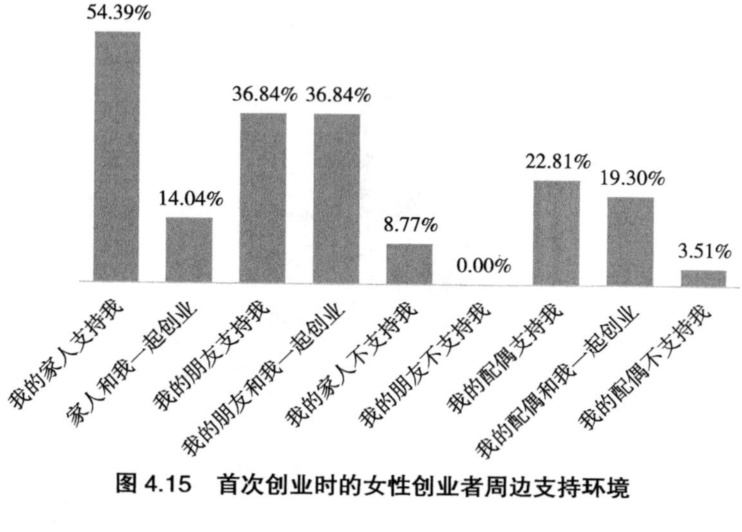

图 4.15　首次创业时的女性创业者周边支持环境

关于反对创业的力量，8.77% 创业女性的家人不支持创业，0% 创业女性的朋友不支持创业，3.51% 创业女性的配偶不支持创业。13.54% 创业男性的家人不支持创业，3.13% 创业男性的朋友不支持创业，3.13% 创业男性的配偶不支持创业。

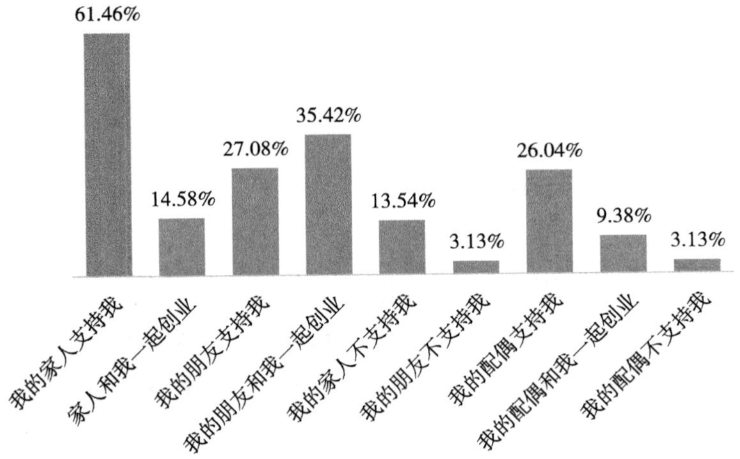

图 4.16　首次创业时的男性创业者周边支持环境

对比发现，男性似乎得到更多的家人的创业支持，也同样得到更多的反对；女性得到更多的朋友支持；男性得到更多的配偶支持；而女性的配偶更多地与之共同创业。

受访女性创业者的受教育经历分布，如图 4.17 所示。最高比例的是大学大专学历，占 63.16%；其次是研究生学历，占 12.28%；高中学历比例占 12.28%；初中学历占 10.53%；小学学历占 1.75%。

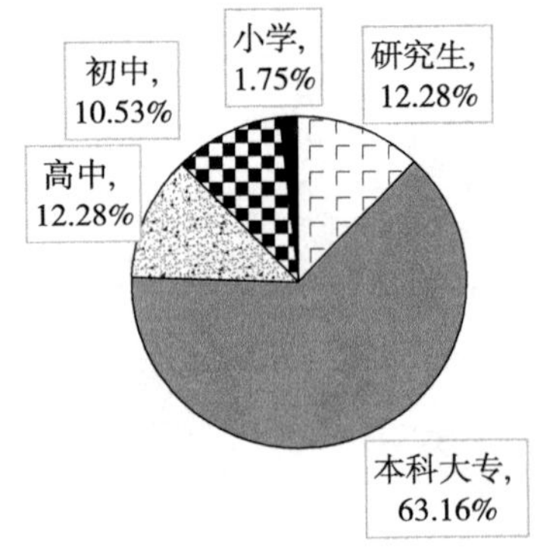

图 4.17　女性创业者的受教育经历分布

受访男性创业者的受教育经历分布，如图 4.18 所示。最高比例的是大学大专学历，占 73.96%；其次是研究生学历，占 7.29%；高中学历比例占 8.33%；初中学历占 9.38%；小学学历占 1.04%。

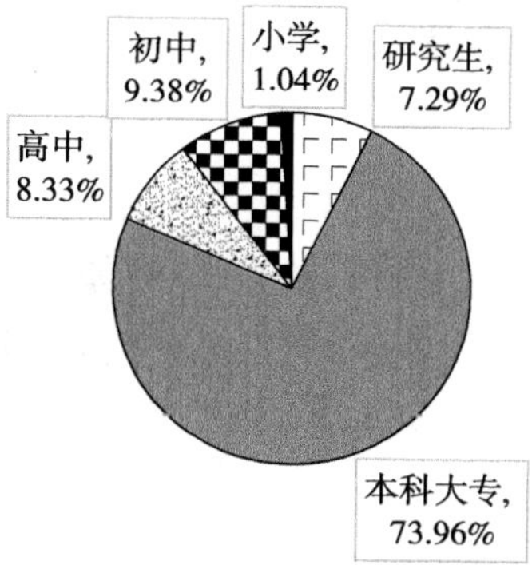

图 4.18　男性创业者的受教育经历分布

可以看出，男性和女性创业者的学历分布相近，男性中大学生的比例较女性高，研究生的比例较女性低。

关于父母是否创业。受访女性创业者中，19.3% 的女性父母是创业的；受访男性创业者中，27.08% 的男性父母是创业的，比女性创业者高出许多。

第五章　创一代与创二代的差别

在创业创新的自我效能上，家庭的影响如何？父母是否创业的影响如何？本章讨论一代创业与二代创业的差别。“父母创业”的创业者称为“创二代”，父母不创业的创业者称为“创一代”。

一、创业意愿和目的差异

“首次创业类型”，如图 5.1 所示，在受访的创二代中，56.76% 创业者首次创业是“生存型”创业，“发展型”创业的比例是 43.24%。如图 5.2 所示，在受访的创一代中，65.52% 创业者首次创业是“生存型”创业，“发展型”创业的比例是 34.48%。

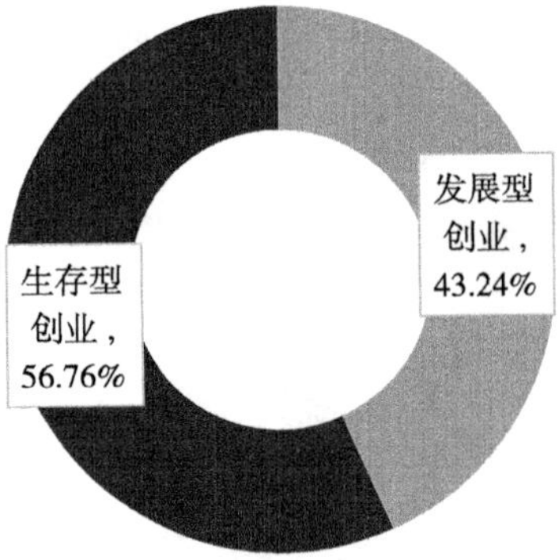

图 5.1　创二代的创业类型

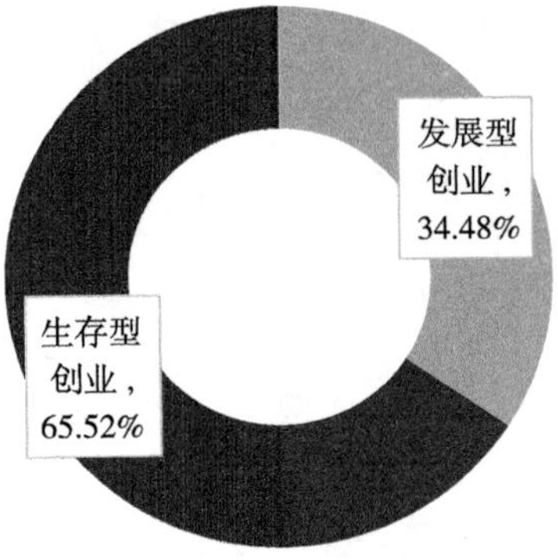

图 5.2　创一代的创业类型

对于创业的目的的七个维度。创二代的创业目的分布，如图 5.3 所示。40.54% 创二代受访创业者选择“赚到一大笔钱”，40.51% 选择“独立地思考和行动”，43.24% 希望“工作更多彩多姿”，40.54% 选择“维持自己的价值观”，29.73% 认为创业“符合我的个性”，最高的比例是“把自己的想法变为现实”，有 54.05%，另外 35.14% 选择“享受挑战的感觉”。

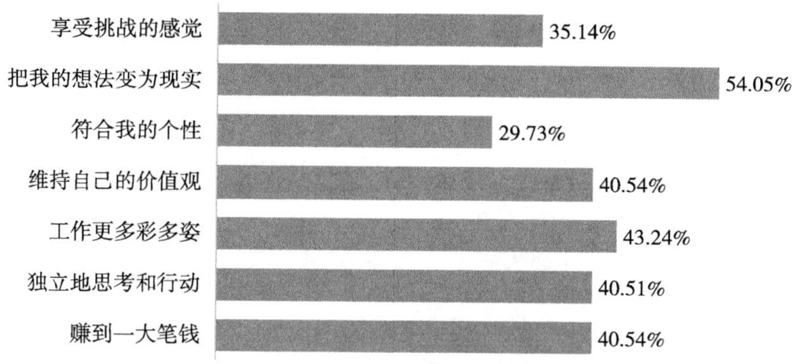

图 5.3　创二代的创业目的

创一代的创业目的分布，如图 5.4 所示。43.97% 创一代受访创业者选择“赚到一大笔钱”，29.31% 选择“独立地思考和行动”，30.17% 希望“工作更多彩多姿”，38.79% 选择“维持自己的价值观”，27.59% 认为创业“符合我的个性”，最高的比例是“把自己的想法变为现实”，有 60.34%。另外 34.48% 选择“享受挑战的感觉”。

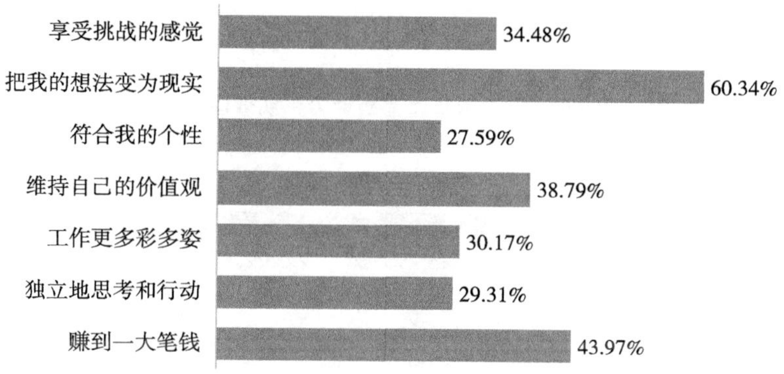

图 5.4　创一代的创业目的

对创一代和创二代分类研究发现，除了“把自己的想法变为现实”和“赚一大笔钱”是创一代和创二代共同的最主要的两个创业目的，创二代与创一代相比，在创业目的上更加丰富和多元，尤其在“独立地思考和行动”以及“工作更多彩多姿”这两个维度的目的更为突显。这里体现出了创二代在自主性和生活质量方面有更高的追求。

二、创业自我效能差异

（1）销售能力自我效能。创二代的销售能力自我效能，如图 5.5 所示。可以看到创业初期到受访时，创二代销售自我效能成长迅速，创业初期 37.84% 的创二代对销售“只有一点把握”，29.73% 的创二代是“一般把握”状态，仅有 5.41% 的创二代“有很大把握”。受访时，27.03% 创二代选择“一般把握”，43.24% 的创二代是“有很大把握”。

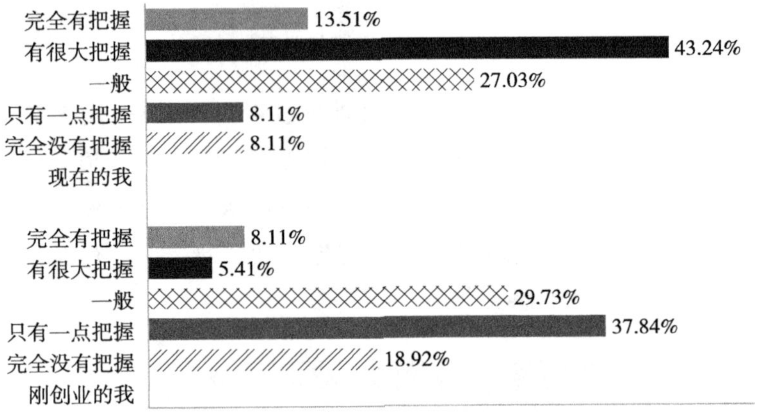

图 5.5　创二代销售能力自我效能

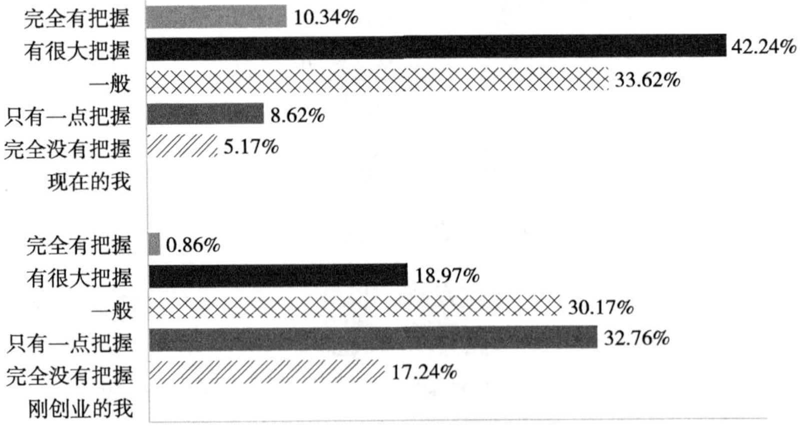

图 5.6　创一代销售能力自我效能

创一代的销售能力自我效能，如图 5.6 所示。可以看到创业初期到受访时，创一代销售自我效能成长迅速，创业初期 32.76% 的创一代对销售“只有一点把握”，30.17% 的创一代是“一般把握”状态，仅有 18.97% 的创一代“有很大把握”。受访时，33.62% 创一代选择“一般把握”，42.24% 的创一代是“有很大把握”。

（2）市场创新能力自我效能。主要是指发现新商机、新点子，开发新产品和新服务、开发新市场和区域以及应用新方法的能力。

创二代的市场创新自我效能，如图 5.7 所示。可以看到创业初期 27.03% 的创二代对市场创新“只有一点把握”，40.54% 的创二代是“一般把握”状态，仅有 13.51% 的创二代“有很大把握”。创业过程中创二代市场创新自我效能成长迅速，受访时，32.43% 创二代选择“一般把握”，40.54% 的创二代是“有很大把握”。

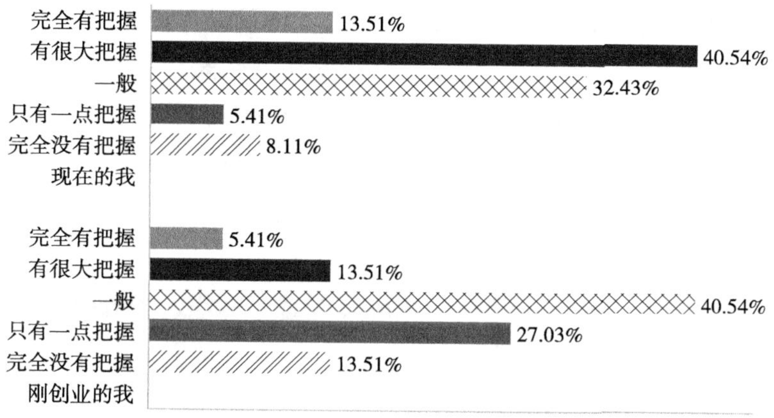

图 5.7　创二代市场创新能力自我效能

创一代的市场创新自我效能，如图 5.8 所示。可以看到创业初期 35.34% 的创一代对市场创新“只有一点把握”，32.76% 的创一代是“一般把握”状态，仅有 17.24% 的创一代“有很大把握”。创业过程中创一代市场创新自我效能成长迅速，受访时，31.9% 创一代选择“一般把握”，44.83% 的创一代是“有很大把握”。

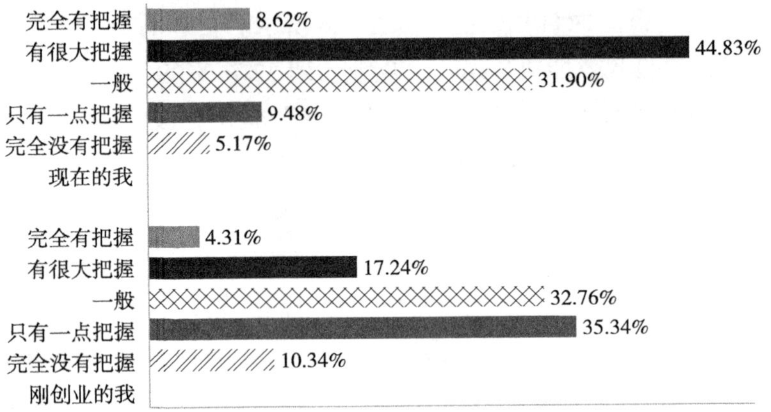

图 5.8　创一代市场创新能力自我效能

（3）管理能力自我效能。主要是指进行战略规划、减少风险、建立信息系统、进行目标管理、明确组织角色、承担责任等相关的能力。

创二代管理方面自我效能如图 5.9 所示。可以看到创业初期 32.43% 的创二代对管理方面“只有一点把握”，29.73% 的创二代是“一般把握”状态，仅有 13.51% 的创二代“有很大把握”。创业过程中创二代管理方面自我效能成长迅速，受访时，24.32% 创二代选择“一般把握”，43.24% 的创二代是“有很大把握”。

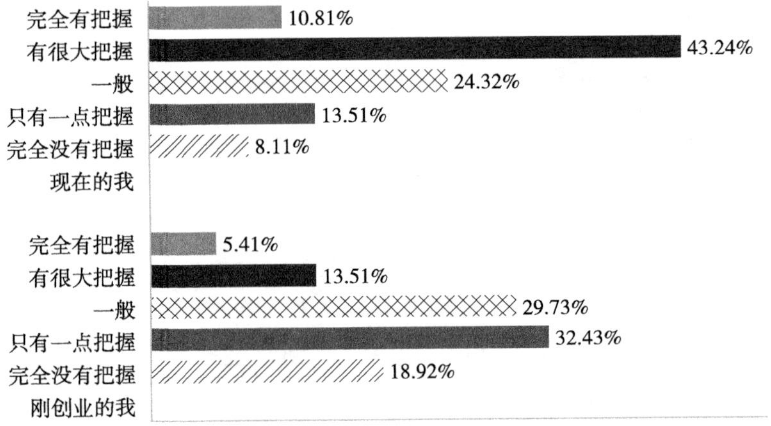

图 5.9　创二代管理能力自我效能

创一代管理方面自我效能如图 5.10 所示。可以看到创业初期 31.9% 的创一代对管理方面“只有一点把握”，35.34% 的创一代是“一般把握”状态，仅有 14.66% 的创一代“有很大把握”。创业过程中创一代管理方面自我效能成长迅速，受访时，31.03% 创一代选择“一般把握”，45.69% 的创一代是“有很大把握”。

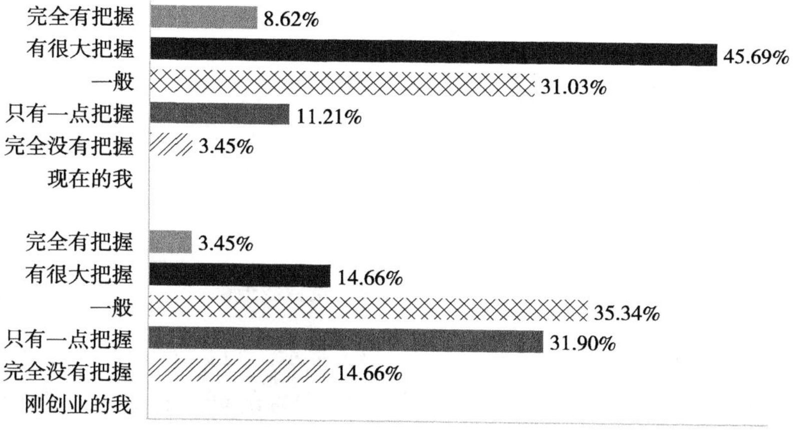

图 5.10　创一代管理能力自我效能

（4）风险决策能力自我效能。主要是指进行风险评估、在不确定情况下做决策、在冲突下工作和承担责任的能力。

创二代的风险决策自我效能如图 5.11 所示。可以看到创业初期 24.32% 的创二代对风险决策“只有一点把握”，37.84% 的创二代是“一般把握”状态，仅有 10.81% 的创二代“有很大把握”。创业过程中创二代风险决策自我效能成长迅速，受访时，29.73% 创二代选择“一般把握”，35.14% 的创二代是“有很大把握”。

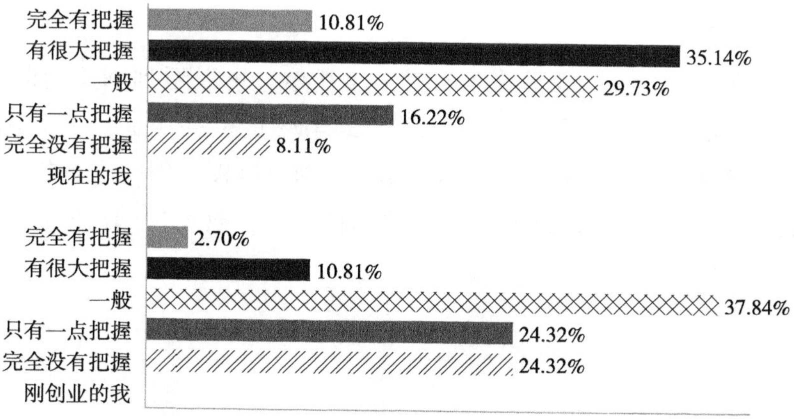

图 5.11　创二代风险决策自我效能

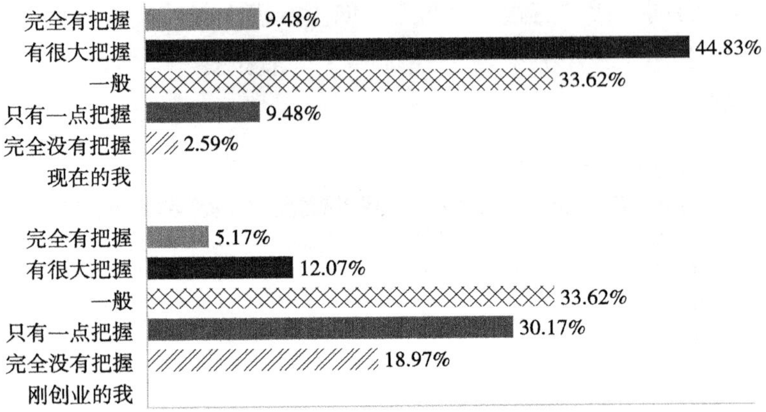

图 5.12　创一代风险决策自我效能

创一代的风险决策自我效能如图 5.12 所示。可以看到创业初期 30.17% 的创一代对风险决策“只有一点把握”，33.62% 的创一代是“一般把握”状态，仅有 12.07% 的创一代“有很大把握”。创业过程中创一代风险决策自我效能成长迅速，受访时，33.62% 创一代选择“一般把握”，44.83% 的创一代是“有很大把握”。

（5）财务管理能力自我效能。主要是指进行财务分析、完善财务系统和内部控制、控制成本，以及资金控制的相关能力。

创二代的财务管理自我效能如图 5.13 所示。可以看到创业初期 21.62% 的创二代对财务管理“只有一点把握”，45.95% 的创二代是“一般把握”状态，仅有 8.11% 的创二代“有很大把握”。创业过程中创二代财务管理自我效能成长迅速，受访时，32.43% 创二代选择“一般把握”，37.84% 的创二代是“很大把握”。

创一代的财务管理自我效能如图 5.14 所示。可以看到创业初期 27.59% 的创一代对财务管理“只有一点把握”，34.48% 的创一代是“一般把握”状态，仅有 14.66% 的创一代有“很大把握”。创业过程中创一代财务管理自我效能成长迅速，受访时，35.34% 创一代选择“一般把握”，41.38% 的创一代是“有很大把握”。

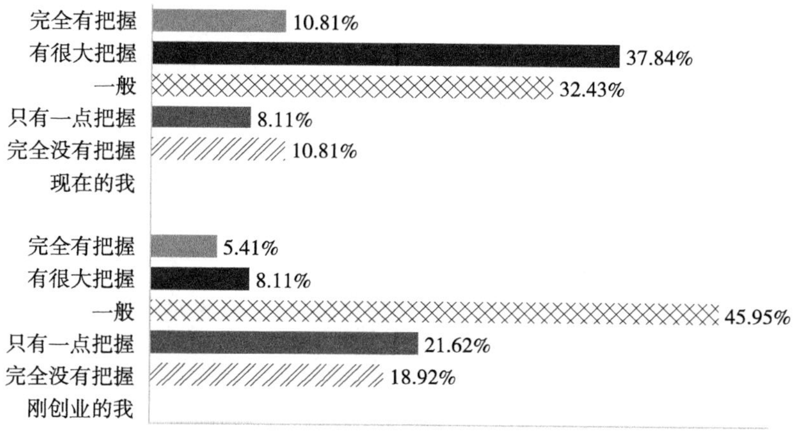

图 5.13　创二代财务管理自我效能

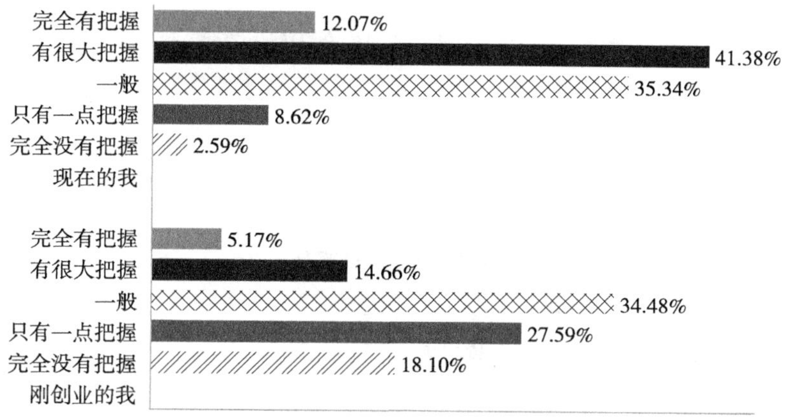

图 5.14　创一代财务管理自我效能

（6）社交能力自我效能。主要是指建立社会关系、进行有效沟通的能力。

创二代的社交公关自我效能如图 5.15 所示。可以看到创业初期 21.62% 的创二代对社交公关“只有一点把握”，45.95% 的创二代是“一般把握”状态，仅有 10.81% 的创二代“有很大把握”。创业过程中创二代社交公关自我效能成长迅速，受访时，21.62% 创二代选择“一般把握”，48.65% 的创二代是“有很大把握”。

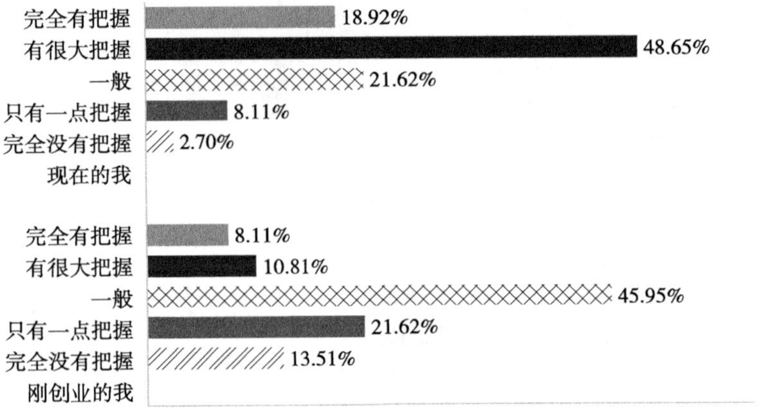

图 5.15　创二代社交公关自我效能

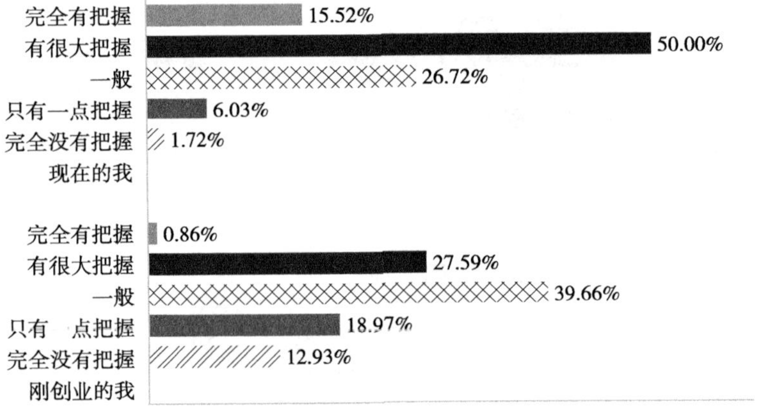

图 5.16　创一代社交公关自我效能

创一代的社交公关自我效能如图 5.16 所示。可以看到创业初期 18.97% 的创一代对社交公关“只有一点把握”，39.66% 的创一代是“一般把握”状态，仅有 27.59% 的创一代“有很大把握”。创业过程中创一代社交公关自我效能成长迅速，受访时，26.72% 创一代选择“一般把握”，50% 的创一代是“有很大把握”。

创二代的创业期初自我效能在各个方面相比创一代低，但是经过创业经历之后，创二代在各方面自我效能的分布与发展略高于创一代，但在风险决策和财务管理两个方面的自我效能方面明显低于创一代。作者认为这个现象说明创二代有相对强的心理安全感从而使其更容易启动创业，而且也许因为有家庭基础使其成长提升得相对更快；而创一代因为缺乏依靠，使其更加重视财务安全、重视风险评估和不确定性条件下的决策，这与创一代的环境条件是相关联的，创一代的创业状态让创业者们在这些方面也获得了更多的自我效能感的提升。

三、创业支持及其他差异

对于首次创业时创二代的周边环境，如图 5.17 所示。

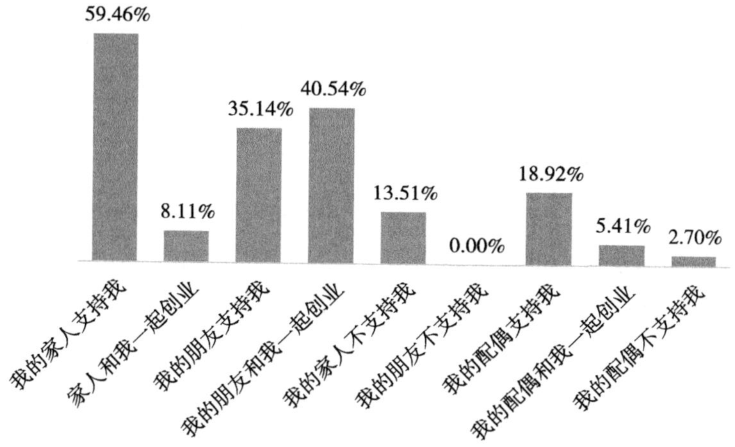

图 5.17　首次创业时创二代周边支持环境

59.46% 的受访创二代得到家人支持，并且有 8.11% 的创二代家人和创业者一起创业。35.14% 的受访创二代的朋友支持创业，且有 40.54% 创业者朋友参与创业。18.92% 创二代的配偶支持创业，5.41% 创二代的配偶和他一起创业。

关于反对创业的力量，13.51% 创二代的家人不支持创业，0% 创二代的朋友不支持创业，2.7% 创二代的配偶不支持创业。

对于首次创业时创一代的周边环境，如图 5.18 所示。

58.62% 的受访创一代得到家人支持，并且有 16.38% 的创一代家人和创业者一起创业。29.31% 的受访创一代的朋友支持创业，且有 34.48% 创业者朋友参与创业。26.72% 创一代的配偶支持创业，15.52% 创一代的配偶和他一起创业。

关于反对创业的力量，11.21% 创一代的家人不支持创业，2.59% 创一代的朋友不支持创业，3.45% 创一代的配偶不支持创业。

相较而言，创二代比创一代得到更多的朋友支持创业，也有更高比例的朋友一起创业。创一代的配偶创业支持率和参与率更高。

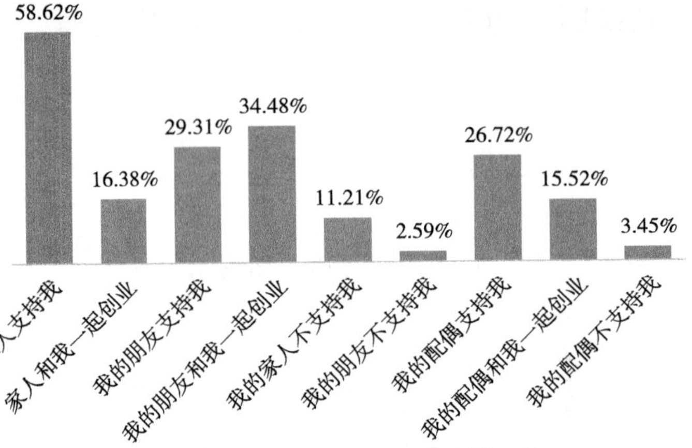

图 5.18　首次创业时创一代周边支持环境

受访的创二代的受教育经历分布，如图 5.19 所示。最高比例的是大学大专学历，占 89.19%；其次是研究生以上学历，占 2.7%；高中学历比例占 0%；初中学历占 8.11%；小学学历占 0%。

受访的创一代的受教育经历分布，如图 5.20 所示。最高比例的是大学大专学历，占 63.79%；其次是研究生学历，占 11.21%；高中学历比例占 12.93%；初中学历占 10.34%；小学学历占 1.72%。

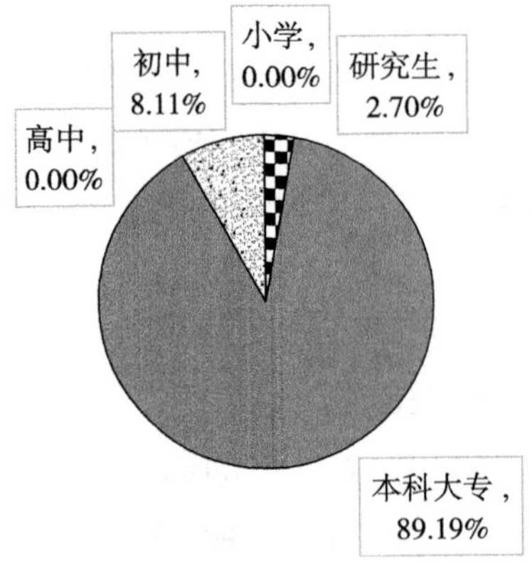

图 5.19　创二代受教育经历分布

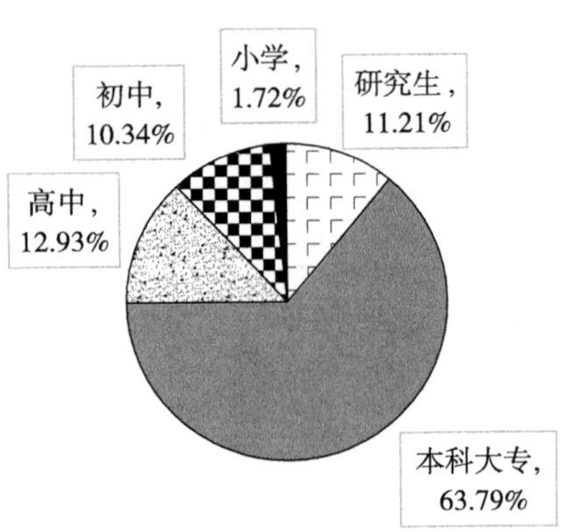

图 5.20　创一代受教育经历分布

关于性别。受访的创二代中，29.73% 的创二代是女性。创一代中，39.66% 的创一代是女性。

相较创一代，创二代的高等学历分布很高，大专以上达到 92%，同时男性的比例也更高。

第六章　基于创业类型的差异分析

不同类型的创业者，他们的创业自我效能是否存在差异？不同的创业类型是否会影响创业者自我效能的提升？本章讨论不同类型的创业者的创业目的与创业自我效能。本章用“生存者”来简称“生存型创业者”，将“发展型创业者”简称为“发展者”。

一、创业意愿和目的差异

对于创业的目的的七个维度。生存型创业者的创业目的分布，如图 6.1 所示。43.3% 生存型受访创业者选择“赚到一大笔钱”，30.93% 选择“独立地思考和行动”，31.96% 希望“工作更多彩多姿”，42.27% 选择“维持自己的价值观”，24.74% 认为创业“符合我的个性”，最高的比例是“把自己的想法变为现实”，有 54.64%，另外 32.99 选择“享受挑战的感觉”。

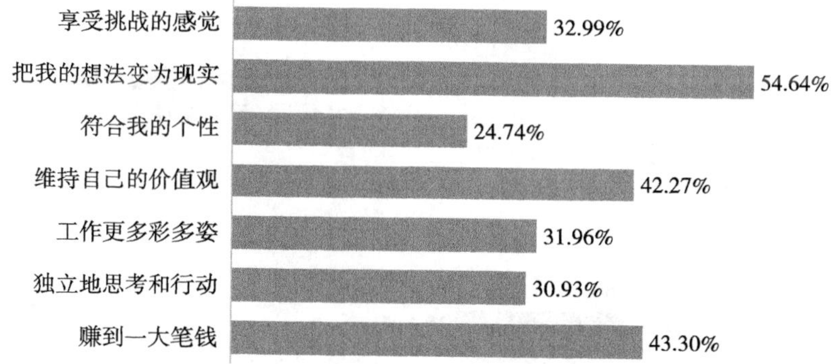

图 6.1　生存型创业者的创业目的（多选）

发展者的创业目的分布，如图 6.2 所示。42.86% 发展型受访创业者选择“赚到一大笔钱”，33.93% 选择“独立地思考和行动”，35.71% 希望“工作更多彩多姿”，33.93% 选择“维持自己的价值观”，33.93% 认为创业“符合我的个性”，最高的比例是“把自己的想法变为现实”，有 66.07%，另外 37.5% 选择“享受挑战的感觉”。

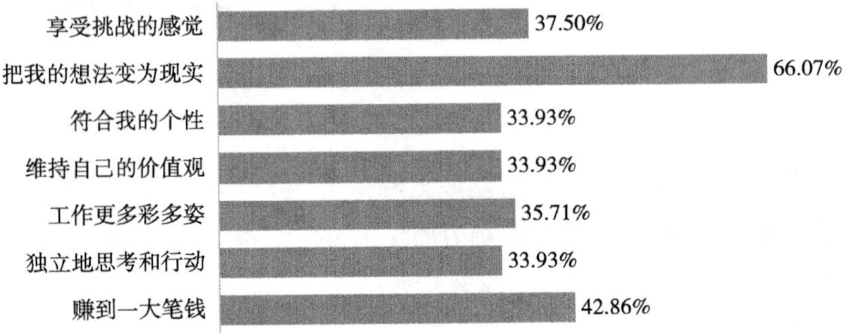

图 6.2　发展型创业者的创业目的（多选）

二、创业自我效能差异

（1）销售能力自我效能。生存型创业者的销售能力自我效能如图 6.3 所示。可以看到创业初期到受访时，生存型创业者销售能力自我效能成长迅速，创业初期 38.14% 的生存者对销售“只有一点把握”，27.84% 的生存者是“一般把握”状态，仅有 15.46% 的生存者“有很大把握”。受访时，30.93% 生存者选择“一般把握”，41.24% 的生存者是“有很大把握”。

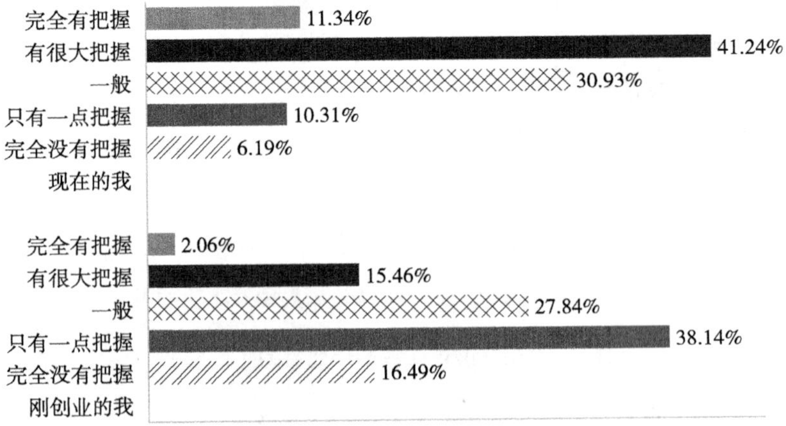

图 6.3　生存型创业者销售能力自我效能

发展型创业者的销售能力自我效能如图 6.4 所示。可以看到创业初期到受访时，发展型创业者销售自我效能成长迅速，创业初期 26.79% 的发展型创业者对销售“只有一点把握”，33.93% 的发展者是“一般把握”状态，仅有 16.07% 的发展者“有很大把握”。受访时，33.93% 发展者选择“一般把握”，44.64% 的发展者是“有很大把握”。

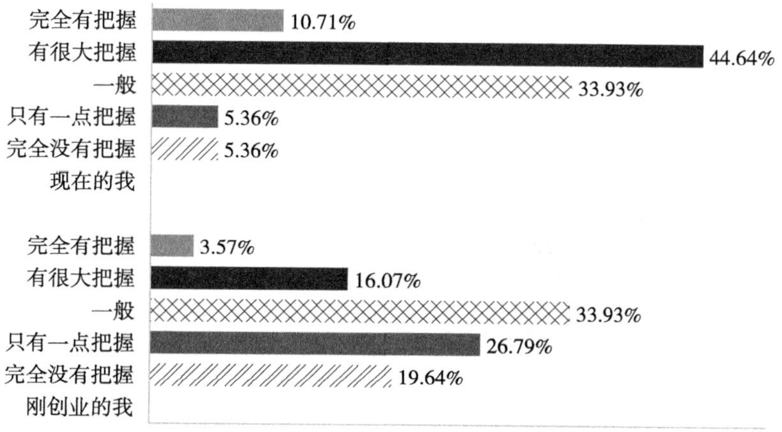

图 6.4　发展型创业者销售能力自我效能

（2）市场创新能力自我效能。主要是指发现新商机、新点子，开发新产品和新服务、开发新市场和区域以及应用新方法的能力。生存型创业者的市场创新自我效能如图 6.5 所示。

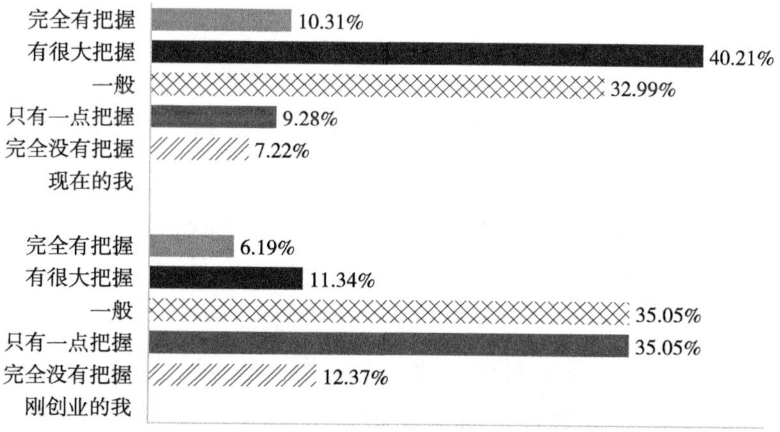

图 6.5　生存型创业者市场创新能力自我效能

可以看到创业初期35.05%的生存型创业者对市场创新“只有一点把握”，35.05%的生存者是“一般把握”状态，仅有11.34%的生存者“有很大把握”。创业过程中生存型创业者市场创新自我效能成长迅速，受访时，32.99%生存型创业者选择“一般把握”，40.21%的生存者是“有很大把握”。

发展型创业者的市场创新自我效能，如图6.6所示。可以看到创业初期26.79%的发展者对市场创新“只有一点把握”，33.93%的发展者是“一般把握”状态，仅有16.07%的发展者有“很大把握”。创业过程中发展者市场创新自我效能成长迅速，受访时，33.93%发展者选择“一般把握”，44.64%的发展者是“有很大把握”。

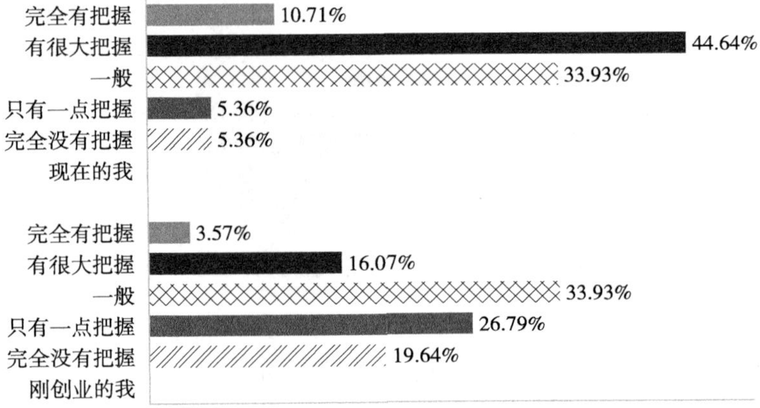

图6.6　发展型创业者市场创新能力自我效能

（3）管理能力自我效能。主要是指进行战略规划、减少风险、建立信息系统、进行目标管理、明确组织角色、承担责任等相关的能力。

生存型创业者管理方面自我效能如图6.7所示。可以看到创业初期6.08%的生存型创业者对管理方面“只有一点把握”，32.99%的生存者是“一般把握”状态，仅有9.28%的生存者有“很大把握”。创业过程中生存者管理方面自我效能成长迅速，受访时，29.90%生存者选择“一般把握”，41.24%的生存者是“有很大把握”。

发展型创业者管理方面自我效能，如图6.8所示。可以看到创业初期25%的发展型创业者对管理方面“只有一点把握”，35.71%的发展者是“一般把握”状态，仅有23.21%的发展者“有很大把握”。创业过程中发展型创业者管理方面自我效能成长迅速，受访时，28.57%发展型创业者选择“一般把握”，51.79% 的发展型创业者是“有很大把握”。

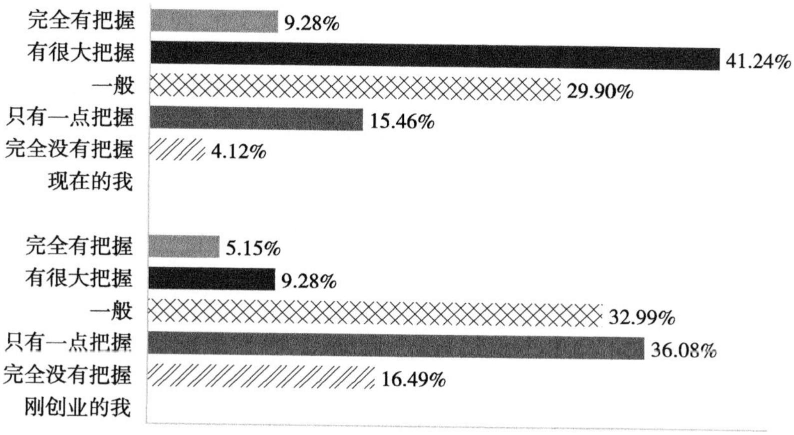

图 6.7　生存型创业者管理能力自我效能

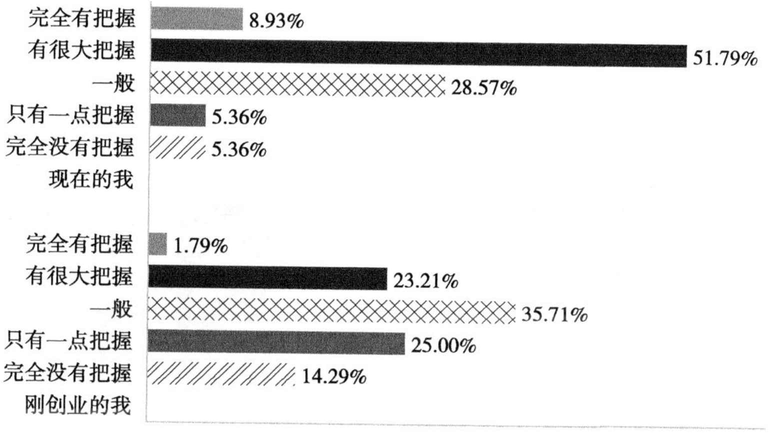

图 6.8　发展型创业者管理能力自我效能

（4）风险决策能力自我效能。主要是指进行风险评估、在不确定情况下做决策、在冲突下工作和承担责任的能力。

生存型创业者的风险决策自我效能如图 6.9 所示。可以看到创业初期 27.84% 的生存型创业者对风险决策“只有一点把握”，34.02% 的生存者是“一般把握”状态，仅有 8.25% 的生存者“有很大把握”。创业过程中生存者风险决策自我效能成长迅速，受访时，29.9% 生存者选择“一般把握”，40.21% 的生存者是“有很大把握”。

发展型创业者的风险决策自我效能，如图 6.10 所示。可以看到创业初期 30.36% 的发展型创业者对风险决策“只有一点把握”，35.71% 的发展者是“一般把握”状态，仅有 17.86% 的发展者“有很大把握”。创业过程中发展型创业者风险决策自我效能成长迅速，受访时，37.5% 发展型创业者选择“一般把握”，46.43% 的发展者是“有很大把握”。

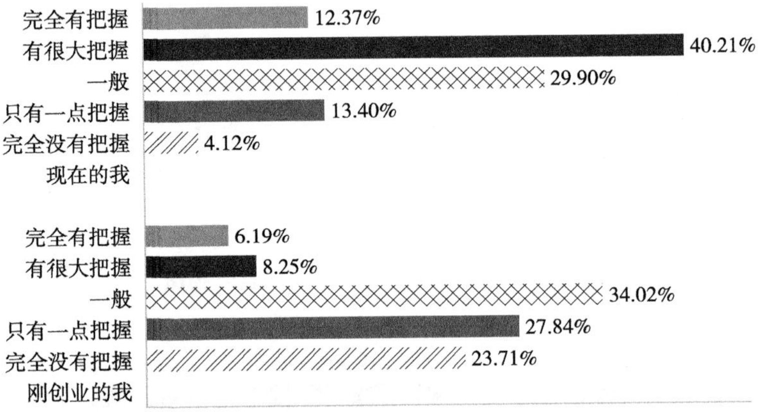

图 6.9　生存型创业者风险决策能力自我效能

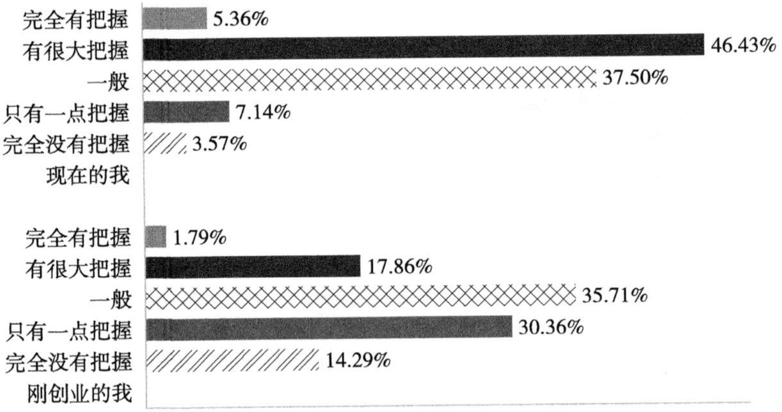

图 6.10　发展型创业者风险决策能力自我效能

（5）财务管理能力自我效能。主要是指进行财务分析、完善财务系统和内部控制、控制成本以及资金控制的相关能力。

生存型创业者的财务管理自我效能如图 6.11 所示。可以看到创业初期 27.84% 的生存型创业者对财务管理“只有一点把握”，35.05% 的生存者是

“一般把握”状态，仅有 9.28% 的生存者“有很大把握”。创业过程中生存型创业者财务管理自我效能成长迅速，受访时，31.96% 生存者选择“一般把握”，40.21% 的生存者是“有很大把握”。

发展型创业者的财务管理自我效能，如图 6.12 所示。可以看到创业初期 23.21% 的发展型创业者对财务管理“只有一点把握”，41.07% 的发展者是“一般把握”状态，仅有 19.64% 的发展者“有很大把握”。创业过程中发展型创业者财务管理自我效能成长迅速，受访时，39.29% 发展者选择“一般把握”，41.07% 的发展者是“有很大把握”。

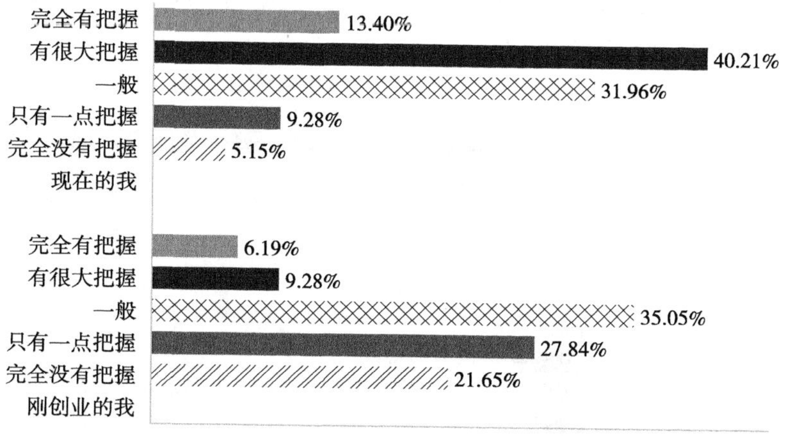

图 6.11　生存型创业者财务管理能力自我效能

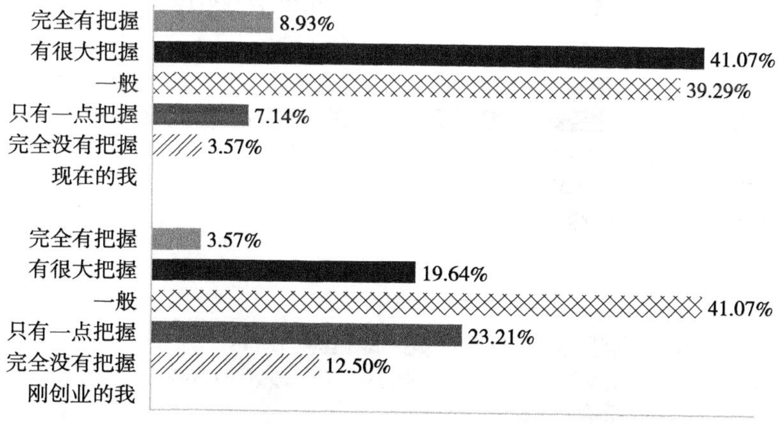

图 6.12　发展型创业者财务管理能力自我效能

（6）社交能力自我效能。主要是指建立社会关系、进行有效沟通的能力。

生存型创业者的社交公关自我效能，如图 6.13 所示。可以看到创业初期 22.68% 的生存型创业者对社交公关“只有一点把握”，43.3% 的生存型创业者是“一般把握”状态，仅有 18.56% 的生存者“有很大把握”。创业过程中生存者社交公关自我效能成长迅速，受访时，24.74% 生存者选择“一般把握”，49.48% 的生存者是“有很大把握”。

发展型创业者的社交公关自我效能如图 6.14 所示。可以看到创业初期 14.29% 的发展者对社交公关“只有一点把握”，37.5% 的发展者是“一般把握”状态，仅有 32.14% 的发展者“有很大把握”。创业过程中发展型创业者社交公关自我效能成长迅速，受访时，26.79% 发展者选择“一般把握”，50% 的发展者是“有很大把握”。

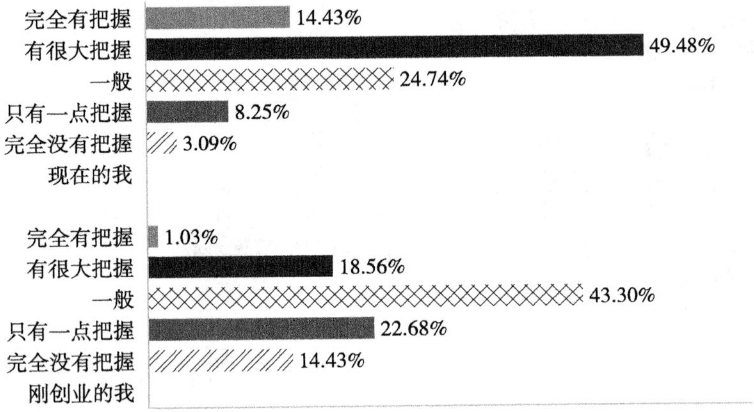

图 6.13　生存型创业者社交能力自我效能

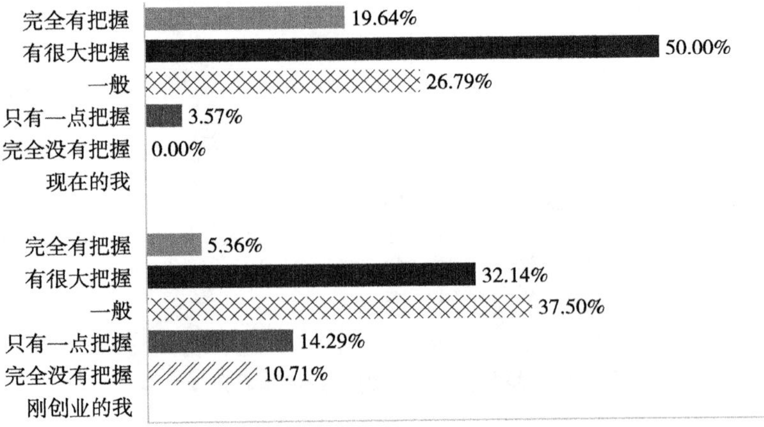

图 6.14　发展型创业者社交能力自我效能

生存型创业者的创业初期自我效能在各个方面相比发展型自我创业者偏低，作者认为正是因为这种低自我效能感，造成了自己是在“求生存”而创业的类型判断。

经历创业之后，生存型创业者在各方面自我效能的分布与发展型创业者较为接近并略低一些，但在风险决策和财务管理两个自我效能方面高于发展型创业者。这与生存型创业者的自我定位是匹配和吻合的，生存型的创业状态让创业者们更加重视风险评估和不确定性条件下的决策，因而在这方面也获得了更多的自我效能感的提升。

三、创业支持及其他差异

对于首次创业时生存型创业者的周边环境，如图 6.15 所示。

59.79% 的受访生存者得到家人支持，并且有 17.53% 的生存者家人和创业者一起创业。

27.84% 的受访生存者的朋友支持创业，且有 36.08% 创业者朋友参与创业。21.65% 生存型创业者的配偶支持创业，14.43% 生存型创业者的配偶和他一起创业。

关于反对创业的力量，11.34% 生存型创业者的家人不支持创业，2.06% 生存型创业者的朋友不支持创业，5.15% 生存型创业者的配偶不支持创业。

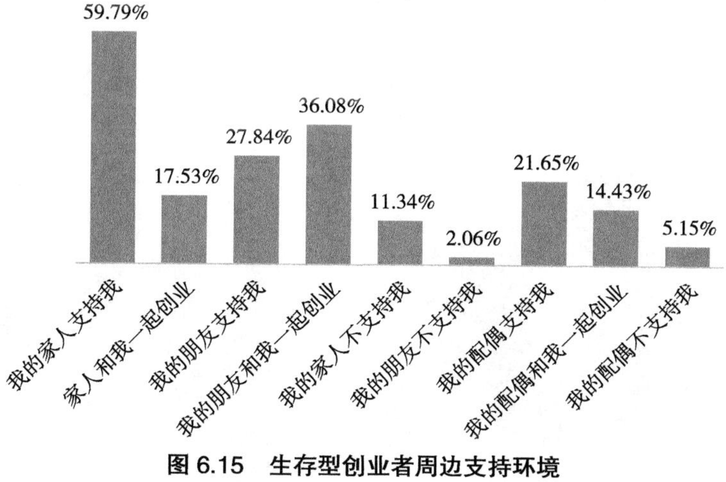

图 6.15　生存型创业者周边支持环境

对于首次创业时发展型创业者的周边环境，如图 6.16 所示。

57.14% 的受访发展者得到家人支持，并且有 8.93% 的发展型创业者家人和创业者一起创业。

35.71% 的受访发展者的朋友支持创业，且有 35.71% 创业者朋友参与创业。30.36% 发展者的配偶支持创业，10.71% 发展者的配偶和他一起创业。

关于反对创业的力量，12.50% 发展型创业者的家人不支持创业，1.79% 发展者的朋友不支持创业，0.00% 发展者的配偶不支持创业。

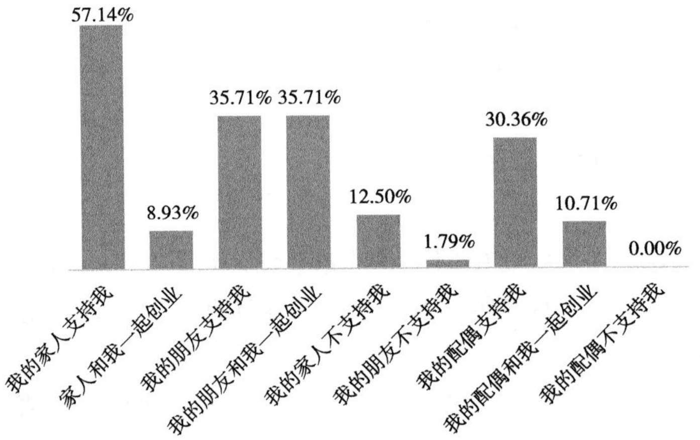

图 6.16　发展型创业者周边支持环境

受访生存型创业者的受教育经历分布，如图 6.17 所示。最高比例的是大学大专学历，占 68.04%；其次是研究生以上学历，占 5.15%；高中学历比例占 10.31%；初中学历占 14.43%；小学学历占 2.06%。

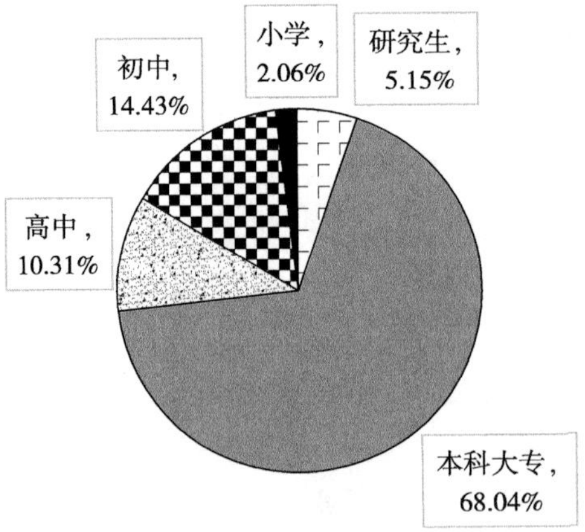

图 6.17　生存型创业者受教育经历分布

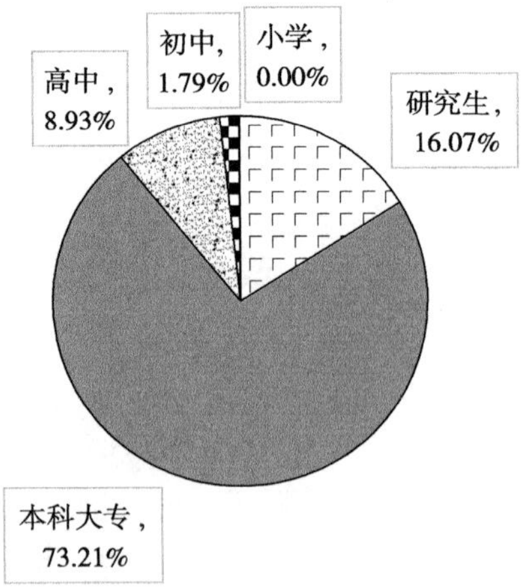

图 6.18　发展型创业者受教育经历分布

受访发展型创业者的受教育经历分布，如图 6.18 所示。最高比例的是大学大专学历，占 73.21%；其次是研究生以上学历，占 16.07%；高中学历比例占 8.93%；初中学历占 1.79%；小学学历占 0.00%。

关于性别。受访生存型创业者中，35.05% 是女性。发展型创业者中，41.07% 的是女性。

关于父母是否创业。受访生存者型创业中，21.65% 的父母是创业的。受访发展型创业者中，28.57% 女性的父母是创业的。

四、结论与启发

在调研和比较分析中发现：（1）发展型创业者中高学历的特别是研究生比重更大、女性的比重更大、父母创业的比重较多，他们也更加重视科学技术的创新，在创业自我效能的各个方面都更加自信。（2）生存型创业者的创业初期自我效能在各个方面相比发展型自我创业者偏低，作者认为正是因为这种低自我效能感，造成了自己是在“求生存”而创业的类型判断。（3）经历创业之后，生产型创业者在各方面自我效能的分布与发展型创业者较为接近且略低一些，但在风险决策和财务管理两个自我效能方面高于发展型创业者。这与生存型创业者的自我定位是匹配和吻合的，生存型的创业状态让创业者们更加重视风险评估和不确定性条件下的决策，因而在这方面也获得了更多的自我效能感的提升。

不同创业类型的差异研究，以及创一代与创二代的差异研究，为我们开展差异化的创业创新教育提供了参考。创业创新自我效能不仅受到创业创新主体创业创新能力的影响，同时受到创业创新意愿的影响。通过创业创新教育，能够帮助个体和组织获取创业创新的思维、工具和方法，有助于提高创业创新能力，从而提升创业创新自我效能。

第七章　家庭环境差异分析

创业创新自我效能的影响因素很多，其中家庭是很重要的方面。本章主要研究"家人支持"状态不同的创业者，其创业创新自我效能的差异。在调研当中，将"家人支持"分成三类："家人支持""家人参与创业"和"家人反对"。

一、创业类型差异

在家人支持的创业者中，如表 7.1 所示，生存型创业比例是 64.44%，发展型创业比例为 35.56%。

表 7.1　家人支持的创业类型

选项	比例
生存型创业	64.44%
发展型创业	35.56%

在家人参与的创业者中，如表 7.2 所示，生存型创业比例是 77.27%，发展型创业比例为 22.73%。

表 7.2　家人参与的创业类型

选项	比例
生存型创业	77.27%
发展型创业	22.73%

在家人反对的创业者中，如表 7.2 所示，生存型创业比例是 61.11% ，发展型创业比例为 38.89%。

表 7.3　家人反对的创业类型

选项	比例
生存型创业	61.11%
发展型创业	38.89%

比较发现，家人参与创业的情况下，生存型创业比例明显较高。这与直观的感受相符，因为是生存型，家人更容易共同合作一起创业。在顺丰终端的创业模式中，就充分考虑到这个因素。他们选择的负责人家庭非常看重这个服务点，在 618 和双十一等重大挑战到来时，全家一起合作加班加点完成任务。

二、创业意愿和目的差异

创业意愿往往有多种因素驱动，这里从七个维度探索创业目的。家人支持的创业者的创业目的分布，如图 7.1 所示。46.67% 家人支持的受访创业者选择“赚到一大笔钱”，32.22% 选择“独立地思考和行动”，33.33% 希望“工作更多彩多姿”，40.00% 选择“维持自己的价值观”，26.67% 认为创业“符合我的个性”，最高的比例是“把我的想法变为现实”，有 64.44%，另外 33.33% 选择“享受挑战的感觉”。

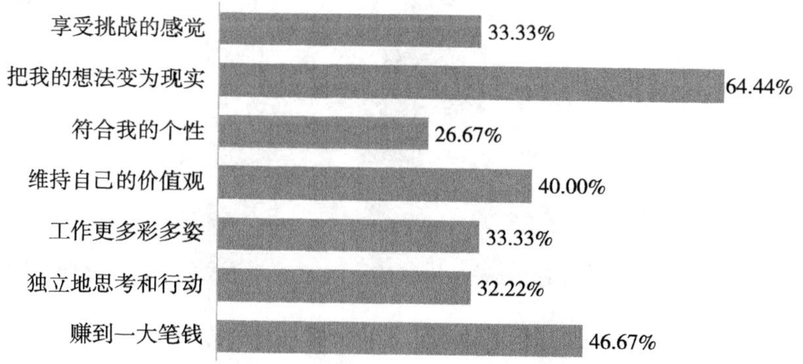

图 7.1　家人支持的创业者创业目的

家人参与的创业者的创业目的分布，如图 7.2 所示。54.55% 家人参与的受访创业者选择“赚到一大笔钱”，36.36% 选择“独立地思考和行动”，31.82% 希望“工作更多彩多姿”，40.91% 选择“维持自己的价值观”，

22.73% 认为创业“符合我的个性”，最高的比例是“把我的想法变为现实”，有 63.64%，另外 40.91% 选择“享受挑战的感觉”。

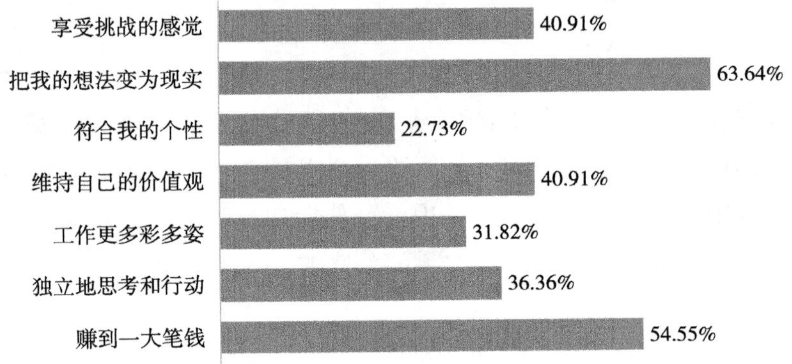

图 7.2　家人参与的创业者创业目的

家人反对的创业者的创业目的分布，如图 7.3 所示。44.44% 家人反对的受访的创业者选择“赚到一大笔钱”，33.33% 选择“独立地思考和行动”，33.33% 希望“工作更多彩多姿”，44.44% 选择“维持自己的价值观”，38.89% 认为创业“符合我的个性”，最高的比例是“把我的想法变为现实”，有 44.44%，另外 44.44% 选择“享受挑战的感觉”。

图 7.3　家人反对的创业者创业目的

比较创业目的的差异，发现家人支持和家人参与的创业者分布比较接近，唯独在“赚到一大笔钱”这个维度，家人参与的创业者明显偏高。这与创业类型中生存型比例更高的情况是对应吻合的。家人反对的创业者的创业目的分布有个典型的特点，就是没有十分突出的创业目的，多个目标相对均衡分布。作者认为，也许这个现象解释了家人反对的原因，因为创业者对于创业的主导目标不是足够清晰，所以家人更容易认为创业者没有经过深思熟虑，因此表示反对。

三、创业自我效能差异

（1）销售能力自我效能。家人支持的创业者的销售能力自我效能，如图 7.4 所示。可以看到，创业初期 35.56% 的家人支持的创业者对销售“只有一点把握”，26.67% 的家人支持的创业者是“一般把握”状态，仅有 15.56% 的家人支持的创业者“有很大把握”。受访时，31.11% 家人支持的创业者选择“一般把握”，47.78% 的家人支持的创业者是“有很大把握”。

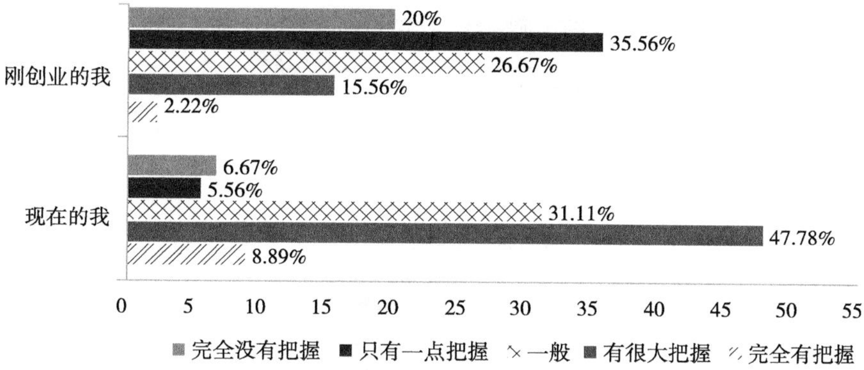

图 7.4　家人支持的创业者销售能力自我效能

家人参与的创业者的销售能力自我效能，如图 7.5 所示。可以看到家人参与的创业者销售自我效能成长迅速，创业初期 31.82% 的家人参与的创业者对销售“只有一点把握”，36.36% 的家人参与的创业者是“一般把握”状态，仅有 13.64% 的家人参与的创业者“有很大把握”。受访时，27.27% 家人参与的创业者选择“一般把握”，45.45% 家人参与的创业者是“有很大把握”。

家人反对的创业者的销售能力自我效能，如图 7.6 所示。创业初期 33.33% 的家人反对的创业者对销售“只有一点把握”，33.33% 的家人反对的创业者是“一般把握”状态，仅有 16.67% 的家人反对的创业者“有很大把握”。受访时，27.78% 家人反对的创业者选择“一般把握”，44.44% 的家人反对的创业者是“有很大把握”。

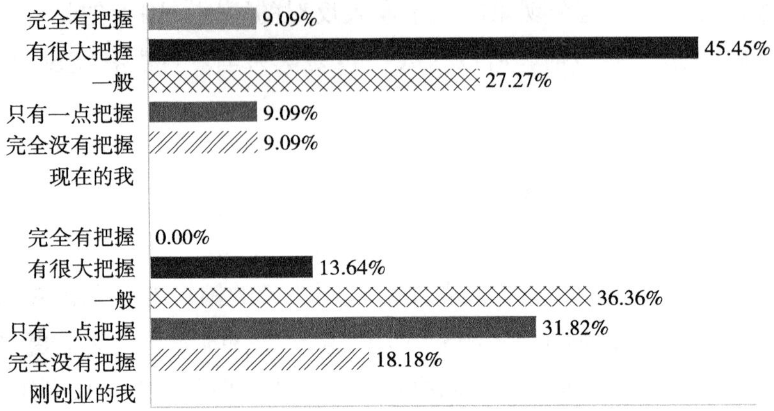

图 7.5　家人参与的创业者销售能力自我效能

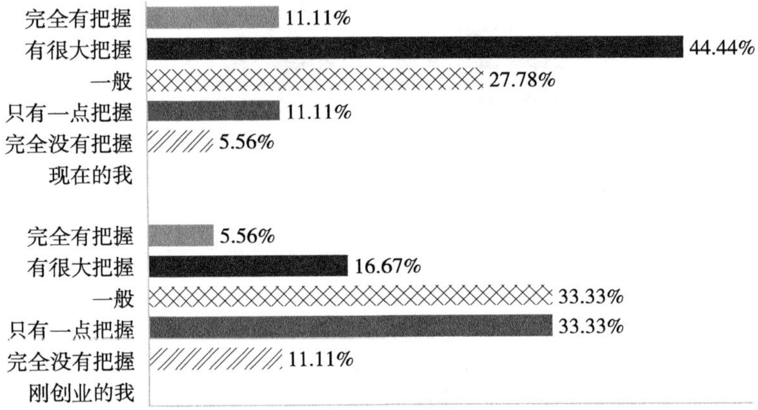

图 7.6　家人反对的创业者销售能力自我效能

与家人支持和家人参与创业的创业者相比较发现，家人反对的创业者在创业初期有相对更高的自我效能。

（2）市场创新能力自我效能。主要是指发现新商机、新点子，开发新产品和新服务、开发新市场和区域以及应用新方法的能力。

家人支持的创业者的市场创新自我效能如图 7.7 所示。可以看到创业初期 37.78% 的家人支持的创业者对市场创新“只有一点把握”，35.56% 的家人支持的创业者是“一般把握”状态，仅有 14.44% 的家人支持的创业者“有很大把握”。创业过程中家人支持的创业者市场创新自我效能成长迅速，受访时，27.78% 家人支持的创业者选择“一般把握”，46.67% 的家人支持的创业者是“有很大把握”。

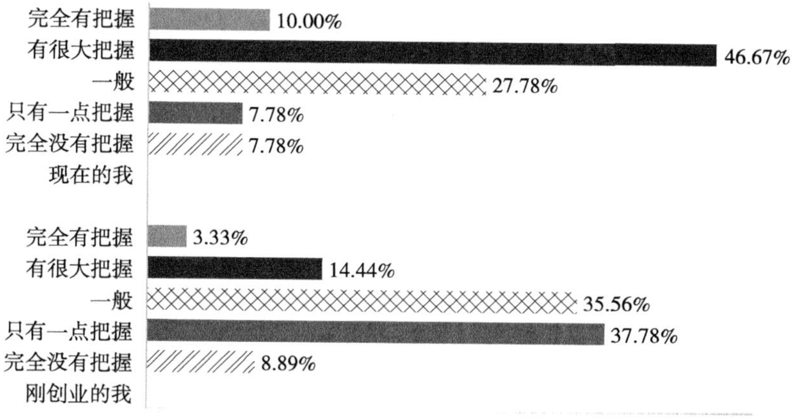

图 7.7　家人支持的创业者创新能力自我效能

家人参与的创业者的市场创新自我效能，如图 7.8 所示。可以看到创业初期 31.82% 的家人参与的创业者对市场创新“只有一点把握”，31.82% 的家人参与的创业者是“一般把握”状态，仅有 22.73% 的家人参与的创业者“有很大把握”。创业过程中家人参与的创业者市场创新自我效能成长迅速，受访时，27.27% 家人参与的创业者选择“一般把握”，40.91% 的家人参与的创业者是“有很大把握”。

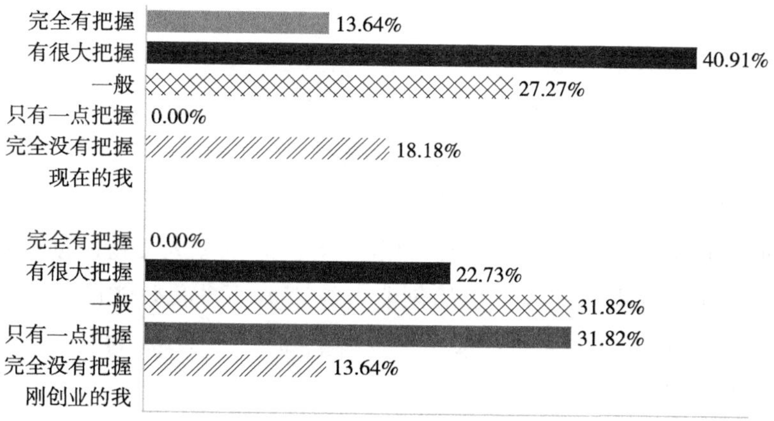

图 7.8　家人参与的创业者创新能力自我效能

家人反对的创业者的市场创新自我效能，如图 7.9 所示。可以看到创业初期 16.67% 的家人反对的创业者对市场创新“只有一点把握”，27.78% 的家人反对的创业者是“一般把握”状态，仅有 27.78% 的家人反对的创业者“有很大把握”。创业过程中家人反对的创业者市场创新自我效能成长迅速，受访时，33.33% 家人反对的创业者选择“一般把握”，38.89% 的家人反对的创业者是“有很大把握”。

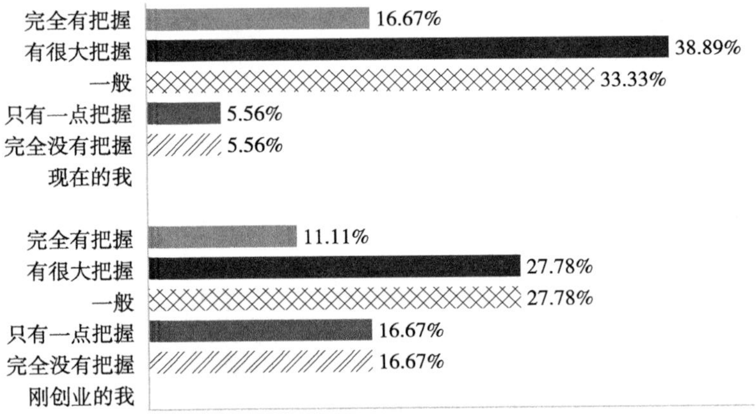

图 7.9　家人反对的创业者创新能力自我效能

在市场创新能力自我效能上，家人反对的创业者有相对高一些的自我效能。这与销售能力自我效能相类似。作者认为这也许反映了一种现实，即在家人反对的情况下继续创业并生存下来，更高的创业初期自我效能是很重要的因素。

（3）管理能力自我效能。主要是指进行战略规划、减少风险、建立信息系统、进行目标管理、明确组织角色、承担责任等相关的能力。

家人支持的创业者管理方面自我效能，如图 7.10 所示。可以看到创业初期 36.67% 的家人支持的创业者对管理方面“只有一点把握”，34.44% 的家人支持的创业者是“一般把握”状态，仅有 16.67% 的家人支持的创业者“有很大把握”。创业过程中家人支持的创业者管理方面自我效能成长迅速，受访时，33.33% 家人支持的创业者选择“一般把握”，46.67% 的家人支持的创业者是“有很大把握”。

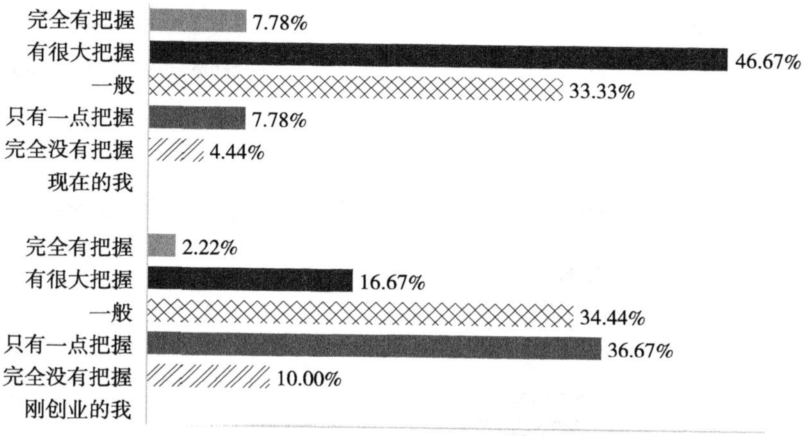

图 7.10 家人支持的创业者管理能力自我效能

家人参与的创业者管理方面自我效能，如图 7.11 所示。可以看到创业初期 22.73% 的家人参与的创业者对管理方面“只有一点把握”，50% 的家人参与的创业者是“一般把握”状态，仅有 13.64% 的家人参与的创业者“有很大把握”。创业过程中家人参与的创业者管理方面自我效能成长迅速，受访的时，13.64% 家人参与的创业者选择“一般把握”，45.45% 的家人参与的创业者是“有很大把握”。

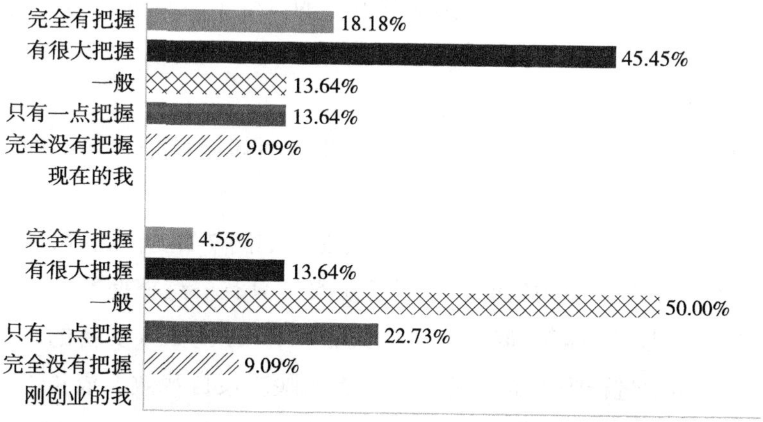

图 7.11 家人参与的创业者管理能力自我效能

家人反对的创业者管理方面自我效能，如图 7.12 所示。可以看到创业初期 22.22% 的家人反对的创业者对管理方面“只有一点把握”，22.22% 的家人反对的创业者是“一般把握”状态，仅有 22.22% 的家人反对的创业者“有很大把握”。创业过程中家人反对的创业者管理方面自我效能成长迅速，受访时，22.22% 家人反对的创业者选择“一般把握”，50% 的家人反对的创业者是“有很大把握”。

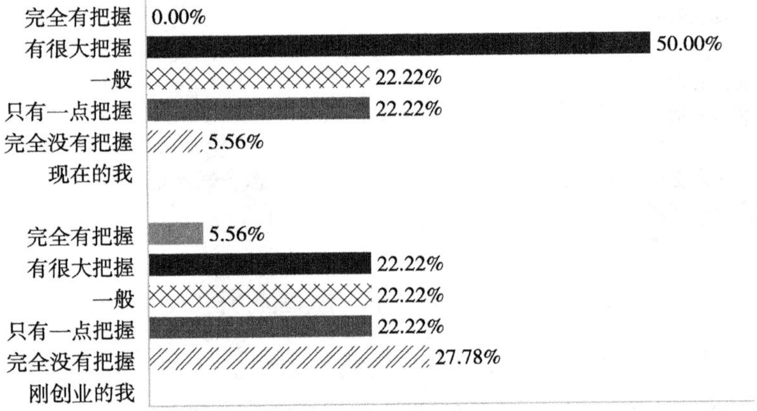

图 7.12 家人反对的创业者管理能力自我效能

比较三种情况发现，家人反对的创业者在管理自我效能上，低于另外两种情况，而经历创业后自我效能提升明显，但是没有人认为自己“完全有把握”。作者认为，普通人缺乏对创业其他多方面因素的专业判断，容易将管理与创业进行最直接的联系，所以在反对创业的维度上对管理能力会更多关注；另一方面，是否因为遭到家人的反对产生的影响，创业者的创业自我效能很难用绝对自信的方式进行表达。

（4）风险决策能力自我效能。主要是指进行风险评估、在不确定情况下做决策、在冲突下工作和承担责任的能力。

家人支持的创业者的风险决策自我效能，如图 7.13 所示。可以看到创业初期 34.44% 的家人支持的创业者对风险决策“只有一点把握”，32.22% 的家人支持的创业者是“一般把握”状态，仅有 11.11% 的家人支持的创业者“有很大把握”。创业过程中家人支持的创业者风险决策自我效能成长迅速，受访时，33.33% 家人支持的创业者选择“一般把握”，41.11% 的家人支持的创业者是“有很大把握”。

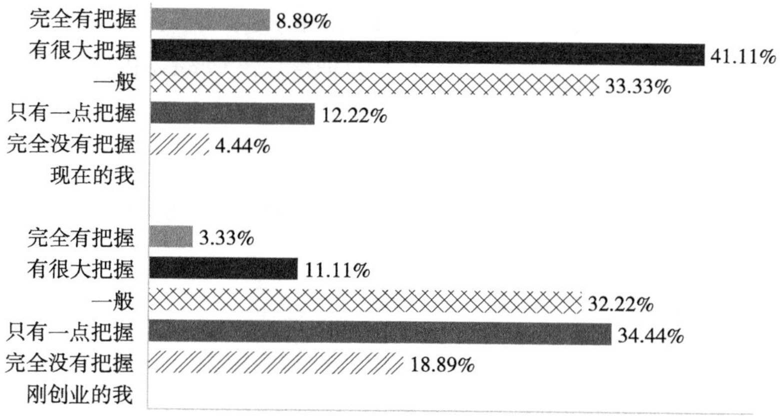

图 7.13 家人支持的创业者风险决策自我效能

家人参与的创业者的风险决策自我效能，如图 7.14 所示。可以看到创业初期 27.27% 的家人参与的创业者对风险决策“只有一点把握”，54.55% 的家人参与的创业者是“一般把握”状态，仅有 4.55% 的家人参与的创业者“有很大把握”。创业过程中家人参与的创业者风险决策自我效能成长迅速，受访时，18.18% 家人参与的创业者选择“一般把握”，50% 的家人参与的创业者是“有很大把握”。

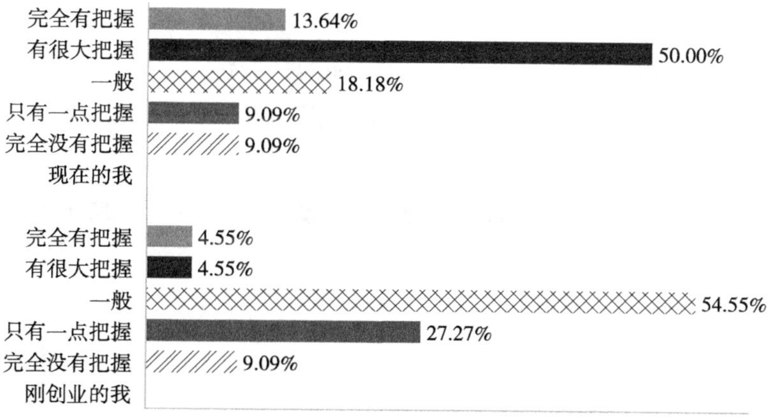

图 7.14 家人参与的创业者风险决策自我效能

家人反对的创业者的风险决策自我效能，如图 7.15 所示。可以看到创业初期 22.22% 的家人反对的创业者对风险决策“只有一点把握”，38.89% 的家人反对的创业者是“一般把握”状态，仅有 16.67% 的家人反对的创业者“有很大把握”。创业过程中家人反对的创业者风险决策自我效能成长迅速，受访时，38.89% 家人反对的创业者选择“一般把握”，44.44% 的家人反对的创业者是“有很大把握”。

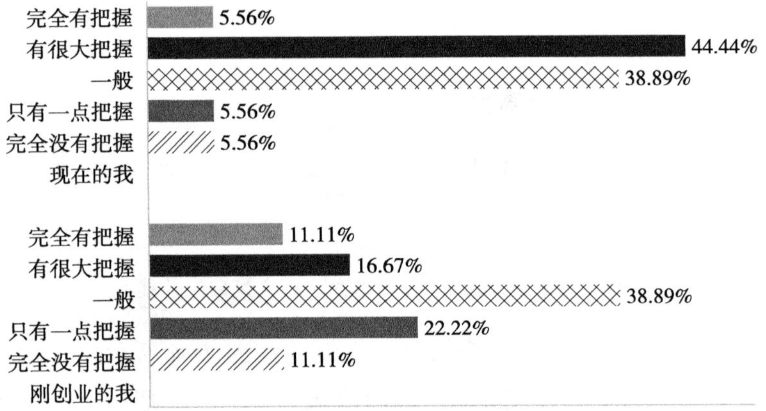

图 7.15　家人反对的创业者风险决策自我效能

对比发现，家人反对的创业者在创业期初的风险决策自我效能相对高一些，但是经历创业后的自我效能相对低一些。家人支持和家人参与的创业者的风险决策自我效能会相对较高，也许是因为得到了家人的支持和帮助，让创业者的风险应对能力更强。

（5）财务管理能力自我效能。主要是指进行财务分析、完善财务系统和内部控制、控制成本，以及资金控制的相关能力。

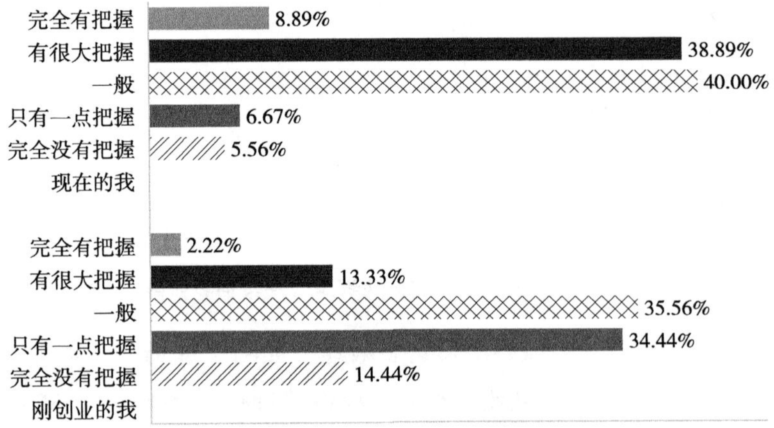

图 7.16　家人支持的创业者财务管理自我效能

家人支持的创业者的财务管理自我效能，如图 7.16 所示。可以看到创业初期 34.44% 的家人支持的创业者对财务管理“只有一点把握”，35.56% 的家人支持的创业者是“一般把握”状态，仅有 13.33% 的家人支持的创业者“有很大把握”。创业过程中家人支持的创业者财务管理自我效能成长迅速，受访时，40% 家人支持的创业者选择“一般把握”，38.89% 的家人支持的创业者是“有很大把握”。

家人参与的创业者的财务管理自我效能，如图 7.17 所示。可以看到创业初期 22.73% 的家人参与的创业者对财务管理“只有一点把握”，45.45% 的家人参与的创业者是“一般把握”状态，仅有 18.18% 的家人参与的创业者“有很大把握”。创业过程中家人参与的创业者财务管理自我效能成长迅速，受访时，22.73% 家人参与的创业者选择“一般把握”，59.09% 的家人参与的创业者是“有很大把握”。

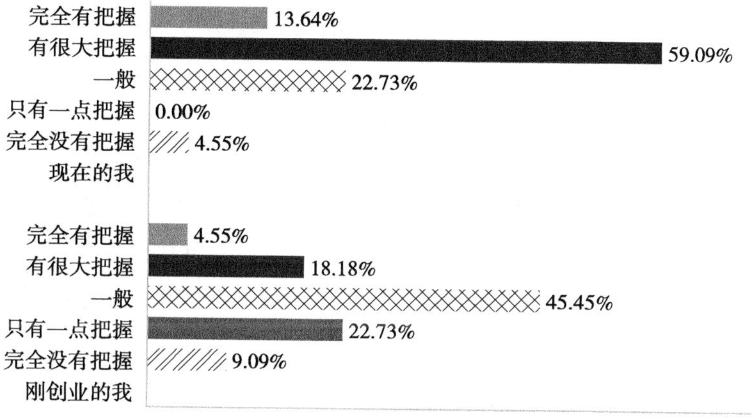

图 7.17　家人参与的创业者财务管理自我效能

家人反对的创业者的财务管理自我效能，如图 7.18 所示。可以看到创业初期 22.22% 的家人反对的创业者对财务管理“只有一点把握”，27.78% 的家人反对的创业者是“一般把握”状态，仅有 22.22% 的家人反对的创业者“有很大把握”。创业过程中家人反对的创业者财务管理自我效能成长迅速，受访时，27.78% 家人反对的创业者选择“一般把握”，50% 的家人反对的创业者是“有很大把握”。

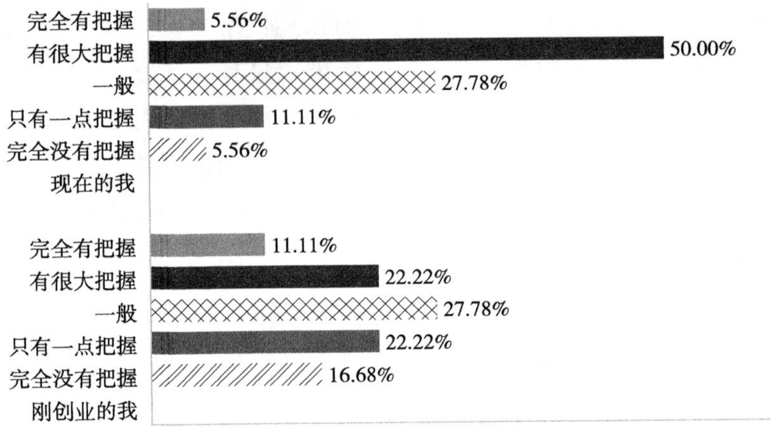

图 7.18　家人反对的创业者财务管理自我效能

比较发现，家人反对的创业者具有相对较高的财务管理自我效能。而经历创业后，家人参与的创业者有平均最高的自我效能。由此可以推断，家人的帮助，也许在成本控制和资金运用等方面有比较明显的提升效果。

（6）社交能力自我效能。主要是指建立社会关系、进行有效沟通的能力。

家人支持的创业者的社交公关自我效能，如图 7.19 所示。可以看到创业初期 21.11% 的家人支持的创业者对社交公关“只有一点把握”，42.22% 的家人支持的创业者是“一般把握”状态，仅有 21.11% 的家人支持的创业者“有很大把握”。创业过程中家人支持的创业者社交公关自我效能成长迅速，受访时，21.11% 家人支持的创业者选择“一般把握”，54.44% 的家人支持的创业者是“有很大把握”。

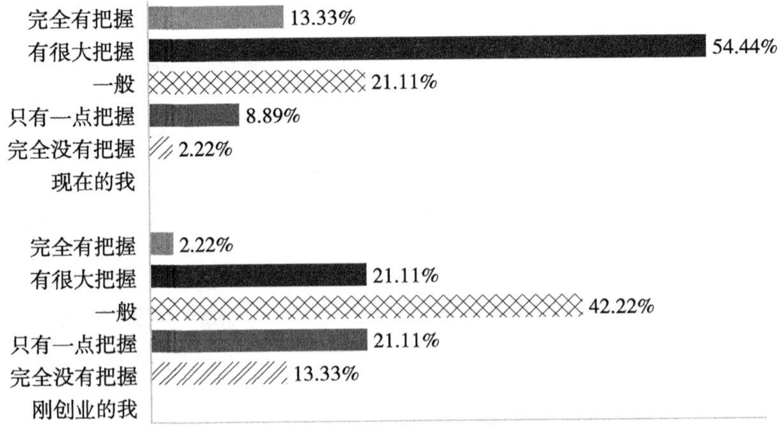

图 7.19　家人支持的创业者社交公关自我效能

家人参与的创业者的社交公关自我效能，如图 7.20 所示。可以看到创业初期 13.64% 的家人参与的创业者对社交公关“只有一点把握”，40.91% 的家人参与的创业者是“一般把握”状态，仅有 22.73% 的家人参与的创业者“有很大把握”。创业过程中家人参与的创业者社交公关自我效能成长迅速，受访时，13.64% 家人参与的创业者选择“一般把握”，50% 的家人参与的创业者是“有很大把握”。

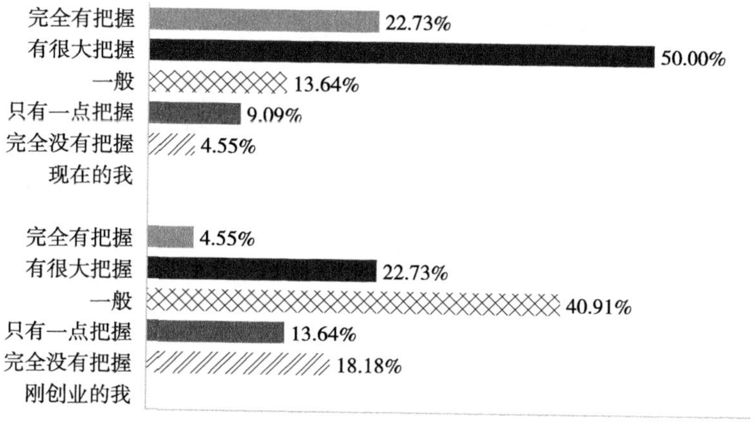

图 7.20　家人参与的创业者社交公关自我效能

家人反对的创业者的社交公关自我效能，如图 7.21 所示。可以看到创业初期 11.11% 的家人反对的创业者对社交公关“只有一点把握”，38.89% 的家人反对的创业者是“一般把握”状态，仅有 33.33% 的家人反对的创业者“有很大把握”。创业过程中家人反对的创业者社交公关自我效能成长迅速，受访时，27.78% 家人反对的创业者选择“一般把握”，44.44% 的家人反对的创业者是“有很大把握”。

可以看到，三类创业者中，家人反对的创业者，在创业初期具有最高的社交公关自我效能。经历创业后，家人参与的创业者具有最高的社交公关自我效能。作者认为，正是因为社交公关自我效能高，让家人反对的创业者得到了更多外部关系支持；另一方面，也许是因为有家人的参与，让创业者获得更多的人脉资源从而具有较高的社交公关自我效能。

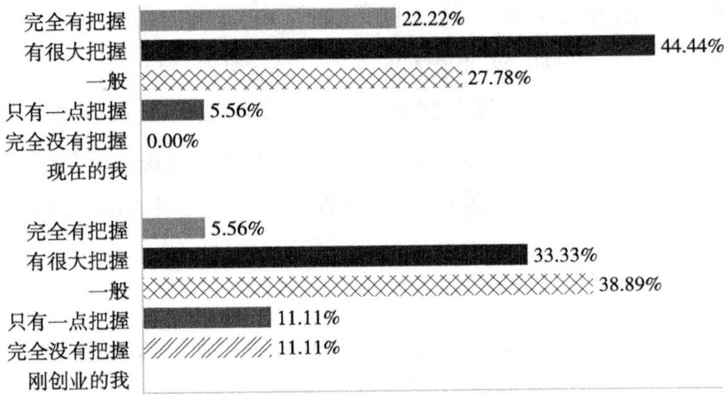

图 7.21　家人反对的创业者社交公关自我效能

综合自我效能的几个方面，发现家人对创业的支持程度和态度，对创业者的各个方面的自我效能有一些不同的影响。

四、创业支持及其他差异

（1）对于首次创业时家人支持的创业者的周边环境，如图 7.22 所示。有 15.56% 的家人和创业者一起创业。31.11% 的朋友支持创业，且有 28.89% 的创业者朋友参与创业。31.11% 家人支持的创业者的配偶支持创业，10% 家人支持的创业者的配偶和其一起创业。1.11% 家人支持的创业者的配偶不支持创业。

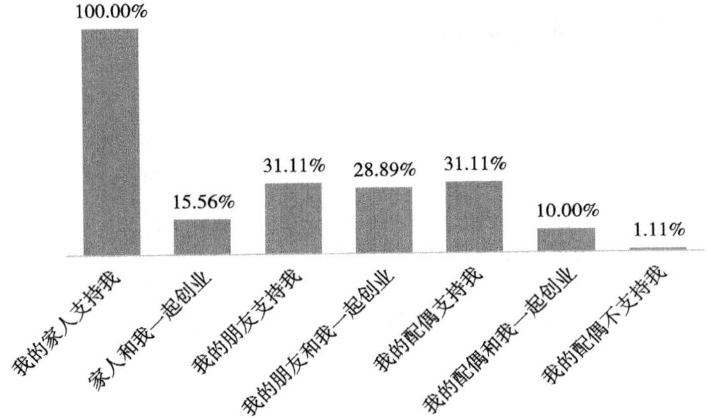

图 7.22　家人支持的创业者周边支持环境

对于首次创业时家人参与的创业者的周边环境，如图 7.23 所示。18.18% 的家人参与的创业者的朋友支持创业，27.27% 家人参与的创业者的配偶支持创业，18.18% 家人参与的创业者的配偶和其一起创业。

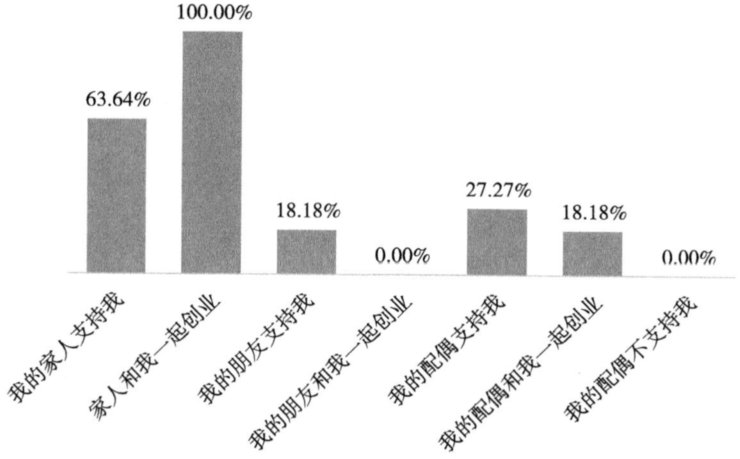

图 7.23 家人参与的创业者周边支持环境

对于首次创业时家人反对的创业者的周边环境，如图 7.24 所示。27.78% 的朋友支持创业，且有 38.89% 的创业者朋友参与创业。16.67% 家人反对的创业者的配偶支持创业，没有配偶参与创业。关于反对创业的力量，16.67% 创业者的朋友不支持创业，22.22% 的创业者的配偶不支持创业。

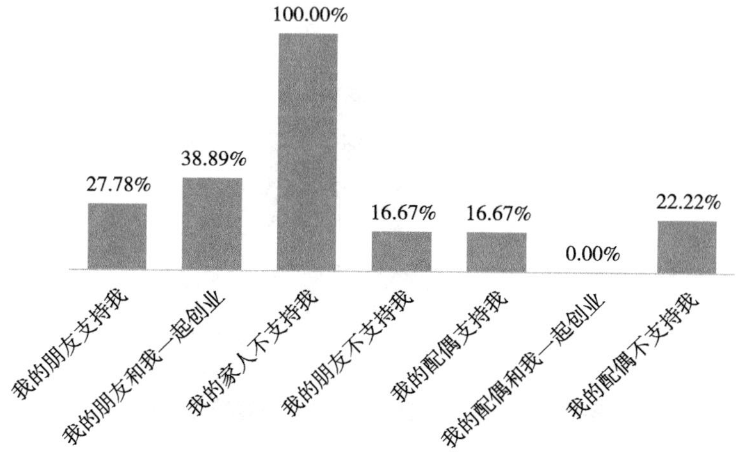

图 7.24 家人反对的创业者周边支持环境

比较后发现，得到家人支持和参与的创业者，得到朋友和配偶的支持比例也相对较高。配偶本身属于特殊的重要家人。朋友与家人态度一致也是比较符合实际情况的。

（2）家人支持的创业者的受教育经历分布，如图 7.25 所示。最高比例的是大学大专学历，占 76.67%；其次是高中学历比例占 8.89%；初中学历占 7.78%；研究生及以上学历，占 5.56%；小学学历占 1.11%。

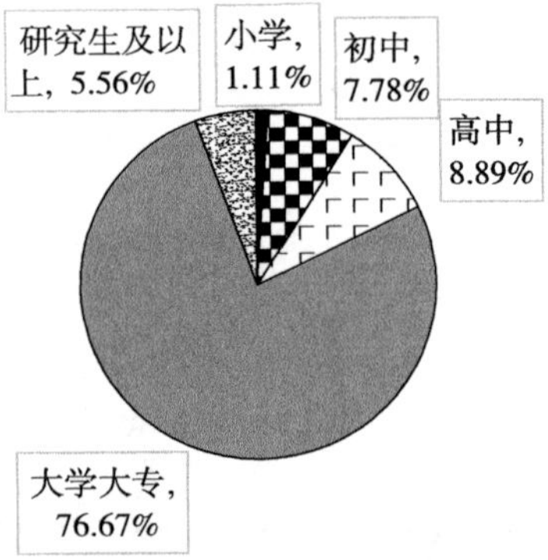

图 7.25　家人支持的创业者受教育经历分布

家人参与的创业者的受教育经历分布，如图 7.26 所示。最高比例的是大学大专学历，占 36.36%；其次是高中学历比例占 22.73%；初中学历占 27.27%；研究生及以上学历，占 9.09%；小学学历占 4.55%。

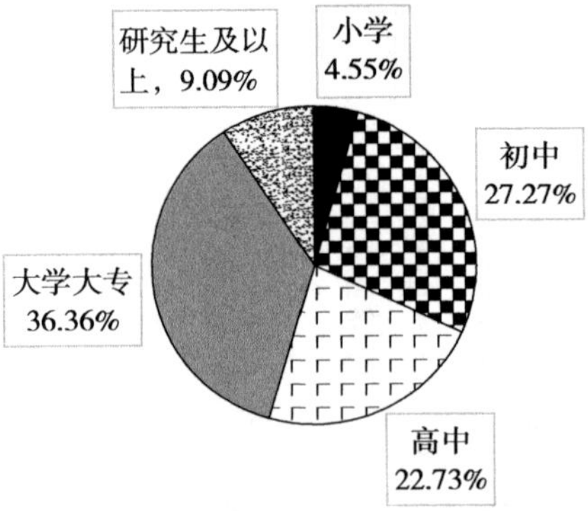

图 7.26　家人参与的创业者受教育经历分布

家人反对的创业者的受教育经历分布，如图 7.27 所示。最高比例的是大学大专学历，占 55.55%；其次是研究生及以上学历，占 16.67%；高中学历比例占 11.11%；初中学历占 11.11%；小学学历占 5.56%。

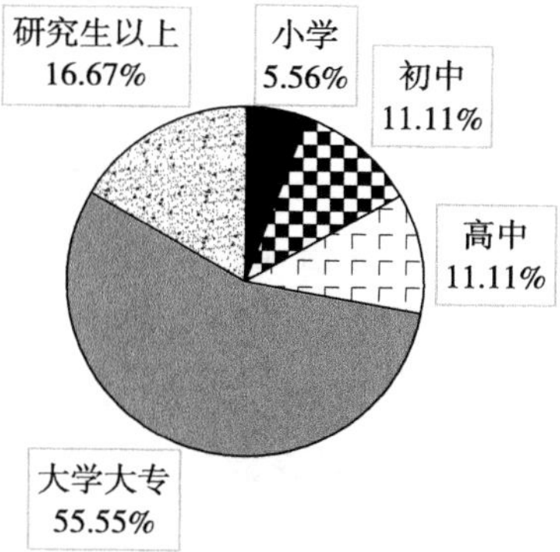

图 7.27　家人反对的创业者受教育经历分布

比较后发现，低学历创业者更容易获得家人实际参与的支持，而研究生及以上学历者更容易受到家人反对。这种情况与中国国情吻合。

（3）关于性别。受访的家人支持的创业者中，34.44% 的创业者是女性。家人参与的创业者中，36.36% 的创业者是女性。家人反对的创业者中，27.78% 的创业者是女性。

三组经比较发现，女性创业者更容易获得家人的支持和实际参与。

（4）关于父母是否创业。受访的家人支持的创业者中，如表 7.4 所示，24.44% 父母是创业的。

表 7.4　家人支持的创业者父母是否创业分析

选项	比例
是	24.44%
否	75.56%

家人参与的创业者中，如表 7.5 所示，13.64% 的父母是创业的。

表 7.5　家人参与的创业者父母是否创业分析

选项	比例
是	13.64%
否	86.36%

家人反对的创业者中，如表 7.6 所示，27.78% 的父母是创业的。

表 7.6　家人反对的创业者父母是否创业分析

选项	比例
是	27.78%
否	72.22%

通过比较可以看出，家人支持和家人反对的创业者中，父母创业的比例相对略高，作者推测，也许父母因为自身创业的艰辛或是成功感受影响了他们对子女创业的态度。家人参与的创业者中，父母没有创业经历的比重很高，不禁要问是不是好奇心让他们参与子女创业的。

第八章　教育经历的差异分析

不同受教育经历的创业者，他们的创业意愿和创业自我效能是否存在差异？如果有，会存在怎样的差异？本章比较研究不同学历的创业者的各方面创业自我效能。

一、创业意愿和目的差异

从七个维度探索创业目的的差异。研究生学历创业者的创业目的分布，如表 8.1 所示。21.43% 研究生学历受访创业者选择“赚到一大笔钱”，28.57% 选择“独立地思考和行动”，35.71% 希望“工作更多彩多姿”，50% 选择“维持自己的价值观”，35.71% 认为创业“符合我的个性”，最高的比例是“把自己的想法变为现实”，有 71.43%，另外 50% 选择“享受挑战的感觉”。

表 8.1　研究生创业者的创业目的

选项	比例
赚到一大笔钱	21.43%
独立地思考和行动	28.57%
工作更多彩多姿	35.71%
维持自己的价值观	50%
符合我的个性	35.71%
把我的想法变为现实	71.43%
享受挑战的感觉	50%

大学大专学历创业者的创业目的分布，如表 8.2 所示。42.99% 大学大专学历受访创业者选择“赚到一大笔钱”，36.45% 选择“独立地思考和行动”，35.51% 希望“工作更多彩多姿”，39.25% 选择“维持自己的价值观”，28.97% 认为创业“符合我的个性”，最高的比例是“把我的想法变为现实”，

有 61.68%，另外 36.45% 选择“享受挑战的感觉”。

表 8.2 大学大专创业者的创业目的

选项	比例
赚到一大笔钱	42.99%
独立地思考和行动	36.45%
工作更多彩多姿	35.51%
维持自己的价值观	39.25%
符合我的个性	28.97%
把我的想法变为现实	61.68%
享受挑战的感觉	36.45%

高中创业者的创业目的分布，如图 8.1 所示。40% 的高中受访创业者选择“赚到一大笔钱”，26.67% 选择“独立地思考和行动”，40% 希望“工作更多彩多姿”，33.33% 选择“维持自己的价值观”，33.33% 认为创业“符合我的个性”，最高的比例是“把我的想法变为现实”，有 40%，另外 26.67% 选择“享受挑战的感觉”。

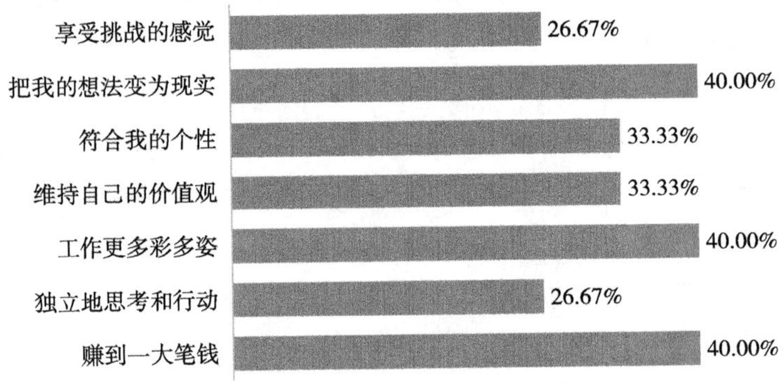

图 8.1 高中创业者的创业目的

初中学历创业者的创业目的分布，如图 8.2 所示。60% 初中学历受访创业者选择“赚到一大笔钱”，13.33% 选择“独立地思考和行动”，6.67% 希望“工作更多彩多姿”，33.33% 选择“维持自己的价值观”，13.33% 认为创业“符合我的个性”，最高的比例是“把我的想法变为现实”，有 46.67%，另外 13.33% 选择“享受挑战的感觉”。

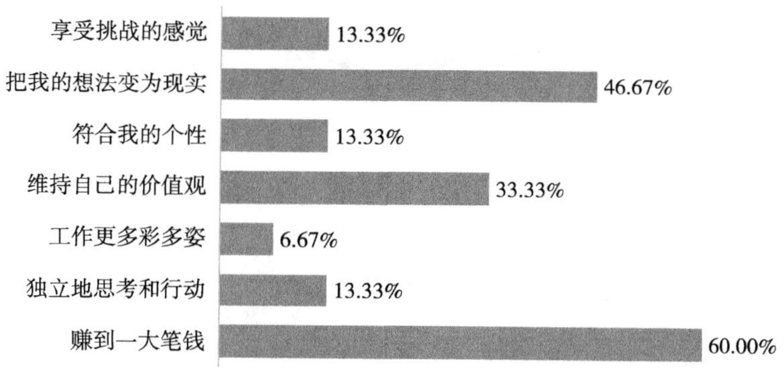

图 8.2　初中创业者的创业目的

比较四种学历的创业目的发现，研究生学历的创业者最看重的是把自己的想法变为现实；此外，价值观和挑战也是他们追求的部分；赚钱是最不看重的部分。初中学历的创业者，首要的创业意图是赚到一大笔钱，说明受生存和经济利益驱动明显。相比较而言，高中学历和大学大专学历的创业者的创业目的相对多元和均衡。除了初中学历的创业者，其他学历类型的创业者中，把自己的想法变为现实都是排名最靠前的创业意图。

二、创业自我效能差异

（1）销售能力自我效能。研究生创业者的销售能力自我效能如图 8.3 所示。可以看到创业初期，28.57% 的研究生创业者对销售“只有一点把握”，28.57% 的研究生创业者是“一般把握”状态，仅有 21.43% 的研究生创业者“有很大把握”。受访时，35.71% 研究生创业者选择“一般把握”，42.86% 的研究生创业者是“有很大把握”。

大学大专创业者的销售能力自我效能如图 8.4 所示。可以看到创业初期 37.38% 的大学大专创业者对销售“只有一点把握”，29.91% 的大学大专创业者是“一般把握”状态，仅有 12.15% 的大学大专创业者“有很大把握”。受访时，33.64% 大学大专创业者选择“一般把握”，46.73% 的大学大专创业者是“有很大把握”。

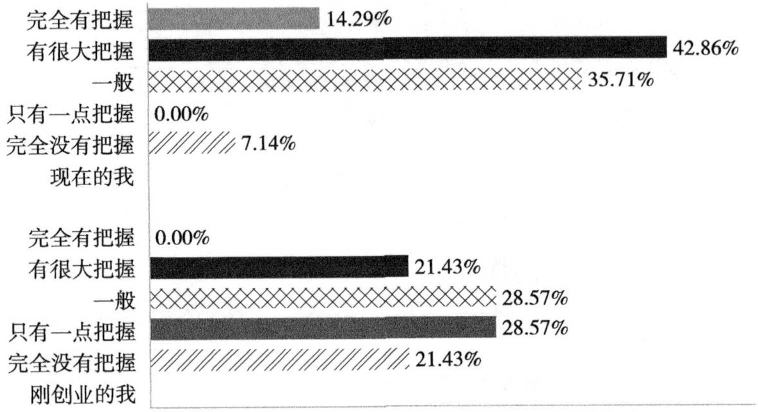

图 8.3　研究生学历创业者销售能力自我效能

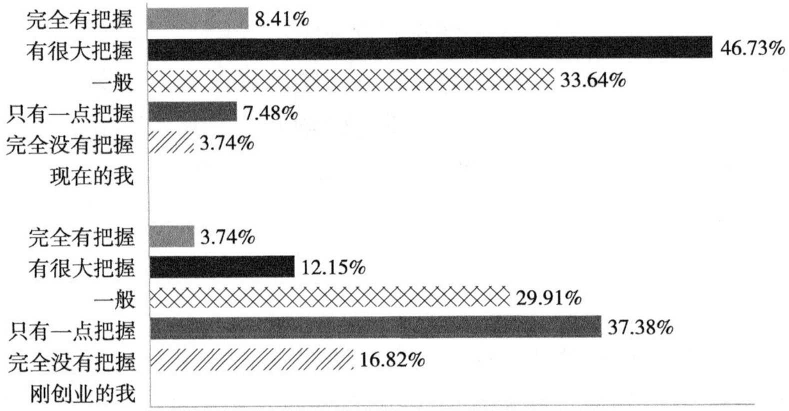

图 8.4　大学大专学历创业者销售能力自我效能

高中创业者的销售能力自我效能如图 8.5 所示。可以看到创业初期 26.67% 的高中创业者对销售“只有一点把握”，53.33% 的高中创业者是“一般把握”状态，仅有 13.33% 的高中创业者“有很大把握”。受访时，13.33% 高中创业者选择“一般把握”，33.33% 的高中创业者是“有很大把握”。

初中学历创业者的销售能力自我效能如图 8.6 所示。可以看到创业初期 26.67% 的初中学历创业者对销售“只有一点把握”，6.67% 的初中学历创业者是“一般把握”状态，仅有 40% 的初中学历创业者“有很大把握”。受访时，40% 初中学历创业者选择“一般把握”，20% 的初中学历创业者是“有很大把握”。

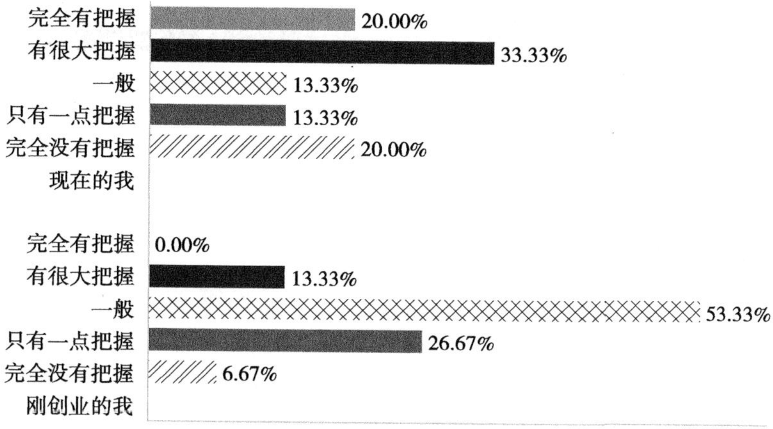

图 8.5　高中学历创业者销售能力自我效能

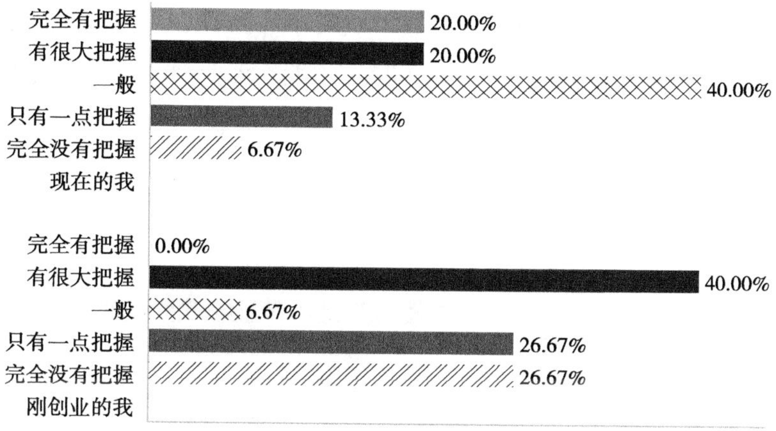

图 8.6　初中学历创业者销售能力自我效能

（2）市场创新能力自我效能。主要是指发现新商机、新点子，开发新产品和新服务、开发新市场和区域以及应用新方法的能力。

研究生创业者的市场创新自我效能如图 8.7 所示。可以看到创业初期 28.57% 的研究生创业者对市场创新“只有一点把握”，42.86% 的研究生创业者是“一般把握”状态，仅有 21.43% 的研究生创业者“有很大把握”。创业过程中研究生创业者市场创新自我效能成长迅速，受访时，7.14% 研究生创业者选择“一般把握”，64.29% 的研究生创业者是“有很大把握”。

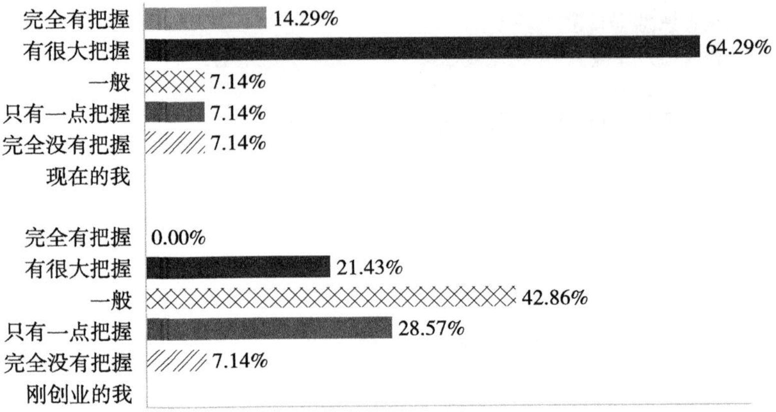

图 8.7　研究生学历创业者的市场创新自我效能

大学大专创业者的市场创新自我效能如图 8.8 所示。可以看到创业初期 33.64% 的大学大专创业者对市场创新“只有一点把握”，37.38% 的大学大专创业者是“一般把握”状态，仅有 14.02% 的大学大专创业者“有很大把握”。创业过程中大学大专创业者市场创新自我效能成长迅速，受访时，36.45% 大学大专创业者选择“一般把握”，42.99% 的大学大专创业者是“有很大把握”。

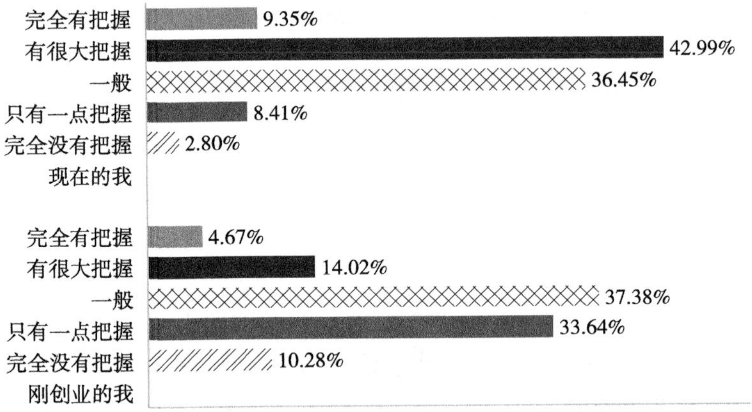

图 8.8　大学大专学历创业者的市场创新自我效能

高中学历创业者的市场创新自我效能如图 8.9 所示。可以看到创业初期 26.67% 的高中学历创业者对市场创新“只有一点把握”，33.33% 的高中学历创业者是“一般把握”状态，仅有 26.67% 的高中学历创业者“有很大把握”。创业过程中高中学历创业者市场创新自我效能成长迅速，受访时，13.33% 高中学历创业者选择“一般把握”，53.33% 的高中创业者是“有很大把握”。

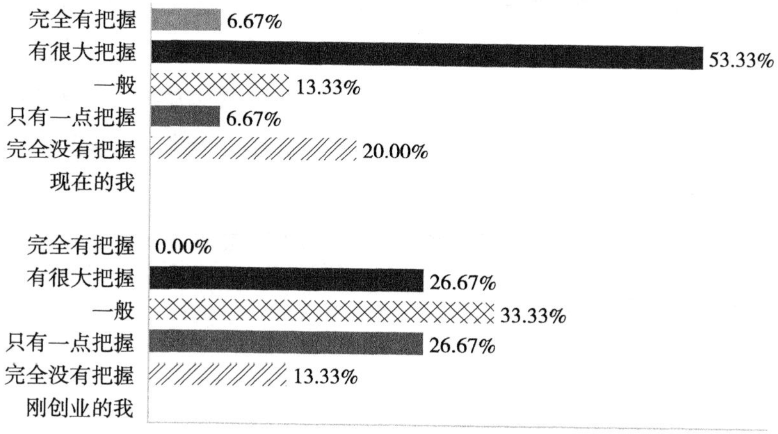

图 8.9　高中学历创业者的市场创新自我效能

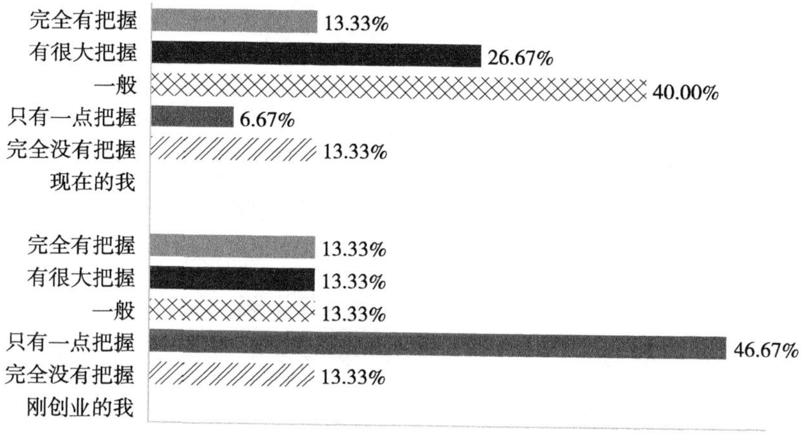

图 8.10　初中学历创业者的市场创新自我效能

初中学历创业者的市场创新自我效能如图 8.10 所示。可以看到创业初期 46.67% 的初中学历创业者对市场创新“只有一点把握”，13.33% 的初中学历创业者是“一般把握”状态，仅有 13.33% 的初中学历创业者“有很大把握”。创业过程中初中学历创业者市场创新自我效能成长迅速，受访时，40% 的初中学历创业者选择“一般把握”，26.67% 的初中学历创业者是“有很大把握”。

（3）管理能力自我效能。主要是指进行战略规划、减少风险、建立信息系统、进行目标管理、明确组织角色、承担责任等相关的能力。

研究生创业者管理方面自我效能如图 8.11 所示。可以看到创业初期 28.57% 的研究生创业者对管理方面“只有一点把握”，28.57% 的研究生创业者是“一般把握”状态，仅有 21.43% 的研究生创业者“有很大把握”。创业过程中研究生创业者管理方面自我效能成长迅速，受访时，42.86% 研究生创业者选择“一般把握”，35.71% 的研究生创业者是“有很大把握”。

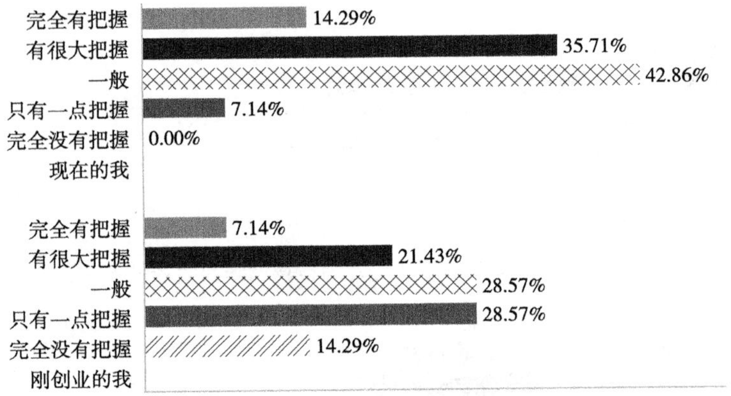

图 8.11　研究生创业者管理方面自我效能

大学大专创业者管理方面自我效能如图 8.12 所示。可以看到创业初期 33.64% 的大学大专创业者对管理方面“只有一点把握”，36.45% 的大学大专创业者是“一般把握”状态，仅有 13.08% 的大学大专创业者有“很大把握”。创业过程中大学大专创业者管理方面自我效能成长迅速，受访时，29.91% 大学大专创业者选择“一般把握”，50.47% 的大学大专创业者是“有很大把握”。

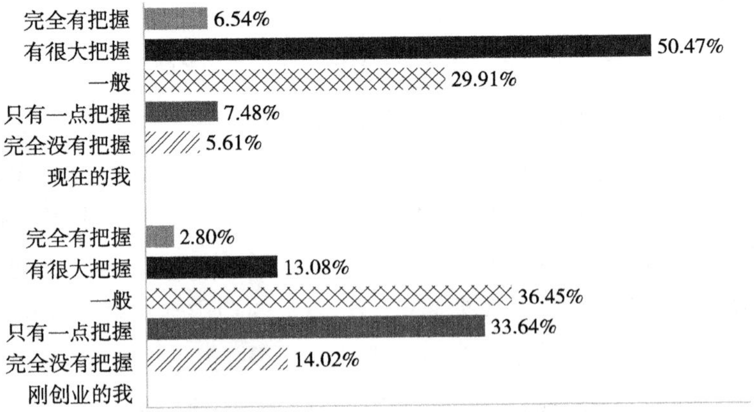

图 8.12　大学大专创业者管理方面自我效能

高中创业者管理方面自我效能如图 8.13 所示。可以看到创业初期 26.67% 的高中创业者对管理方面“只有一点把握”，40% 的高中创业者是“一般把握”状态，仅有 20% 的高中创业者“有很大把握”。创业过程中高中创业者管理方面自我效能成长迅速，受访时，20% 的高中创业者选择“一般把握”，33.33% 的高中创业者是“有很大把握”。

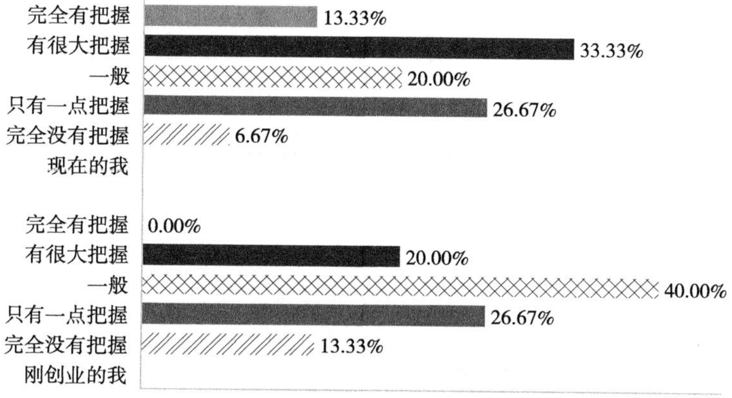

图 8.13　高中学历创业者管理方面自我效能

初中学历创业者管理方面自我效能如图 8.14 所示。可以看到创业初期 33.33% 的初中学历创业者对管理方面“只有一点把握”，13.33% 的初中学历创业者是“一般把握”状态，仅有 13.33% 的初中学历创业者“有很大把握”。创业过程中初中学历创业者管理方面自我效能成长迅速，受访时，26.67% 初中学历创业者选择“一般把握”，26.67% 的初中学历创业者是“有很大把握”。

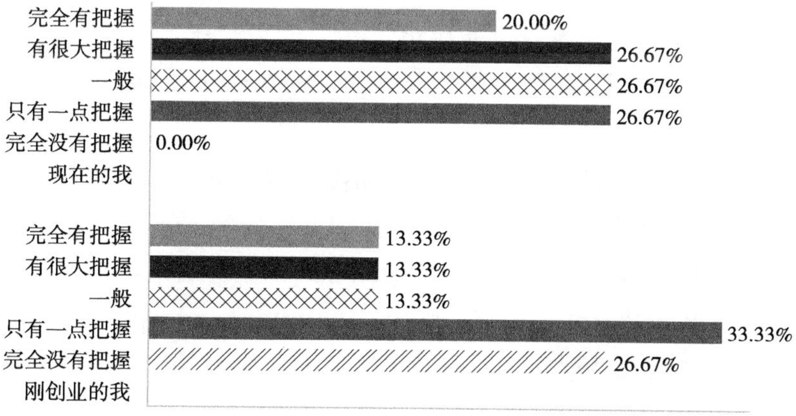

图 8.14　初中学历创业者管理方面自我效能

（4）风险决策能力自我效能。主要是指进行风险评估、在不确定情况下做决策、在冲突下工作和承担责任的能力。

研究生创业者的风险决策自我效能如图 8.15 所示。可以看到创业初期 14.29% 的研究生创业者对风险决策“只有一点把握”，42.86% 的研究生创业者是“一般把握”状态，仅有 14.29% 的研究生创业者“有很大把握”。创业过程中研究生创业者风险决策自我效能成长迅速，受访时，35.71% 研究生创业者选择“一般把握”，50% 的研究生创业者是“有很大把握”。

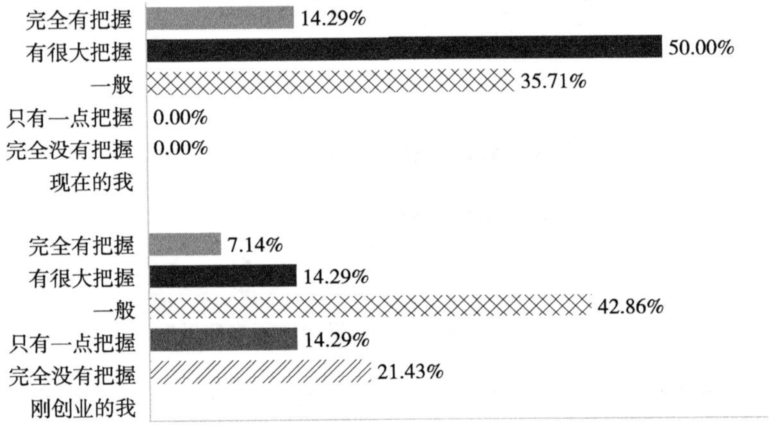

图 8.15　研究生创业者风险决策自我效能

大学大专创业者的风险决策自我效能如图 8.16 所示。可以看到创业初期 28.97% 的大学大专创业者对风险决策“只有一点把握”，35.51% 的大学大专创业者是“一般把握”状态，仅有 12.15% 的大学大专创业者“有很大把握”。创业过程中大学大专创业者风险决策自我效能成长迅速，受访时，35.51% 大学大专创业者选择“一般把握”，40.19% 的大学大专创业者是“有很大把握”。

高中创业者的风险决策自我效能如图 8.17 所示。可以看到创业初期 33.33% 的高中创业者对风险决策“只有一点把握”，40% 的高中创业者是“一般把握”状态，仅有 13.33% 的高中创业者“有很大把握”。创业过程中高中创业者风险决策自我效能成长迅速，受访时，26.67% 的高中创业者选择“一般把握”，46.67% 的高中创业者是“有很大把握”。

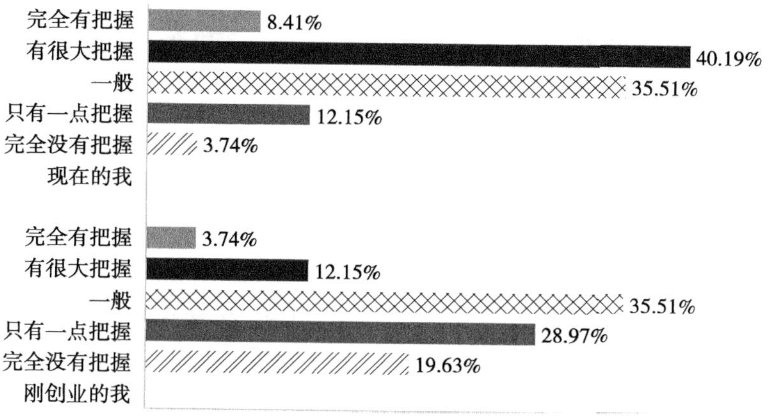

图 8.16　大学大专创业者风险决策自我效能

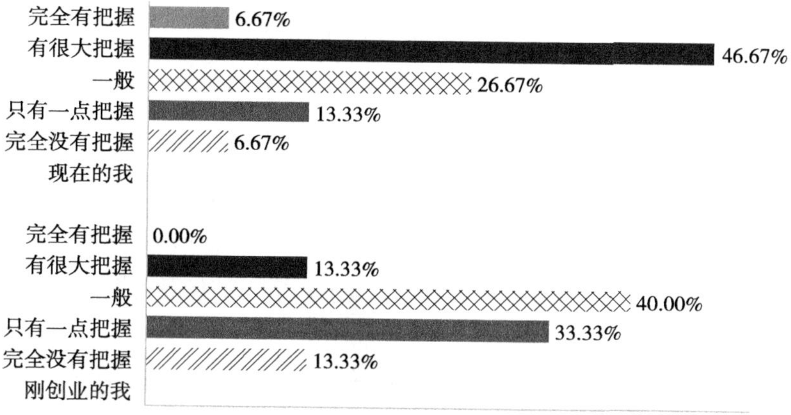

图 8.17　高中创业者风险决策自我效能

初中学历创业者的风险决策自我效能如图 8.18 所示。可以看到创业初期 40% 的初中学历创业者对风险决策“只有一点把握”，13.33% 的初中学历创业者是“一般把握”状态，仅有 6.67% 的初中学历创业者“有很大把握”，“完全有把握”的则有 13.33%。创业过程中初中学历创业者风险决策自我效能成长迅速，受访时，20% 初中学历创业者选择“一般把握”，46.67% 的初中学历创业者“有很大把握”，“完全有把握”的则有 20%。

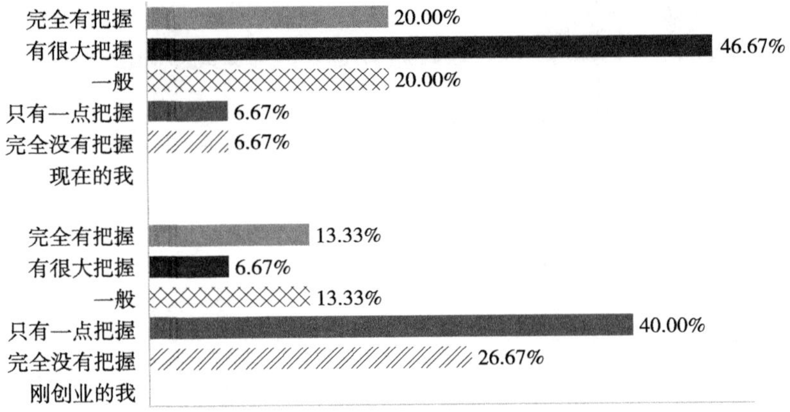

图 8.18　研究生创业者风险决策自我效能

（5）财务管理能力自我效能。主要是指进行财务分析、完善财务系统和内部控制、控制成本，以及资金控制的相关能力。

研究生创业者的财务管理自我效能如图 8.19 所示。可以看到创业初期 7.14% 的研究生创业者对财务管理“只有一点把握”，42.86% 的研究生创业者是“一般把握”状态，仅有 21.43% 的研究生创业者“有很大把握”。创业过程中研究生创业者财务管理自我效能成长迅速，受访时，28.57% 研究生创业者选择“一般把握”，57.14% 的研究生创业者是“有很大把握”。

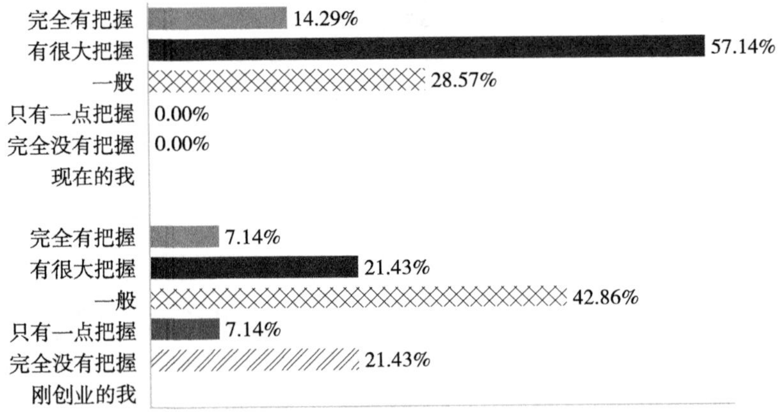

图 8.19　研究生创业者财务管理自我效能

大学大专创业者的财务管理自我效能如图 8.20 所示。可以看到创业初期 28.97% 的大学大专创业者对财务管理“只有一点把握”，42.06% 的大学大专创业者是“一般把握”状态，仅有9.35%的大学大专创业者“有很大把握”。创业过程中大学大专创业者财务管理自我效能成长迅速，受访时，38.32%大学大专创业者选择“一般把握”，40.19%的大学大专创业者是“有很大把握”。

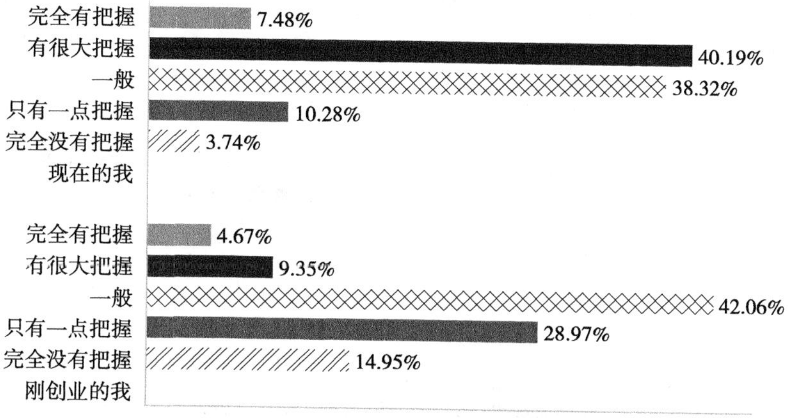

图 8.20　大学大专创业者财务管理自我效能

高中创业者的财务管理自我效能如图8.21所示。可以看到创业初期26.67%的高中创业者对财务管理“只有一点把握”，26.67%的高中创业者是“一般把握”状态，仅有20%的高中创业者“有很大把握”。创业过程中高中创业者财务管理自我效能成长迅速，受访时，33.33%高中创业者选择“一般把握”，33.33%的高中创业者是“有很大把握”，“完全有把握”也从零增至13.33%。

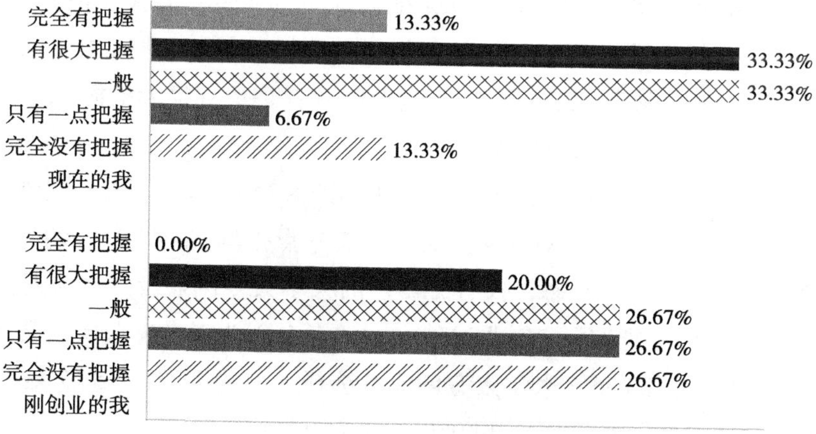

图 8.21　高中创业者财务管理自我效能

初中学历创业者的财务管理自我效能如图 8.22 所示。可以看到创业初期 20% 的初中学历创业者对财务管理“只有一点把握”，13.33% 的初中学历创业者是“一般把握”状态，仅有 26.67% 的初中学历创业者“有很大把握”。创业过程中初中学历创业者财务管理自我效能成长迅速，受访时，20% 初中学历创业者选择“一般把握”，33.33% 的初中学历创业者是“有很大把握”，“完全有把握”也从 13.33% 增至 40%。

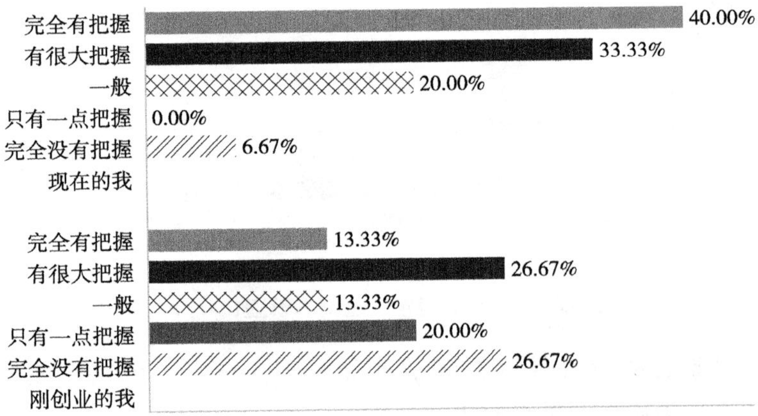

图 8.22　初中创业者财务管理自我效能

（6）社交能力自我效能。主要是指建立社会关系、进行有效沟通的能力。

研究生创业者的社交公关自我效能如图 8.23 所示。可以看到创业初期 7.14% 的研究生创业者对社交公关“只有一点把握”，35.71% 的研究生创业者是“一般把握”状态，仅有 42.86% 的研究生创业者“有很大把握”。创业过程中研究生创业者社交公关自我效能成长迅速，受访时，35.71% 研究生创业者选择“一般把握”，28.57% 的研究生创业者是“有很大把握”，“完全有把握”也从 7.14% 增至 35.71%。

大学大专创业者的社交公关自我效能如图 8.24 所示。可以看到创业初期 20.56% 的大学大专创业者对社交公关“只有一点把握”，43.93% 的大学大专创业者是“一般把握”状态，仅有 21.5% 的大学大专创业者“有很大把握”，仅有 2.8%“完全有把握”。创业过程中大学大专创业者社交公关自我效能成长迅速，受访时，23.36% 大学大专创业者选择“一般把握”，54.21% 的大学大专创业者是“有很大把握”，14.95%“完全有把握”。

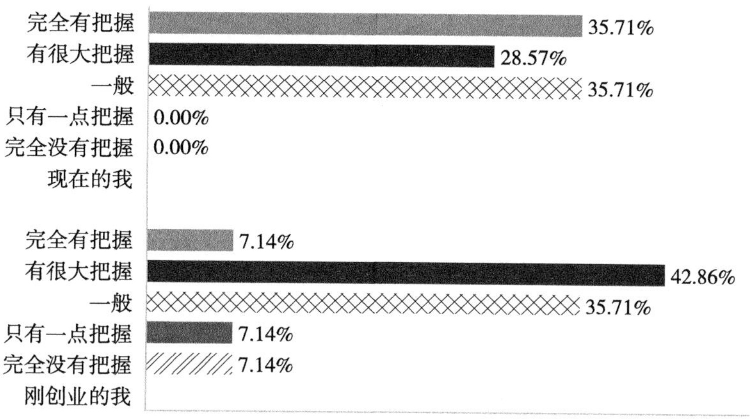

图 8.23　研究生创业者社交公关自我效能

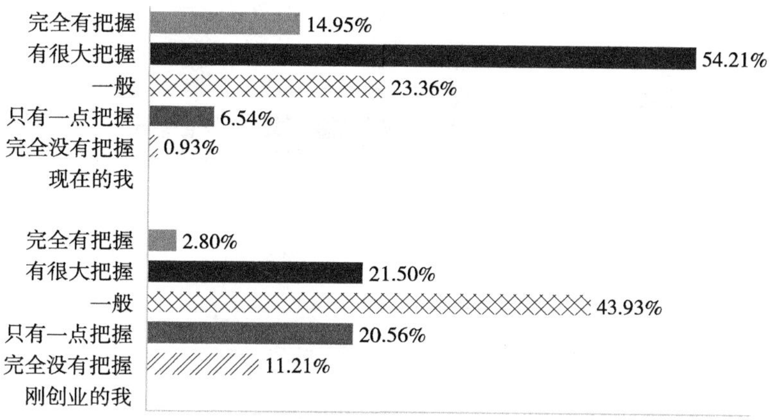

图 8.24　大学大专创业者社交公关自我效能

高中创业者的社交公关自我效能如图 8.25 所示。可以看到创业初期 20% 的高中创业者对社交公关“只有一点把握”，46.67% 的高中创业者是“一般把握”状态，仅有 20% 的高中创业者“有很大把握”。创业过程中高中创业者社交公关自我效能成长迅速，受访时，26.67% 高中创业者选择“一般把握”，46.67% 的高中创业者是“有很大把握”，“完全有把握”也增至 13.33%。

初中学历创业者的社交公关自我效能如图 8.26 所示。可以看到创业初期 26.67% 的初中学历创业者对社交公关“只有一点把握”，26.67% 的初中学历创业者是“一般把握”状态，仅有 26.67% 的初中学历创业者“有很大把握”。创业过程中初中学历创业者社交公关自我效能成长迅速，受访时，33.33% 初中学历创业者选择“一般把握”，40% 的初中学历创业者是“有很大把握”。

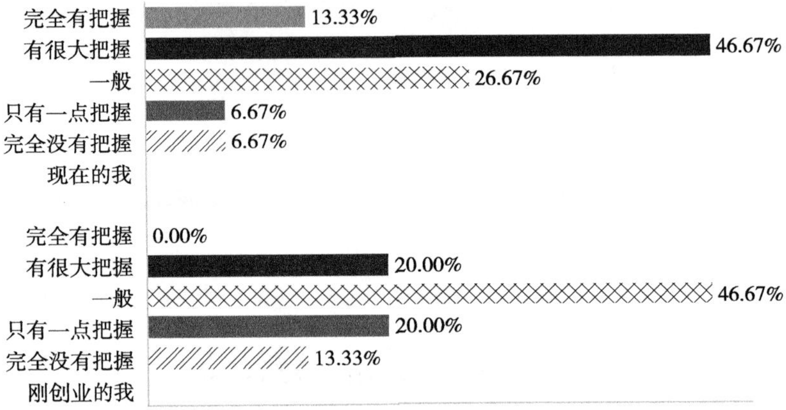

图 8.25　高中创业者社交公关自我效能

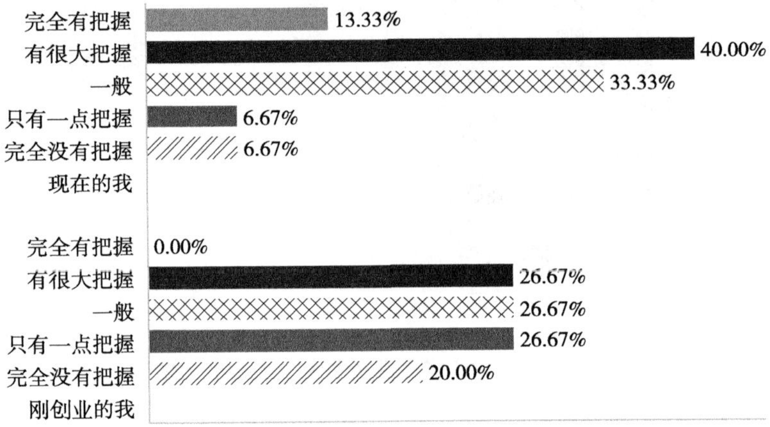

图 8.26　初中创业者社交公关自我效能

三、创业支持及其他差异

（1）对于首次创业时的研究生创业者周边环境，如图 8.27 所示。35.71% 受访的研究生创业者得到家人支持，并且有 14.29% 的家人和创业者一起创业。

21.43% 研究生创业者的朋友支持创业，且有 64.29% 创业者朋友参与创业。57.14% 的配偶支持创业，7.14% 配偶和他一起创业。

关于反对创业的力量，21.43% 研究生创业者的家人不支持创业，7.14% 研究生创业者的朋友不支持创业，7.14% 研究生创业者的配偶不支持创业。

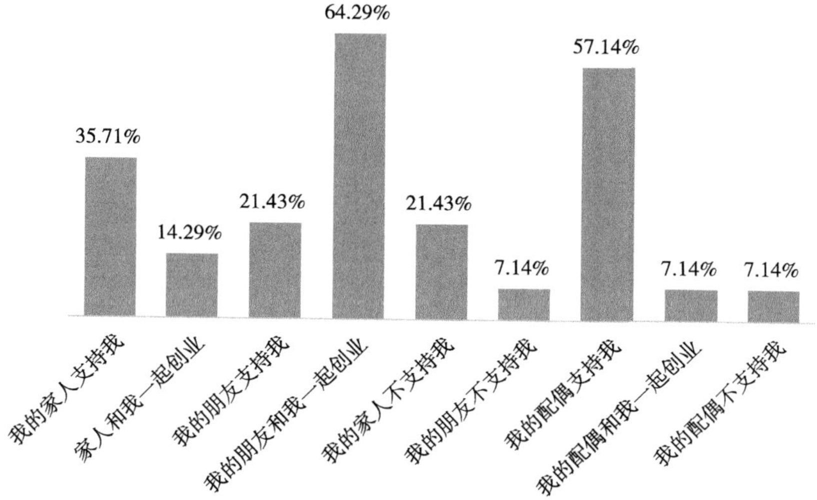

图 8.27　研究生创业者周边支持环境

对于首次创业时的大学大专创业者周边环境，如图 8.28 所示。64.49% 大学大专创业者得到家人支持，并且有 7.48% 的创业者家人和创业者一起创业。

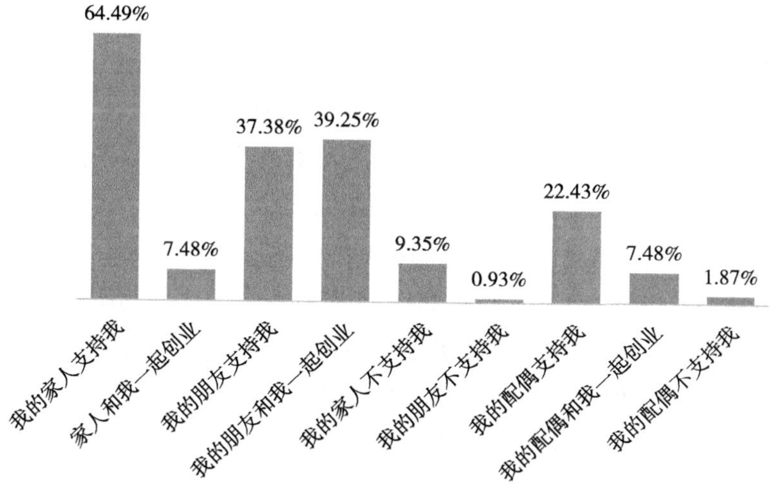

图 8.28　大学大专创业者周边支持环境

37.38% 大学大专创业者的朋友支持创业，且有 39.25% 创业者朋友参与创业。22.43% 大学大专创业者的配偶支持创业，7.48% 大学大专创业者的配偶和其一起创业。

关于反对创业的力量，9.35% 大学大专创业者的家人不支持创业，0.93% 的朋友不支持创业，1.87% 的配偶不支持创业。

对于首次创业时的高中创业者周边环境，如图 8.29 所示。

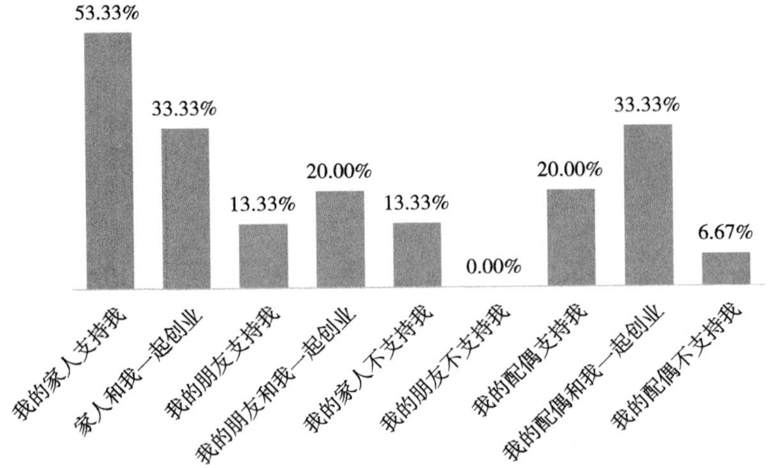

图 8.29　高中创业者周边支持环境

53.33% 的受访高中创业者得到家人支持，并且有 33.33% 的家人和创业者一起创业。

13.33% 高中创业者的朋友支持创业，且有 20% 创业者朋友参与创业。20% 的配偶支持创业，33.33% 的配偶和他一起创业。

关于反对创业的力量，13.33% 高中创业者的家人不支持创业，没有朋友反对创业，6.67% 高中创业者的配偶不支持创业。

对于首次创业时的初中创业者周边环境，如图 8.30 所示。46.67% 的受访初中学历创业者得到家人支持，并且有 40% 创业者家人和创业者一起创业。

6.67% 的创业者的朋友支持创业，且有 6.67% 创业者的朋友参与创业。13.33% 创业者的配偶支持创业，33.33% 的配偶和他一起创业。

关于反对创业的力量，13.33% 初中学历创业者的家人不支持创业，没有朋友和配偶反对创业。

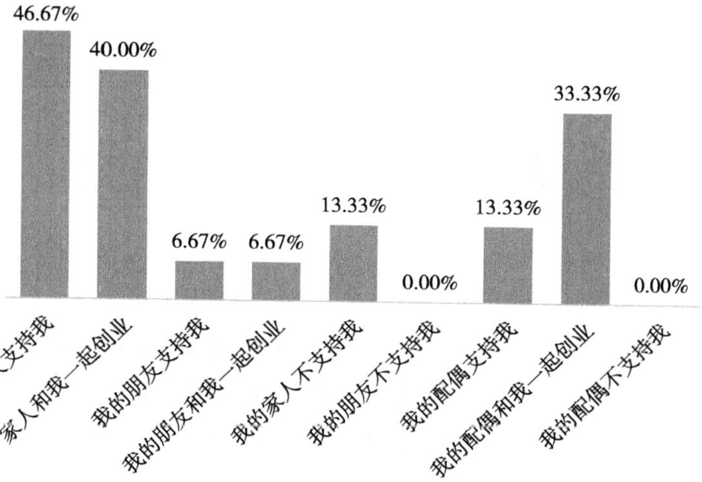

图 8.30　初中创业者周边支持环境

（2）首次创业类型。受访的研究生创业者中首次创业类型，35.71% 是生存型创业，64.29% 发展型创业。大学大专创业者中首次创业类型，61.68% 是生存型创业，38.32% 发展型创业。受访的高中创业者中首次创业类型，66.67% 是生存型创业，33.33% 为发展型创业。受访的初中创业者中首次创业类型，93.33% 是生存型创业，6.67% 为发展型创业。

（3）关于性别。受访的研究生创业者中，50% 是女性。大学大专创业者中，33.64% 是女性。高中创业者中，46.67% 是女性。初中学历创业者中，40% 是女性。

（4）关于父母是否创业。受访的研究生创业者中，7.14% 的父母是创业的。大学大专创业者中，30.84% 的父母是创业的。高中创业者中，没有父母是创业的。初中学历创业者中，20% 的父母是创业的。

第九章　籍贯差异研究

创业是一个紧扣时代脉搏的事情，同时创业又是极具个人特色的事情。所谓个人特色，最为典型的体现就是在创业意图与创业自我效能方面。在过去的三年中，作者访谈了超过 85 名 2010 年后创业的创业者，其中包括 57 名的温州籍创业者和28名非温籍创业者[①]。发现温籍创业者和非温籍创业者在创业意图和自我效能方面显示出了许多不同之处，这也在一定程度上体现了温商群体的特征。本章的创业者籍贯差异研究，主要侧重于创业者创业意图与创业自我效能方面。

一、创业意图的差异

在随机受访的一百多位创业者中，按照创业的时间分，2010—2018 年创业的温籍创业者有 57 位，非温籍创业者有 28 位。受访创业者中，温籍创业者创一代的比例是 56%，而非温籍创业者中创一代的比例是 82%，这与温州“人人当老板”的文化氛围息息相关。

最直接体现创业意图差异的地方，是“首次创业类型”。在所有受访创业者中，57 名温籍创业者中有 36 名首次创业是“生存型”创业，“发展型”创业的比例是 37%；28 名非温籍创业者中，发展型创业的比例是 46%。

创业者在创业前的工作年限，也有一定差异：受访的 57 名温籍创业者平均工作5.49年，其中最高的达到20年，充分说明温州是一方适合创业的沃土。非温籍的 28 名创业者，平均工作了 5.64 年，最长的工作了 25 年。直观地看，温籍创业者是更早地进行创业，这与一般经验是相符的。近些年来，越来越多的大学生毕业后不久就创业，越来越多的年轻人确立创业作为就业的途径，

① 本章内容是与广东省教育厅创新强校工程项目“互联网时代基于创新自我效能视角的广东省区域创新动力系统研究：以东莞市为例（2016GXJK157）”课题合作研究的成果。

这是创业前平均工作时间下降的主要因素。作为大学的创业导师，笔者曾经特别鼓励大学生，除非是机遇所迫，尽量在累积一些工作经验后再进行创业，这在理论上能够提高创业的成功率。但是另一方面，信息社会变化更加地快速和不确定，使得发现创业机会的创业者们都倾向于快速行动抢占先机。

对于创业的目的，往往有多种因素的交织。在受访群体中发现，从七个方向的创业目的上看，2010 年以后的温籍创业者平均有 3 个维度的创业目的，非温籍的创业者则平均有 2.82 个维度，相对来说温籍创业者显示出更多元、更丰富的创业意图。

57 名 2010 年以后创业的温籍创业者中 65% 的人选择了“把自己的想法变为现实”；非温籍创业者中 57% 的人选择了“把自己的想法变为现实”。温籍的近三年的创业者中，除了 63% 选择“把自己的想法变为现实”之外，50% 的人选择了“工作更多彩多姿”，此外“赚到一大笔钱”“维持自己的价值观”和“享受挑战的感觉”的认可比例达到 47%。这说明近三年的创业者认为创业可以实现更多维的人生目标。2010 年之后，创业目的的多元化才重新变得越来越明显。

小样本研究发现，无论温籍还是非温籍创业者，创业目的中被认可比例最高的均是“把自己的想法变为现实”。由此可见，“赚钱”本身并不是创业第一位的目的，更多的创业者是因为有了想法而更有动力，想法是比赚钱更具有创业驱动力的内容。

同时发现，不论是温籍还是非温籍的创业者，“创业符合我的个性”的选择比例几乎都是最低的，笔者推测尽管创业具有高风险和高挑战性，但是由于改革开放的环境的特点及众多的成功实践，让大家产生了“人人都可以当老板”的想法，这对于创业者需要极大的勇气，显得非常重要。

综合创业目的的多个方面，可以发现改革开放四十年来的创业目的，的确出现了从“为温饱而奋斗”向“为理想而奋斗”的转变，这与小康社会的逐步建成是密切相关的。

二、创业自我效能差异

通过访谈的小样本研究温籍和非温籍创业者的创业自我效能，也体现出一些特点。让受访者进行自我分析和打分，做出自我评估，在此基础上分别比较不同年代创业者的创业初期自我效能以及他们在创业后自我效能的变化情况。研究发现以下典型的特征。

（1）创业初期的自我效能。2010年以后的温籍创业者们创业初期社交能力和财务管理的自我效能感相对较高，也是与温州社会看重人脉和资金有所相关。

非温籍的2010年以后的创业者们通常认为创新的想法和点子是非常重要的，因此创业初期创新能力的自我效能最高；其次社交能力自我效能感相对较高，也是与中国社会看重人脉资源相符合的。社交能力的自我效能感较高，是温籍和非温籍创业者共同的特点。

（2）创业自我效能的现状。2010年后的温籍创业者们的自我效能最高的是社交能力。非温籍的2010年以后的创业者对目前的自我效能评价最高的是“创新能力”，这一特征也是与时代特征较为相符；其次是“社交能力”，其他的各项能力的自我效能水平也较为均衡。

（3）创业自我效能的变化。温籍的“10后”创业者虽然创业时间较短，但是显示出更强的自信和更快的学习能力，其自我效能提升幅度接近2000年前的创业者水平。

比较不同方面的创业自我效能成长情况。温籍的2010年后的创业者在社交能力自我效能方面提升最多，其次是风险决策能力方面。

温籍“10年代”的创业者，他们的创业自我效能变化的特点是，风险决策能力的成长都高居第二位，而创新能力的自我效能变化都是排在最后。结合访谈发现，应对市场风险、进行不确定性的决策和冲突下的工作，这些能力可以在创业的过程中不断积累和成长；但是创新能力是很难随着创业过程自然得到提升的。由此可见，创新自我效能的提升是最困难的，必须是创业者有意为之方可提高的部分。

相比之下非温籍的2010年后的创业者，则体现出较强的创新自我效能的提升（提升排序第二）。这也反映出时代对创业者的不同要求，非温籍的创业者比温籍的创业者更加重视创新。这是非常关键的信号。

综合六个方面的创业自我效能，相比之下，2000年前的创业者因为有更多的工作经验因而具备较高的创业自我效能（可以称为创业的社会经验预备），“10年代”创业者则获得了更多创业教育机会（可以称为创业的教育预备）。

三、创业支持分析

关于创业获得的支持情况，温州人创业得到家人支持的比例一直较高，受访的创业者中 2010 年后的创业者得到 58% 的家人支持。这种高度的支持正是温州作为创业者之乡的独特优势的体现。相比之下，28 名非温籍创业者获得支持略低，得到一半的家人支持。

尽管家人支持创业的比重一直较高，但是家人参与创业的比重则不断下降。受访的“10 年代”创业的温籍和非温籍的创业者都仅获得 4% 家人的参与。本人认为这是一个健康的趋势。随着社会的不断发展和进步，大家意识到家人共同创业存在的挑战和不利因素，更多人选择和朋友一起创业。而且在访谈中发现，知识层次较高的家庭成员认为，没有家人的参与，更加有利于建立起现代企业制度。

相应地，朋友支持创业的比重，温籍创业者是 37%，非温籍的 28 名创业者得到了更多的支持，有一半人的朋友支持创业。与此同时，朋友参与创业的比重，“10 年代”的温籍创业者高达 49%，非温籍的 28 名创业者中 12 位创业者的朋友参与了创业。由此可见，社会环境更加积极地支持创业，创业者得到了更多情感上的支持。本文认为这主要来源于两个方面，一方面是已有创业者的成功示范，另一方面源于国家对创业者地位和贡献的肯定。

访谈中发现不论是温籍创业者还是非温籍创业者，从 2000 年前到“00 年代”再到“10 年代”，得到的家人和朋友的反对的声音不断下降；得到配偶的支持程度则经历了先升后降的过程，配偶的参与程度，则是明显地下降。可见，创业支持条件越来越宽松，创业的方式也越来越理性。

四、研究的结论及其启发

本文通过小样本访谈的方式，研究 2010 年以后创业者的创业意图及自我效能，并分析温籍创业者和非温籍创业者之间的差异。研究发现以下的一些特征。

（1）随着时代的发展，温籍和非温籍创业者们表现出的相同之处是：“发展型创业”所占的比重越来越多；创业者在创业前的工作年限趋向减少；与早期创业者相比，新时代的创业者们创业意图更加地多元和丰富，“把自己的想法变为现实”都是占主要地位的创业目的之一；温籍创业者中，创一代的比例是56%，而非温籍创业者中的比例是82%，这是最具温州特点之处。

（2）2010年以后的创业者们，非温籍创业者们更加注重创新能力的提升。创业初期温籍和非温籍的创业者们共同的特点是社交能力的自我效能感较高，这与中国社会看重人脉资源相关。但是新时代的温籍创业者创业初期有较高的财务管理的自我效能，而非温籍创业者有较高的创新自我效能。

创业自我效能的现状比较发现，温籍创业者的社交能力自我效能感最高，而非温籍创业者的创新自我效能感最高。温籍创业者认为社交能力和风险决策能力提升较多，而非温籍创业者认为创新方面的自我效能感提升最多。

结合访谈发现，温籍创业者比较看重资本运作方面，而非温籍的创业者们通常更重视创新的想法和点子。进一步比较2000年前、“00年代”和“10年代”三个不同时代的温籍创业者，发现他们的共同的特点是：风险决策能力的成长都高居第二位，而创新能力的自我效能变化都是排在最后。创新能力与市场经验并不直接相关，更多的需要刻意地培养。

（3）2010年后创业的温籍创业者和非温籍创业者，同样得到近半的家人的支持，但是家人参与创业的比重较低，同时朋友参与创业的比重较高，而配偶参与创业的比例明显下降。

本文的研究还需要继续深入，需要进行更大规模的案例研究，从而使小样本的结论得到更好的验证和展示。

基于温籍与非温籍创业者之间的差异研究，在鼓励创业和创新方面可以有更深入的应用。例如，政府要特别注意引导温商创业群体在进行代际传承的同时注重创新能力的培养和积累。因为创新能力是自然的创业过程中很难发展和提升的，本章研究支持政府在引导和帮助创业者更加重视创新能力的培养方面有所作为。

第十章　温州众创空间研究

在“全民创新，万众创业”的大背景下，众创空间成为国家创新体系的重要组成部分，越来越多地引起了全国各地的关注。各个地区除了政府平台积极构建孵化器和创业园，还有许多民营企业家，根据自身条件和地方特点，建设了许多不同模式的众创空间。同时众创空间在发展过程中遇到各种挑战。众创空间该如何发展，如何提升，这是一个系统工程。本章试图从创业者特点和需求的角度，从创业自我效能的角度思考和探索温州众创空间提升的路径和方法，以期对众创空间的平台设计提供借鉴。

一、研究的背景

2015 年以来，创新创业理念越来越为人们熟知，并迅速扩散和发展。在这个过程中，“众创空间”成为创业创新的一种重要推动力量。

众创空间这种创新创业形式由来已久。我国目前有许多创客空间比较接近的形态是“创新实验室”，创客们更倾向进入专业的实验室，进行创新研发。这种实验的开放性和非专业性特点明确。

现阶段的众创空间，与那些以公益、教育为目的的创客空间不同，它们侧重于创新项目的孵化与发展，为此，运行需要盈利来维持，而不仅仅充当一个社会教育平台的角色。因此，众创空间是要素多、开放性强的创业服务平台的统称。

众创空间出现后，全国各地区都积极打造不同模式的区域特色众创空间。在这个“摸着石头过河”的过程中，出现了不同的发展模式，也遇到了许多问题和挑战。例如：很多众创空间是为了国家的号召一拥而上建立的，它们往往只有概念上的一个形式，缺乏统一和有效的行业标准来规范和制约，存在大量“非众创空间”的滥入。同时，从许多“众创空间”的运营过程中发现，其运营主体的专业素质不足，应对运营中出现的各类问题的时候，问题的解决能力常常不够理想。性质不同的各类因素制约着众创空间的发展。

如何克服众创空间发展中的各种困难和挑战，特别是在中国特色社会主义进入新时代，向着“两个一百年”迈进的关键时期，提升众创空间对于区域经济和创业创新的驱动效应，对于众创空间可持续发展并不断发挥作用具有重要的实践指导价值。

刚刚召开的十九大报告强调：创新是引领发展的第一动力，是建设现代化经济体系的战略支撑。作为国家创新体系的重要组成部分，目前温州的众创空间，是否具备有效践行创新阵地的功能？现有的研究，主要对温州众创空间的区域分布、举办主体、发展模式和现状问题进行梳理和总结，重点从外部生态的角度提出对温州众创空间存在问题的解决方法。

本研究认为，众创空间的生命力在于其创新和创业的动力和活力，因此除了关注众创空间外部环境建设，还需要为众创空间的持续发展增强动力。本研究主要从“创新自我效能”的视角，分析和研究温州市众创空间的现状和相关问题，着重从创新自我效能的内部动力的角度，为提升温州众创空间发展的质量与效应，提供可操作的相关对策建议，从而对区域创业能力和竞争力的提升提供动力支持。

二、温州众创空间发展现状分析

1. 数量跨越式增长

2015 年，温州市仅仅只有 15 家实体化众创空间，之后在国家创业创新理念的引导下，极力想要打造更加符合温州发展需求的众创空间规模。据调研，截至 2016 年 6 月，温州市现有众创空间（含孵化器）59 家、创业服务机构 6 家，其中，具有市级以上资格的科技企业孵化器 14 家、市级众创空间 8 家，形成了综合性与专业性互补发展的格局。

到了 2017 年，温州市的市级众创空间更是井喷式增长，市级众创空间增加了 29 家，孵化器增加了 2 家；截至 2017 年年底，温州市已建成投入使用的各类科技创新创业孵化平台共计 120 多家，与 2016 年相较同比增长 49.38%。其中，温州市经科技部门认定的国家备案的众创空间有 15 家、孵化器 4 家，省级众创空间 19 家、孵化器 5 家。

温州市孵化平台面积增长迅速，110 多家孵化平台投入使用之后，孵化的面积总计 140 多万平方米，仅 2017 年的孵化面积就增长约 27 万平方米。

温州市众创空间的培育和建设过程中，以公办孵化平台为导向、综合性孵化平台居多，因此出现了孵化平台质量参差不齐的状况。同时，温州市已经认识到这个问题的存在，现在逐步转变原有发展模式，通过采用政府引导和民间资本支持的方式，逐渐转向专业化孵化平台、多元化孵化平台的建设。

伴随众创空间数量的迅速增长，创客人才队伍也跨越式增长，通过调研，2017 年 1 月温州仅有 200 多个创客团队，而目前已经拥有各类创客团队 1000 个左右，数量增加了约 4 倍。与此同时，创客人才还呈现出年轻化的特点，据不完全统计，温州创客平均年龄不到 30 岁，在人才构成上特色比较鲜明，主要以企业技术人员、高校教师、大学生为主，所处行业领域主要集中在信息技术、电子商务、工业设计、文化创意等产业，如表 10.1 所示。

表 10.1　温州市众创空间汇总表（截至 2016 年 6 月）

序号	名称	运营主体	入驻团队（项目）数	行业特色	区属
1	梦创汇	温州市鹿城区科技开发公司	20	科技	鹿城区
2	浙江工贸学院众创空间	浙江工贸职业技术学院	48	文化	鹿城区
3	众智咖啡	众智荟企业管理有限公司	20	网络	鹿城区
4	创客梦工场	温州市科技合作交流中心	25	综合性	鹿城区
5	东瓯智库创业大街	浙江东瓯智库创意产业开发有限公司	29	文化创意	鹿城区
6	时代方舟创意中心	温州鹿城时代方舟文化创意服务中心	10	文化创意	鹿城区
7	温州罗盘创客空间	温州市众创创客发展中心	3	创客教育	鹿城区
8	九山·创客广场	温州创客产业园开发有限公司	10	科技	鹿城区
9	佳才汇	温州佳才人力资源有限公司	20	人力资源	龙湾区
10	We+ 社区（温州源大创业学院）	温州源大创业服务股份有限公司	55	服务业	龙湾区
11	薪火工坊众创空间	温州红连文化创意开发有限公司	40	一站式产业园运营服务商	龙湾区
12	创梦工厂	浙江创梦文化发展股份有限公司	23	互联网、科技	龙湾区

续表

序号	名称	运营主体	入驻团队（项目）数	行业特色	区属
13	创咖基地众创空间	温州创咖商务服务有限公司	8	电子商务	龙湾区
14	浙商孵化园	温州大学城市学院	14	教育公益服务	瓯海区
15	温州产业科技众创空间	温州职业技术学院	31	科技项目孵化	瓯海区
16	国智 9 号乐创汇	浙江国智科技产业开发有限公司	15	创业创新	瓯海区
17	温州大学众创空间	温州大学创业学院	55	教育公益服务学生	瓯海区
18	温州微淘网络	温州微淘网络科技有限公司	1	O2O 模式——邻购	瓯海区
19	温青汇	温州大门信息技术有限公司	21	互联网	瓯海区
20	“创响瓯江”众创空间	温州大学瓯江学院创业学院	51	电子商务	瓯海区
21	温州众创空间	温州万众创新智能科技有限公司	26	智能硬件	瓯海区
22	瓯悦创意空间	温州瓯悦创意空间有限公司	20	文化创意	瓯海区
23	洞头电子科技众创汇	洞头联盛电子科技有限公司	14	电子信息	洞头区
24	虹兴众创空间	乐清市虹兴电商创业园管理有限公司	100	O2O	乐清市
25	青创会	浙江采纳资产管理有限公司	10	青年创业辅导	乐清市
26	创演空间	乐清市创见工业设计管理有限公司	21	工业设计	乐清市
27	智造工场	瑞安市任和专利代理有限公司	5	科技教育、创意文化	瑞安市
28	和歌文化传播众创空间	温州和歌文化传播有限公司	10	私人订制	瑞安市
29	天纳福智创园	温州天纳福汽车轴承股份有限公司	35	汽配电子商务	瑞安市
30	O2O 平台	温州众享网络科技有限公司	8	互联网	瑞安市
31	创 E 公社	瑞安日报有限公司	60	互联网	瑞安市
32	创想天地	瑞安金融创新产业园投资有限公司	40	金融、智能	瑞安市
33	融社设计交互平台	浙江融社文化创意有限公司	32	文化创意	瑞安市
34	E-cafe 众创空间	浙江华珑丹实业有限公司	16	互联网	瑞安市
35	3D 打印、机械智能化及网络教育中心	瑞安市尚璇三维打印技术股份有限公司	21	智能硬件	瑞安市
36	瑞安市众创创客科技有限公司	瑞安市众创创客科技有限公司	6	互联网	瑞安市

续表

序号	名称	运营主体	入驻团队（项目）数	行业特色	区属
37	时代创业园	温州茂昌世纪投资有限公司	5	投资	瑞安市
38	苍南县公益性科技企业孵化器	苍南县科技创新服务中心	20	科技	苍南县
39	苍南县云创电商孵化园	温州云创电子商务有限公司	27	电子商务	苍南县
40	青创服务中心	温州青创创业服务中心	4	大学生创业	鹿城区
41	蓝江软件园	温州蓝江科技有限公司	36	电子商务	龙湾区
42	高新区创业服务中心	温州高新区创业服务中心	28	综合性	龙湾区
43	温州国际激光与光电孵化器	温州激光与光电科技企业孵化器有限公司	12	激光技术	龙湾区
44	温州市国家大学科技园	温州市大学科技园发展有限公司	55	技术创新综合	瓯海区
45	洞头卓宇科技创业孵化园	温州永宏科技孵化器有限公司	11	科技创新	洞头区
46	温州经济技术开发区科技孵化创业中心	温州经济技术开发区科技局	22	科技创新	开发区
47	创业创富孵化学校	温州市创见供应链有限公司	3	创业培训	乐清市
48	乐清市科技孵化创业中心	乐清市科技孵化创业有限公司	61	智能电器、光机电一体	乐清市
49	瑞安市科技企业孵化器	瑞安市科技企业孵化创业有限公司	36	综合型孵化器	瑞安市
50	永嘉县新科创业孵化中心	永嘉新科孵化创业有限公司	17	平台	永嘉县
51	创梦工厂众创空间	平阳县创梦工厂电子商务服务中心	38	电子商务	平阳县
52	平阳县科技企业孵化器	平阳县科技创业服务中心	10	智能制造、电子信息、新材料等	平阳县
53	文成县山哥哥科技孵化创业园	浙江山哥哥农业开发有限公司	35	农产品	文成县

（数据来源：温州市科技局统计数据）

2. 区域分布较为均衡

温州市的众创空间（孵化器）已基本实现全覆盖。截至 2017 年，市级以上的众创空间，鹿城区已有 19 家，龙湾区、瓯海区各有 12 家，瑞安市有 9 家，乐清市 7 家，平阳县 4 家，经开区 3 家，永嘉县、苍南县各有 2 家，洞头区、泰顺县、文成县各 1 家，共计 73 家；市级以上孵化器与众创空间相比，数量相对较少，仅有23家，但都已均匀分布在除泰顺县、平阳县之外的各县市区之中。

除此之外，温州市在2017年度还成功建成或运营4家市级众创社区（鹿城区的鹿港社区2018年1月通过认定），这些众创社区分布在各个市辖区，聚集了各区域内的孵化平台，整合、增强了各区域内的创新创业能力。

温州市孵化平台带动就业效果明显。截至2017年年底，温州孵化平台已吸纳入驻创业企业（团队）共计4500多家（支），带动了近3万人的就业，其中促进温州应届大学生就业数7000人次以上。孵化平台的发展成为温州市就业方面的一大助力。

3. 基本形成全方位扶持体系

温州市众创空间经过近两年的发展，已经初具规模。发展过程中，始终按照“为创客提供服务，为自主创业建设平台，为创客交流打造归处，为项目孵化成就去处”的理念，构建和初步形成全方位的创客的扶持体系。如：温州红连薪火工坊不仅利用其自身平台优势，为创客提供了100多个创业岗位，还不断探索构建出了全新的创业创新生态系统。

温州市通过自身所搭建的众创空间平台，利用各类资源，开展了各类创业辅导活动约500场次。众创空间在2017年温州市各区举办了2200场以上各类创新创业活动，辅助了各区的“双创”建设，成为发展温州众创经济、助力科技创新区域体系打造的重要组成部分，已初步形成政府引导下的、带有自身特色的以综合性众创空间为主体，以专业众创空间为特色，布局好、功能全、类型多、主体多元的众创空间发展格局。

2017年，温州除了把发展重点放在众创空间之上，还进一步探索“众创社区”的新模式，成功建成或运营4家市级众创社区（鹿城区的鹿港社区2018年1月通过认定），这些众创社区分布在温州市各个市辖区，聚落了各区域内的孵化平台，整合、增强了各区域内的创新创业能力。

4. 民间资本参与与投资力度加强

温州市各类众创空间呈现出多元化的主体状态。各类众创空间中，参与建设的主体单位有政府、高校、民企等类型，以民企创办为主（64%），政府（26%）、高校次之（8%），其余均为民企创办。如市本级和鹿城区分别以政府为主导建设的“创客梦工场”和“梦创汇”；温州市大学科技园主导建设、专业机构运营的“温青汇”；温州大学、温州职业技术学院、浙江工贸职业技术学院以高校为建设主体创办了面向在校或刚毕业学生的“众创空间”；浙江红连文化发展股份有限公司、温州源大创业服务股份有限公司、浙江国智科技产业开发有限公司等以民企为主体建设了“薪火工坊”“We+ 社区”“国智 9 号乐创汇”；公益组织创办的“温州众创空间”等。

截至 2017 年，温州市已建设的孵化平台中，民企创办的孵化平台数量占比越来越大，2017 年度占比已达 78.69%。在孵化器方面，虽然平台建设主体多由政府主创，但是，民资创建的孵化器数量也呈现出了逐年增加、逐步上涨的趋势。而目前，温州市的众创空间主体方面，也是呈现出不一样的特点。在温州市市级众创空间中，政府主导创办和高校创办的分别占比 11%、8%，民资创办的则占比约 81%，最为突出的则是 2017 年，在 2017 年市级认定的 29 家市级众创空间中，民资创办的达到了 25 家，与 2016 年相比增长了 56.25%。民间资本投资进行众创空间建设的比例显著增长，表明民间资本投资力度加强（详见表 10.2）。

表 10.2　2017 年度温州市级以上众创空间运营主体情况

众创空间等级	运营机构主体性质		
	民营（家）	公办（家）	校办（家）
市级众创空间	32	4	3
省级备案众创空间	17	1	1
国家备案众创空间	10	3	2

（数据来源：温州市众创空间联盟统计数据）

5. 总体收支情况良好但分布不均

温州市 2017 年由于众创空间数量的快速增长，收入达到了 16271.63 万元，与 2016 年相比，同比增长了 96.69%；众创空间数量的急剧增长，必定带来支出的迅速增长，2017 年众创空间的总体运营成本支出已达 15374.907 万元，与 2016 年相比，同比增长了 88.77%。综合起来，2016 年众创空间的总体结余仅为 128.088 万元，2017 年的结余则已达 896.723 万元，是 2016 年的 7 倍之多。这表明温州市的众创空间不仅在数量上呈现迅猛增加的趋势，在运营方面也开始趋向总体收支平衡，渐渐步入正轨。

与此同时，温州市不同区域间的收支则呈现出差异化的特点，对比 2017

年度温州各地区众创空间的收支情况，可以看出鹿城、龙湾、瓯海三个区和乐清市、瑞安市 2 个地辖市，在收入方面共占比 82%，运营成本支出方面共占比 86%，是温州市 2017 年度众创空间运营收支的主要产出，而其他区域则占比较少。

三、众创空间创业者自我效能分析

众创空间受访者总数为 105 人（其中男性占 63%，女性占 37%），受访者的受教育经历，大学大专以上学历总计占比 76%，其中大学大专占 64.76%，研究生以上学历占比 12%。

对于创业类型，67.62% 的创业者认为自己属于生存型创业。创业目的分布如图 10.1 所示。（理论上，生存型创业有不利于创新的因素）令人欣慰的是，60% 的创业者想通过创业创新“把想法变为现实”，并且同时实现价值，这是与创新创业相一致的。

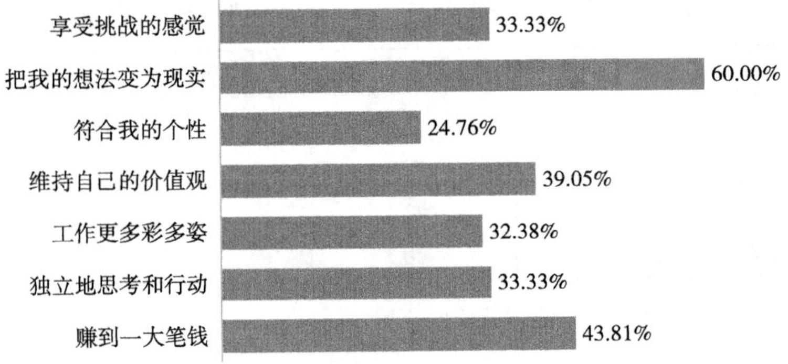

图 10.1　创业目的分布（多选）

对于市场开发能力的自我评估，比较创业初期，在进行市场分析、建立产品定位和实现市场份额方面，创业者的把握能力如图 10.2 所示，可以看出这方面创业者的成长性不错，成长速度较快。

在完成市场创新方面的任务，包括发现新商机、新点子、新产品和服务，开拓新市场和新区域，采用新的方法方面，对创业者的评估，如图 10.3 所示。相比较而言，成长相对缓慢。创新本身是一件很有挑战性的工作。

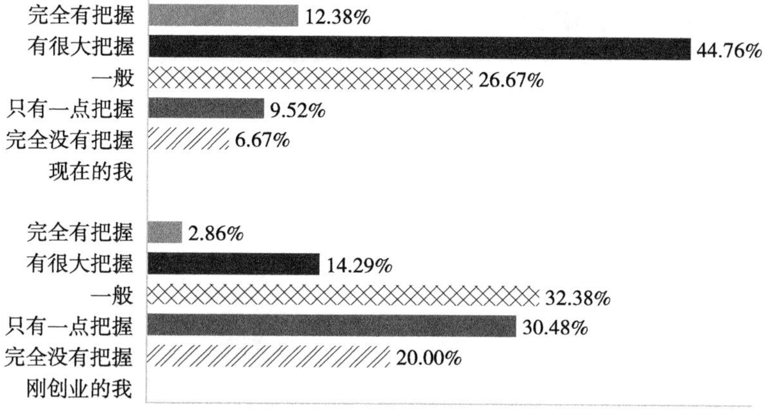

图 10.2　市场开发能力评估

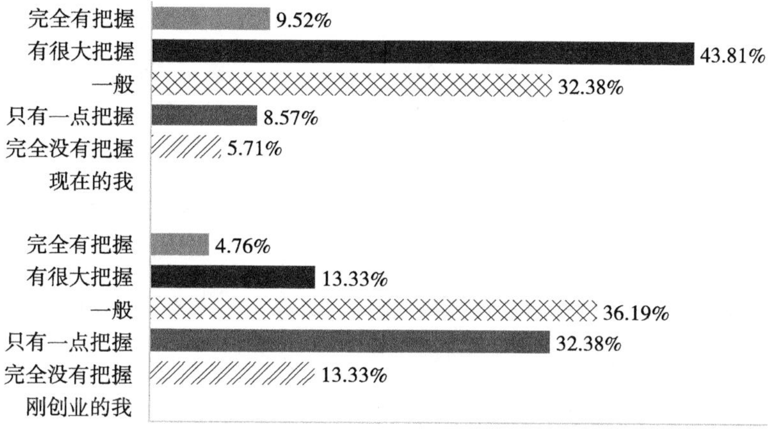

图 10.3　市场创新方面评估

在管理方面任务的完成情况方面，即进行战略规划、建立信息系统、采用目标管理、明确组织角色、责任和政策方面，创业者也成长较快，有把握的比例从 21% 上升到 58%。

在完成风险方面的任务，即进行风险评估、不确定性情况下做决策，以及承担责任、在冲突下工作等方面，有把握的创业者比例从刚创业时的 16% 上升到 56%，如图 10.4 所示。

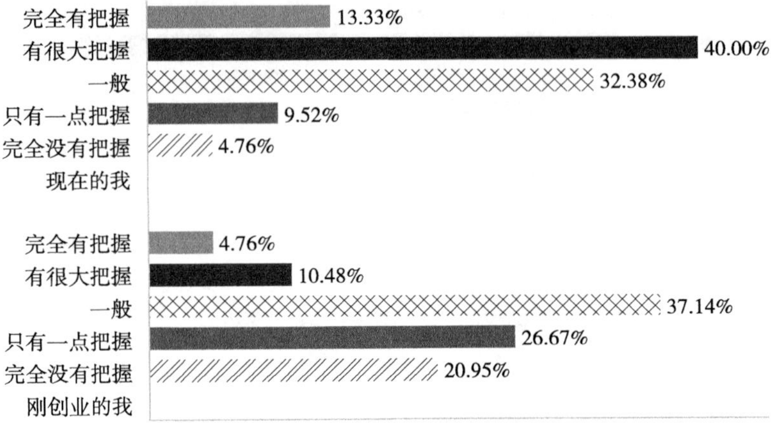

图 10.4　风险方面的评估

在完成财务管理、资金控制方面的任务，即进行财务分析、完善财务系统和内部控制、控制成本方面的工作，刚创业时 18% 的创业者感觉有很大把握以上，现在有 53% 创业者认为有很大把握以上的水平。可见，财务能力是一个创业者相对容易掌握的技能。

在诸多创业自我效能指标中，社交能力，即建立社会关系、进行有效沟通方面，同样时间段内，是成长最为明显的。从刚创业的时候约 45% 的人认为是“一般”水平，仅有 1.9% 完全有把握，转变到现在的 45%“有很大把握”，还有 20% 的创业者“完全有把握”，如图 10.5 所示。即有把握的创业者比例从 23% 上升到 65%。

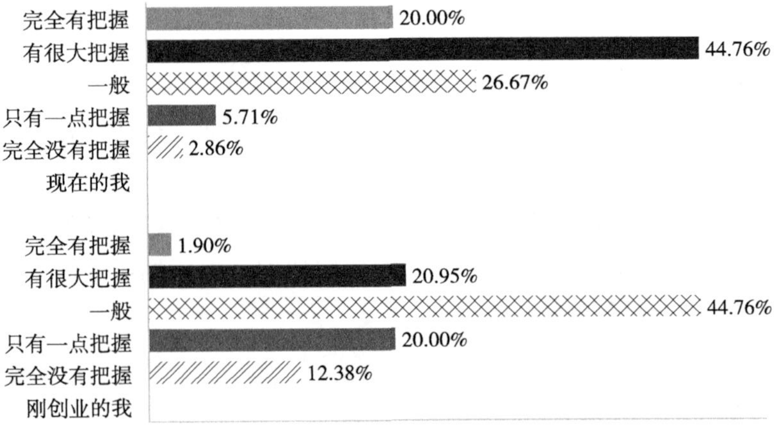

图 10.5　社交能力自我评估

对于初次创业时家人、朋友和配偶的支持状况，如图 10.6 所示。59% 的创业者都得到了家人的支持，充分证明了温州是创业的热土。朋友一起创业的比例高达 31%，高于家人和配偶的比例。受访创业者中，77.14% 的父母不是创业者。

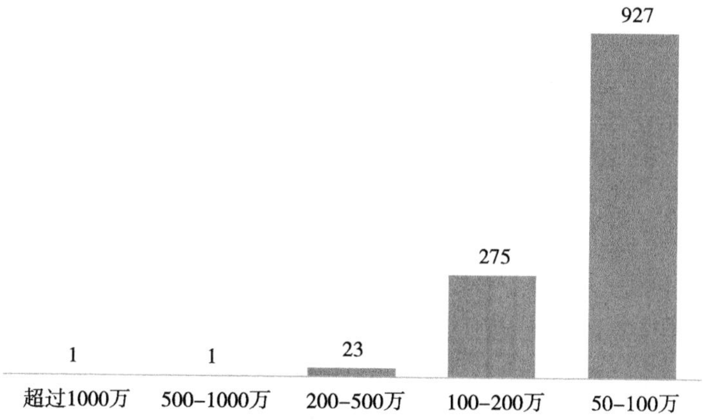

图 10.6　初次创业时家人、朋友和配偶的支持状况

综合上述创业自我效能的几个方面，可以发现创业者在市场开发、进行风险决策、财务管理资金控制和社会交往方面的成长较快，在创新方面的成长则相对缓慢，这说明创业者在这方面需要更多的学习和成长。相对来说，创新也是相对更有难度的工作。

四、启发与建议

基于创业自我效能的视角，众创空间的提升着重帮助创业者创业自我效能的提升，与此同时，区域的创业创新环境也要有助于创业创新自我效能的维护和提升。因此基于创新创业自我效能的视角，包括众创空间内部和众创空间外部两个方向。

从外部思考与回答温州众创空间的提升和发展问题，需要结合温州民营经济健康发展与提升的问题，这也是温州市委提出“三个命题”的重要落脚点之一。因为众创空间希望能成为未来温州民营经济和温州的民营企业家的摇篮，因此本章也从温州民营经济的视角出发，思考和探讨温州众创空间成长的路径，并给出相应的对策建议。

从历史发展的趋势看，认为温州民营经济的健康发展，应该包含健康成长和提升两大方面。从实质内容上，温州民营经济亟须解决的问题是规范性、资金问题、创新性、价值提升以及人才问题。

目前，温州有大量的优秀企业已经成功转型，也有很多企业付出很大的代价进行规范化，而对于众创空间的新建企业来说，从一开始就要引导它们按照规范和优质的目标进行设立和运作。外部的民营经济发展生态，为温州众创空间的发展提供了良好的发展环境。当众创空间与外部经济发展的连接越来越多、越来越紧密的时候，众创空间本身的价值也得到了极大的提升。众创空间也需要构建成为优秀企业家文化滋养的精神家园，优秀企业家文化的培育，需要持续地影响和塑造。优秀的企业家文化可以为企业家走得更好更远奠定良好的基础。因此不论是众创空间还是温州区域环境，都需要把引导创业者形成优秀文化作为重要的任务。

1. 积极引导创业意图，增强创新意愿

众创空间的发展是一个不断深化的过程，它是一种独特的新兴事物，有着自身的特点及其发展的需求，众创空间以各类孵化器为基础，建设开放式的体系。对于众创空间的发展，需要全面地看待，一方面，众创空间的要求更低、更便利，更利于为草根类的创业者提供成长平台；另一方面，众创空间又是创业者的工作空间、网络空间等各类功能兼具的共享空间，还是一个能够提供培训、投融资对接、商业模式构建等全方位创业服务的生态体系。

引导创业意图，帮助创业者从低级的赚钱往高级的社会问题的解决、社会需求的满足方向转化。因为心理学研究表明，越是高远的目标，越可以带来更大的抗挫折能力。众创空间是一个对接志同道合者的开放式平台，或是通过对接走在前面的导师，可以更加有效地引导创业意图，增强创新意愿。

2. 提升创业自我效能

帮助创业者提前认知与创业各方面能力相关的信息，提供学习与交流的机会，通过一般性的技能与特色性的、产业性的区分，提供不同的学习方式和学习渠道。

基于创业创新自我效能分析，创业者在创新方面的成长性相对其他方面比较慢，这需要更多的实践经验的积累。这方面的提升，建议通过“导师制”的方式，帮助创业者有机会得到同行业成功企业家和投资人的指导，以帮助提升创业者的创新创业自我效能。

第十一章　互联网如何影响创业行为？

互联网初创之时，人们从来没有想到，它发展得如此迅速，如此巨大地改变了社会生活的方方面面。特别是随着互联网技术越来越成熟，互联网成为人们生活中越来越重要的事物，已经完全渗透我们的生活，成为“生活必需品”，以至于有人甚至把它和“WiFi”一起置于马斯洛需求层次的底层。

“互联网+”已经成为越来越普遍的现象，通过互联网与各种产业的融合，产生了促进产业升级等积极的意义和神奇的效果。对于创业者和新创事业而言，互联网极大地助推了创业，这个现象的背后，互联网是如何助推创业的？互联网为何能够助推创业？这背后的机理和机制是什么？这些问题的梳理有助于我们更好地运用互联网，更有效地帮助创业者，从而提高创业成功率。本章认为应从微观的角度探究在互联网时代创业行为的内外部影响因素及其对个体创业行为的作用机制，这样有助于更有效地指导相关政策的制定。

一、研究方法和过程

互联网影响创业行为的机制，目前还没有成熟的变量范畴、测量量表和理论假设。同时，在实际访谈中发现，对于互联网影响创业的理解也存在诸多的不同，直接设计统一的机构化的问卷进行大样本的研究，也许无法揭示创业者的微观理解和感知。因此，本研究通过开放式的访谈向创业者收集第一手资料，采用质性研究的方法，以便更加有效地探索互联网对创业的影响机制。

采用理论抽样的方法，按照创业理论指导选择具体访谈对象。本章研究创业者时尽可能选择不同行业、不同年龄段和不同类型的创业者。本研究全部采用一对一个人访谈的方式，通常时间都在1~2小时，同时给予受访者充分的时间思考和表达。

本章采用扎根理论的研究方法，分析创业行为产生的路径。按照开放式编码、主轴式编码和旋转式编码的核心步骤，通过对访谈资料进行分析和概念化，在此基础上进行聚类分析和归纳，同时不断采用持续比较的方法进行修正，最后提炼核心范畴，形成关系结构，并最终形成互联网影响创业的机制模型。

二、模型构建与阐释

通过对原始访谈资料，经过编码和范畴提炼，形成主范畴之间的典型关系结构，如表 11.1 所示，最后构建互联网影响创业的机制模型，如图 11.1 所示。

表 11.1　模型中的典型关系结构

典型关系结构	关系结构内涵
意图——行为	创业意图是创业行为的内部驱动因素，它直接决定创业行为的开展，影响创业行为的强度和发展方式
机会识别——行为	创业机会识别是创业行为的前提条件，它影响创业行为努力的方向和结果
创业自我效能 ↓ 意图 + 机会——行为	创业自我效能是创业行为的内部情境条件，它影响意图机会与行为之间的关系强度和发展方向
创业要素 ↓ 意图 + 机会——行为	创业要素是创业行为的内部情境条件，它影响意图机会与行为之间的关系强度和关系方向
创业支持 ↓ 意图 + 机会——行为	创业支持是创业行为的外部情境条件，它影响意图机会与行为之间的关系强度和关系方向

如图 11.1 所示，互联网影响创业行为机制的模型，可以较为全面地解释互联网对创业行为影响的机制。具体来说，互联网对创业行为的影响，可以归纳为五个主范畴：创业意图、创业机会识别、创业自我效能、创业要素和创业支持。这五个方面对作用机制各有不同，下面具体阐述。

创业意图是创业行为产生的内部驱动因素，它通过心理动力产生从而促进创业行为的发生，是创业行为的前置因素和诱导因素。创业意图是动力，是克服创业困难和障碍的重要力量源泉；得到支持和鼓励，能够更加坚持不放弃。

（1）通过互联网的搜寻，认知“创业意图”，互联网成为创业意图认知的重要因素。通过信息获取，了解别人的创业意图，互联网让更多创业者对创业意图产生强烈共鸣，从而唤醒自我潜在创业意图。这是帮助创业意图的共鸣与唤醒。

（2）调节与改变。创业者受到互联网影响，从而对创业意图进行调节或是改变。这里的调节和改变是多方向的，调整、丰富和升华自己的创业意图；通过信息的了解和思考，改变或是放弃自己的创业意图，或是影响创业的定位、目标和方向。例如，互联网帮助形成更多维度的创业意图，也不容易因为一个方面的失败而放弃；有了更高维度的精神追求、更大的使命感（帮助和惠及更多的人）；有受访者通过互联网了解到自己“想赚一大笔钱”的创业意图并不是那么容易实现的，从而调节了创业意图，设定为“把自己的想法变成现实”；通过与创业有关的报道和信息，发现创业没有自己想的那么简单，浇灭了创业激情；通过对有关创业生活和过程的了解，发现那不是自己想要的生活，决定放弃创业；有受访者通过互联网发现创业的状态并不符合自己的个性，从而打消了创业意图。互联网拓宽了生活，帮助获得之前没有经历过的很多丰富的内容；或是因为互联网拓宽了满足成就感的途径，因此降低了创业的欲望。

（3）开发与催新。互联网催生了许多新的创业意图。许多的创业者受到互联网影响，开发和产生了创业意图。例如有受访者表示，互联网使他有机会“享受挑战的感觉”。

创业机会识别也是互联网影响创业的内部驱动因素。有创业意图的人往往在识别到创业机会之后才真正开展创业相关行为。通常互联网对创业机会识别的影响，表现为三个方面。

（1）速度调节。互联网加速或是阻碍了创业机会的识别。互联网已经成为许多人寻找创业机会的主要方式，通过信息查询、新闻报道、网上社区等多种方式，创业机会识别大大缩短了时间和空间的距离。创业者把远在台湾或是国外的模式在大陆进行尝试，就是典型的例子。

（2）机会尝试。互联网为创业机会识别和验证提供了帮助，成为一个创业机会尝试和实验的平台。很多机会可以通过互联网先进行尝试，减少了投入的成本，减少了不确定性风险。

（3）新的机会。互联网催生了大量的新的创业机会。

创业自我效能是互联网影响创业的内部情境变量。创业者相信自己能够胜任不同的创业角色和创业任务的信念，影响了创业行为强度和效果，也是创业行为的启动因素。创业自我效能可以从六个方面进行考察。

（1）销售与市场方面，互联网的影响效果最为显著，有助于进行市场测试，更好地进行产品定位；有助于市场份额的了解和真实客户的获得；也有助于微需求的整合，从而实现长尾创业。

（2）创新方面，互联网的作用也非常突出，新的商机、新的点子、新产品和服务、新方法的应用，互联网都直接或间接地做出贡献。

（3）管理方面，互联网帮助形成扁平化、团队式和项目化，在对风险的控制与响应、管理信息系统构建、目标管理、组织角色、责任和政策、管理层级、虚拟化等方面都做出积极的贡献。

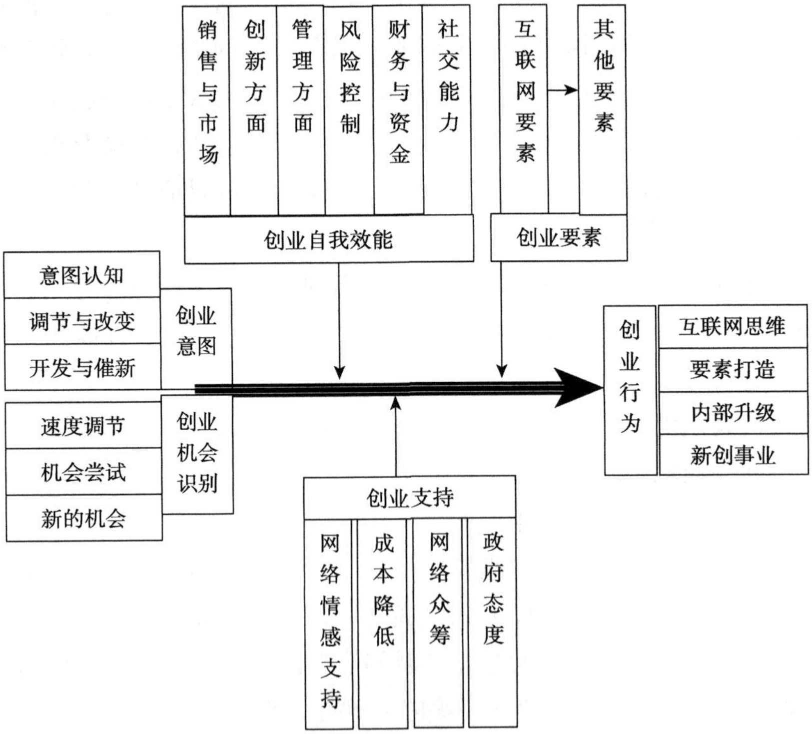

图 11.1 互联网影响创业行为机制的模型

（4）风险控制方面，互联网成为风险评估的考虑因素，它有助于更多决策信息的收集，进行风险评估、提升在不确定情况下做决策、在冲突下工作和承担责任的能力。

（5）财务管理方面，互联网能够助力财务分析、完善财务系统和内部控制、控制成本，以及资金控制的相关方面。

（6）社交能力方面，互联网有助于形成更加丰富的社会关系，提升沟通的效率，网上社区、社群拓展了社交半径。

创业要素条件是互联网影响创业的内部情境变量，它直接影响创业行为强度和方向。互联网自身成为创业的要素，也影响着其他要素。当互联网自身成为新的要素（新的渠道和路径），如果它成为解决方案，那么就一跃成为重要的创业要素；如果它成为影响要素，往往就同时影响和改变了其他要素的方式和强度。因此要素角色中，体现出了几个特点：（1）加速器，例如缩短到达顾客的距离、增加扩散速度；（2）润滑剂，互联网本身增加间接接触机会，提高安全感和减少直接摩擦；（3）超越性，在时间、空间和关系上，提高了连接的可能性；（4）升级性，互联网往往成为各种要素的升级手段，并因此产生了更好的升级机会：信息化、系统化、数字化和智能化；（5）强制性，普及的互联网成为一种环境要素，从而成为必须思考的因素。

创业支持是互联网影响创业行为的外部情境变量，它影响创业行为的强度和方向。

（1）网络情感支持。一些创业者也许没有得到家人或是身边朋友的支持，但是通过互联网却获得了网友的支持。由于互联网成为重要的创业要素，很多创业方式可以通过互联网进行，在一定程度上，产生了“在家创业”“在家办公”“兼职创业”等方式，这些方式更加容易获得来自亲人和朋友的支持。微商、微店等方式最为典型。很多在线的方式，尤其是温州的创业文化，兼职创业变成了极为普遍的现象。

（2）成本降低。互联网成为降低成本的重要影响因素。互联网是一个极大的、便利的信息资源库，除了信息查询与百科知识，外包服务、客户获得、免费咨询、市场实验、创客合作等相关信息无所不包。互联网极大地降低了知识获取的时间成本、费用成本、渠道成本，减少了贫困缺乏信息带来的偏差、国界带来的距离成本、时间差、质量差、区位差。

（3）网络众筹。除了大大缩短了时间成本，互联网让曾经无法跨越的障碍，现在成为可能。互联网的交流和讨论平台突破了人与人之间的沟通渠道和方式的制约，创新了创业支持。例如，网络众筹方式给了创客极大的创业经费支持。

（4）政府态度。国家和地方政府对互联网的支持态度非常重要。提高互联网的基础设施以及降低相关费用等都大大提升了互联网的可获得性。

不可否认，不同类型的创业对互联网的依赖程度不同，互联网对不同创业类型的贡献程度不同。此外，互联网对创业行为的影响，除了大量正面的促进，也同样产生了新的挑战，尤其是对互联网普及之前的传统创业模式。各种影响机制最终在创业行为的影响上，一般反映为四个层次。

（1）互联网思维的形成。互联网成为创业的外界环境，是创业行为的背景。

（2）要素打造。互联网被认为越来越重要的要素，投入专注进行开发。例如传统企业的网店和电商平台举措就非常典型。

（3）内部升级。互联网思维渗透到创业项目的各个方面，从而全面系统地思考“二次创业”，典型的行为是融合互联网的转型升级。

（4）新创事业。基于互联网展示的新机会，创新性的创业行为，“共享经济”就非常典型。企业的内部创业和二次创业，“东经包装”是典型的案例。通过互联网整合，公司内部成长了一个全新的平台型创业项目。让包装材料在线集体采购，运输车形成共享经济模式。

三、结论与启发

本章研究表明，互联网通过创业意图、创业机会识别、创业自我效能、创业要素和创业支持五个主范畴对21世纪的创业行为造成了深刻的影响。其中创业意图和创业机会识别是前置变量，创业自我效能与创业要素条件是内部情境变量，创业支持是外部情境变量。在此基础上，本章探索性地构建上述五个范畴的互联网影响机制的模型。这个模式符合创业的“态度－情境－行为”理论[13]，同时又做了一些拓展，使之更加完善。

（1）本研究认为，互联网对创业行为的影响，最初是通过前置变量创业意图和创业识别因素进行的。

（2）互联网对创业行为的影响还分别通过内部情境变量和外部情境变量

的调节。情境变量的受影响强度和方向因为不同创业个体和团队有所差异。

（3）本研究还分析了互联网影响过程中创业意图、创业机会识别、创业自我效能、创业要素和创业支持等不同范畴的构成因子。这是在中国的创业实践中挖掘和提炼出来的，已有的文献没有进行这样的梳理。

互联网以历史上从未有过的力度助推了创业行为，从直接的要素贡献助推到间接的环境助推。支持创业要素的获得与整合，除了必须通过实践部分内容，互联网极大地增强了创业者的创业自我效能；此外，互联网对于创业意图的催生和推进也起到了明显的作用。这些结论对于创业教育以及地方政府的创业推进政策都具有一定启发。

中国政府在互联网上大量的硬件设施投资，特别是移动互联的升级，在创业方面产生了巨大的“边际效应”。“互联网 +”的模式发挥得越充分，互联网的创业边际成本越是不断下降，边际收益也会不断增加，特别是 5G 技术的成熟和投入使用，预计将再次激发大量的相关性创业行为。

互联网本身是创业教育的重要内容和重要途径。年轻人更具有创业的后发优势，就是互联网思维；同时也存在许多人过于依赖互联网产生负面影响的情况。因此政府需要不断强化互联网的正面效用，避免互联网的负面作用。加强引导公民意识，培养自主管理和责任意识，在创业教育中更加强调伦理的部分，加强信用系统、区块链等技术的应用，以便帮助创业者享受互联网好处的同时懂得如何避免风险

政府管理能力提升也将不断发挥互联网的要素作用，具备互联网思维，服务和管理与时俱进，多维度降低创业成本，创业支持与相应的创业发展相适应。政府的监管责任和难度都空前地具有挑战性。政府在互联网的相关的商业行为上，要更加完善相应的法律法规，提高监管的科学性和有效性，从而保障创业行为的健康发展。

最后，本研究基于扎根理论，构建互联网影响创业行为的机制模型，对于系统性地解释和理解互联网发展背景下的创业行为和形态具有一定帮助。这是基于质性研究的探索性结果，希望下一步研究可以在更大样本中进行信效度检验，并能够概念化和理论化，以更好促进区域创业创新系统的提升。

第十二章　创业教育的影响与思考

创业必须在实践中学习吗？创业是否是一件可以教导的事情？西方商学院中的创业管理课程的开设，在中国大学开设会带来同样的效果吗？关于创业教育与创业，不少人也有质疑，创业教育的核心是什么？创业教育是为创业服务的吗？

作为大学管理学教师，从 2010 年开始从事创业教育，这些问题始终伴随着作者的教学生涯。为了了解创业教育的影响，作者在高校开展创业教育的时候，对大学生的创业意愿和观点进行调查，并对于开展创业教育的班级，测量创业教育前后大学生创业自我效能的差异和变化。

研究在三个类型的班级进行开展。创业先锋班 173 人，学员在大一时候自己报名，集体大课堂授课，邀请部分成功的创业者作为校外导师进行授课并开展一些创业体验（以下简称“先锋班”）。中小企业创业实务班共计 100 人，大三时候开展，小班教学，并要求团队开展创业项目（以下简称“实务班”）。普通班共计 160 人，将创业教育作为一门全班选修课，小班教学，以课堂授课为主（以下简称“普通班”）。采用五点式问卷的方式，让大学生分别在创业课程开始之前和结束之后填写，计算均值并进行前后比较和班级间的比较。

表 12.1　三类授课班级的对比

	创业先锋班	中小企业创业实务班	普通教学班
教材	组合内容	自编讲义（后编教材）	专门研究性教材
教师	组合团队	单个老师	单个老师
学生	主动报名，筛选，大一，各个专业	高年级，选修课，大三，工商管理专业	高年级，选修课，大三，国贸、经济

一、创业教育对大学生创业认知的影响

针对创业的看法以及创业的总体自我效能，对大学生进行五个方面的提问。

第一个问题：对你而言，创业是否具有吸引力？第二个问题：对你而言，创业有多大价值？这两个问题相关性大，价值大会更有吸引力。从表 12.2 和表 12.3 中可以看到，对于自行报名的创业先锋班学员来说，创业很有吸引力。经过创业课程之后，创业的吸引力对所有的学生下降了，且创业先锋班下降最为明显。许多大学生对创业缺乏正确的认识，尤其是大一新生创业先锋班学生对创业的热情，的确存在一些盲目的成分。

与研究之前的推测相同，通过创业教育，学生对创业有了更加理性的认识，创业对学生的吸引力（5 分制），创业先锋班和普通教学班平均值分别下降 0.46 和 0.26，创业对学生的价值分别下降 0.40 和 0.43。相应，课程教育之后，感觉到“创业不是我真正想做的事情”以及“创业不适合我”的均值也明显上升，普通班更为显著。同时更多同学意识到“我的价值观与创业家不同”。作者认为这是一个好事，因为通过创业教育，学生消除了一些对创业的不切实际的想法，对创业有了更清晰的认识。

表 12.2　问题 1：对你而言，创业是否具有吸引力？

班级	课前均值	课后均值	前后差异
创业先锋班	4.40	3.94	–0.46
中小企业创业实务班	3.73	3.47	–0.26
国贸普通班	3.55	3.38	–0.17

表 12.3　问题 2：对你而言，创业有多大价值？

班级	课前均值	课后均值	前后差异
创业先锋班	4.48	4.08	–0.40
中小企业创业实务班	3.90	3.47	–0.43
国贸普通班	3.80	3.64	–0.16

第三到第五个问题关联性较大。如表 12.4 至 12.6 所示，可以看到三个类型班级的创业教育影响有差异。对于五年内开始创业的可能性，以及创业对

自己是否实际，先锋班的平均值下降，而普通教学班则有所上升。

相比较而言，先锋班与实务班学生在课前有更高的创业可能性。创业课程之后，唯有实务班的学生有明显提高。分析原因，实务班的课程当中有团队实践和操练环节，帮助学生增强了创业信心。这些情况也在其他问题的回答中得到印证。

但是对于如果开始创业，获得成功的可能性，三个班均有上升。与之相对应的是在课程前后，与创业相关的技能的自我评价方面，也有明显的提升。这从某种程度上也反映了创业教育的效果和价值。

表 12.4　问题 3：你有多大可能性，会在接下来的五年内开始创业？

班级	课前均值	课后均值	前后差异
创业先锋班	3.57	3.54	–0.03
中小企业创业实务班	3.29	3.47	0.18
国贸普通班	3.05	3.08	0.03

表 12.5　问题 4：创业对你而言实际吗？

班级	课前均值	课后均值	前后差异
创业先锋班	3.53	3.48	–0.05
中小企业创业实务班	3.41	3.73	0.32
国贸普通班	3.06	3.13	0.07

表 12.6　问题 5：如果不久后开始创业，你有多大可能获得成功？

班级	课前均值	课后均值	前后差异
创业先锋班	3.18	3.28	0.10
中小企业创业实务班	3.09	3.53	0.44
国贸普通班	2.94	3.16	0.22

二、创业教育对创新创业自我效能的影响

针对创业自我效能的各个方面，将三个类型的班级进行分类统计，如表 12.7 所示。为了更加直观地看到总体的变化和差别，我们将表 12.7 的数据用图 12.1 展示出来，并用图 12.2 展示创业教育前后的创新创业自我效能变化。

从图表中可以看出，在创业课前先锋班与实务班学生比普通班有更高的创业自我效能。对于先锋班来说，由于授课对象是有创业想法的学生，并且是主动报名，因此初始创业自我效能最高。

表 12.7　三个类型班级创业教育前后的自我效能

	创业先锋班		中小企业创业实务班		国贸普通班	
	先锋前	先锋后	实务前	实务后	普通前	普通后
销售方面	3.39	3.46	3.34	3.58	3.18	3.31
创新方面	3.50	3.60	3.35	3.61	3.27	3.45
管理方面	3.56	3.60	3.41	3.64	3.25	3.39
承担风险	3.54	3.59	3.35	3.70	3.29	3.39
财务方面	3.48	3.87	3.54	3.60	3.27	3.37
平均值	3.49	3.63	3.40	3.62	3.25	3.38

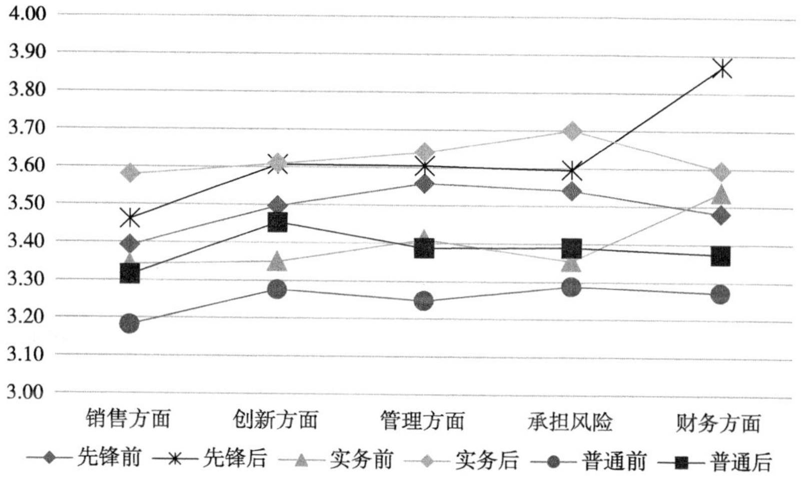

图 12.1　三个类型班级创业教育前后自我效能

创业课程之后，实务班的学生自我效能的提升最为显著；而先锋班除了财务方面，其他四个方面提升幅度比较小；普通班则介于两者之间。分析原因，实务班是大三学生已经有一些专业理论基础，并且实务班的课程当中有团队实践和操练环节，更好地帮助学生增强了相关方面的创业自我效能，但是在财务方面没有实现融资或是意识到了财务管理和资金控制的复杂性，因而有了理性的认识。而作为先锋班，由于是大一新生中有创业热情的学生主动报名而成，所以初始自我效能比较高，通过学习之后，特别是先锋班接触多名创业成功者的经历分享，对于融资的资金来源有了更拓展性的认识，因而在财务方面的自我效能显著提升。

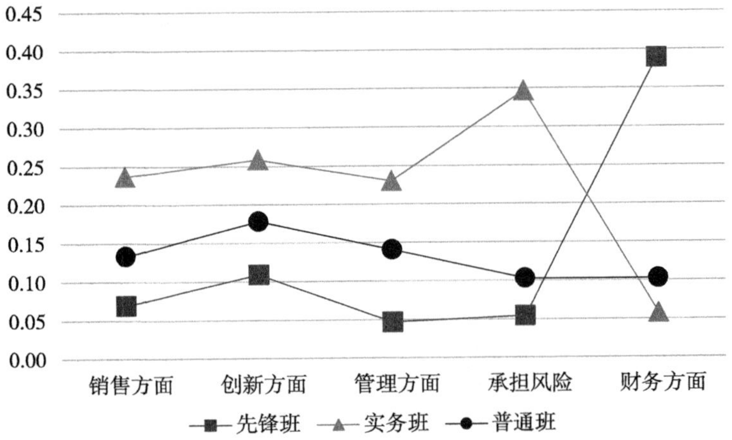

图 12.2　三个类型班级创业教育前后自我效能的变化值

销售方面，“建立和实现市场份额目标”“建立并达到利润目标”“进行市场分析”的把握，实务班提升最为明显，这与教学实践模块紧密相关。普通班在“建立并达到利润目标”和“建立产品市场定位”方面提升明显，估计这与教学中侧重介绍主要模型有关。

表 12.8　三个类型班级创业教育前后销售方面自我效能

	创业先锋班			中小企业创业实务班			国贸普通班		
	前	后	变化	前	后	变化	前	后	变化
销售方面	3.39	3.46	0.07	3.34	3.58	0.24	3.18	3.31	0.13
建立和实现市场份额目标	3.15	3.39	0.24	3.01	3.33	0.32	3.34	3.11	−0.23
建立和实现销售目标	3.37	3.47	0.10	3.26	3.33	0.07	2.77	3.23	0.46
建立并达到利润目标	3.30	3.43	0.13	3.24	3.71	0.47	3.16	3.26	0.10
建立产品市场定位	3.43	3.52	0.09	3.73	3.73	0.00	3.14	3.48	0.34
进行市场分析	3.59	3.51	−0.08	3.45	4.00	0.55	3.33	3.43	0.10
业务扩展	3.51	3.45	−0.06	3.35	3.36	0.01	3.35	3.36	0.01

创新方面，创业实务班的同学在自我效能整体上提升最多，特别是在“新市场和区域”方面提升最多，这与其教学实践活动是相符合的。“发现新

的商机和新的点子”方面，普通班提升最为明显，这与教育中的侧重点是相符合的。“新的生产、销售和管理方法”方面先锋班和实务班提升稍多一些。“新的产品和服务”这个维度，实务班和普通班的提升较为接近，明显高于先锋班。可以看出，由于创业教育授课时长有限，具体维度自我效能的提升水平，与授课对象知识基础以及授课老师在授课过程中的内容偏好和教学实践要求明显有关。

表 12.9　三个类型班级创业教育前后创新方面自我效能

	创业先锋班			中小企业创业实务班			国贸普通班		
	前	后	变化	前	后	变化	前	后	变化
创新方面	3.50	3.60	0.10	3.35	3.61	0.26	3.27	3.45	0.18
新的商机和新的点子	3.56	3.71	0.15	3.41	3.67	0.26	3.16	3.46	0.30
新产品和服务	3.54	3.60	0.06	3.43	3.60	0.17	3.31	3.49	0.18
新市场和区域	3.48	3.53	0.05	3.24	3.67	0.43	3.37	3.46	0.09
新的生产、销售和管理方法	3.40	3.59	0.19	3.32	3.50	0.18	3.26	3.41	0.15

管理方面，整体上看，实务班的自我效能提升最多，特别在“战略规划及开发信息系统”及“通过设定目标进行时间管理”这两个维度明显提升许多。先锋班在“战略规划及开发信息系统”有明显提升，在“明确组织的角色、责任和政策”维度上也提升较多，这与先锋班还没有专业基础知识有关。普通班在“通过设定目标进行时间管理”这个维度提升最多，在“明确组织的角色、责任和政策”方面也有明显提升。作者推测，也许经过一段时间大学生活的学生们，对时间管理的重要性有了感性认识，因而在这个方面的学习也更有收获。

表 12.10　三个类型班级创业教育前后管理方面自我效能

	创业先锋班			中小企业创业实务班			国贸普通班		
	前	后	变化	前	后	变化	前	后	变化
管理方面	3.56	3.60	0.05	3.41	3.64	0.23	3.25	3.39	0.14
减少风险和不确定性	3.52	3.42	–0.10	3.30	3.47	0.17	3.29	3.32	0.03
战略规划及开发信息系统	3.19	3.33	0.14	3.23	3.73	0.50	3.13	3.13	0.00
通过设定目标进行时间管理	3.60	3.64	0.04	3.46	3.80	0.34	2.95	3.49	0.54
建立并实现目标	3.60	3.63	0.03	3.45	3.53	0.08	3.53	3.48	–0.05
明确组织的角色、责任和政策	3.88	4.00	0.12	3.61	3.67	0.06	3.34	3.52	0.18

承担风险方面的自我效能提升，依然是实务班提升最为明显。尤其是“在不确定性情况和风险下做出决策”以及“在压力和矛盾冲突下工作”这两个维度提升特别显著。先锋班在“在不确定性情况和风险下做出决策”的自我效能有许多提升，但是在“为做出的决策和提出的想法承担责任”的自我效能却明显降低了。作者判断，作为大一新生的先锋班学生大概之前没有想到创业者要面临这么多决策挑战及其后果承担。普通班则在“为做出的决策和提出的想法承担责任”方面的自我效能提升最为明显，但是他们在“在压力和矛盾冲突下工作”以及“在不确定性情况和风险下做出决策”这两个维度的自我效能是有些许下降的。作者判断，这些情况可能与学生的年级有关，大三的学生更为成熟因而懂得承担责任，同时也真正体验到风险决策的挑战之大。

表 12.11　三个类型班级创业教育前后承担风险方面自我效能

	创业先锋班			中小企业创业实务班			国贸普通班		
	前	后	变化	前	后	变化	前	后	变化
承担风险方面	3.54	3.59	0.05	3.35	3.70	0.35	3.29	3.39	0.10
进行风险估计	3.51	3.55	0.04	3.48	3.47	–0.01	3.32	3.39	0.07
不确定和风险下做出决策	3.17	3.46	0.29	3.11	3.60	0.49	3.28	3.18	–0.10
为决策和想法承担责任	4.01	3.78	–0.23	3.76	3.87	0.11	2.93	3.57	0.64
在压力和矛盾冲突下工作	3.47	3.59	0.12	3.06	3.87	0.81	3.62	3.42	–0.20

财务管理方面，总体而言先锋班的自我效能提升幅度最为明显，实务班和普通班的提升则是非常小的。在财务管理的三个维度，先锋班均有显著提升，这与学生原有知识基础有关，相较而言，大一的学生在这些方面是欠缺理论基础的，因而通过学习获得感比较明显。实务班的学员在“进行财务分析”维度自我效能提升最为明显，在实际教学当中在“控制成本”维度则有明显下降。作者判断教学中的实践环节，帮助实务班得到了财务分析方面的演练，同时也体会到了成本控制的不易。普通班在“控制成本”维度的自我效能提升最多，这与课堂理论学习直接相关。

创业教育的课程前后，先锋班的同学对创业独立自主的重要性以及创业获得经济保障的可能性认识，都有所提升。实务班的同学则对自己通过创业获得经济受益的信心大为提升。普通班的同学更多地认同创业带来的独立自主性的提升。

表 12.12 三个类型班级创业教育前后财务管理方面自我效能

	创业先锋班			中小企业创业实务班			国贸普通班		
	前	后	变化	前	后	变化	前	后	变化
财务管理，资金控制方面	3.48	3.87	0.39	3.54	3.60	0.06	3.27	3.37	0.10
进行财务分析	3.50	3.95	0.45	3.44	3.79	0.35	3.27	3.33	0.06
完善财务系统和内部控制	3.35	3.83	0.48	3.48	3.47	−0.01	3.29	3.33	0.04
控制成本	3.59	3.83	0.24	3.70	3.53	−0.17	3.25	3.46	0.21

在所有受调查的学生中，父母曾经创业的超过半数，正面创业经历的占多数。学生们认识的人中间创业者居多并多数是正面的创业经历。

综合以上的分析，我们可以看到三种类型的创业教育中，实务班的自我效能提升比较明显。作者通过各个维度的比较，认为主要是几个方面的因素：（1）高年级授课，学生有了一定的成熟度和知识基础；（2）专门编写的教材，具有系统性的同时也更符合授课学校和学生的需求；（3）教学过程中的创业实践活动，让学生亲身体验的同时也推进理论学以致用。

三、创业教育需要做什么？

作者认为创业教育存在两个层面。

一方面是针对具有明确创业方向的大学生，系统教授他们创业的相关知识，指导他们启动或是进行相关的创业活动，并且开展实际性的活动，并在尝试的过程中，不断得到学校平台和相关方面的帮助。这个层面的创业教育，就是想方设法让学生们开展实际的创业行为，提早把一些要犯的错误提前体验，尽量把学习到的创业知识应用到实践层面。在实践的过程中，不断发现问题和解决问题。有许多问题可以在学校的平台和系统中得到及时的帮助。有些失败在学业阶段更加容易承受，甚至有些机会只有在学生时代可以获得。

另一个层面的创业教育，可以理解为一种通识教育，了解创业活动和创业过程，理解创业者和创业行为，从而获得与创业相关的一些知识和技能。这些知识和技能也许有助于学生做出是否尝试创业的决策，也许为未来可能的创业奠定一些基础，同时，即使学生不选择创业，相关的知识和技能也具有迁移作用，成为就业的优秀品质和技能。这个层面的创业教育，依然要求学生进行技能操练，但是由于缺乏真实的创业场景，通常会通过模拟的方式进行，或是进行一些想法的尝试和演练。

从创业知识的角度看，一方面创业知识几乎包含了企业管理方面的所有知识，类似于“麻雀虽小，五脏俱全”，创业者需要全面系统地了解企业的基本运作知识，从成本到人力、从产品到销售等多方面多角度的问题。在创业的角度学习，更侧重的是这些知识的“集成”，或是可以理解为“综合运用”，这与传统的“生产运营管理”“人力资源管理”等专而深的专业课式的学习是不同的，更体现出广而全的特点。

与此同时，创业知识教育还关注“从无到有”“从 0 到 1”的过程中的构建与完善过程。从创业技能的角度看，创业的过程是不断解决每一个问题和挑战的过程，与就业所不同的是，创业中的每一个问题，常常都显得“生死攸关”，一不小心可能就导致创业失败，因此创业技能的发挥通常是在高度的压力和极大的不确定性情况下开展的。

创业教育的成功之处，笔者认为很重要的部分，就是能够用创业的视角来思考和分析问题。用创业的视角来解决问题会有什么不同呢？创业代表的是一种思维、一种积极的状态，通常是把一个想法付诸实施，想法可能是新产品和新服务，也可能是自己的一种追逐自主性决策的尝试。

创业通常代表着一个新的“组织”的产生，构建“组织”所需要的各种要素，不一定会有具备的要素，也通常伴随着某些资源的匮乏。而如何获得各种要素资源就是创业者与就业者最大的差别。就业者常常是被提供满足工作需求所需要的各种资源和条件；相比较而言，创业者则有大量的精力花费在要素的整合、资源的配置上，而且这些是智慧和能力的集中体现。

如表 12.13 所示，因为创业和就业的差异，导致创业教育和就业教育在很多维度上有重大的差异。首先，教育所面临的背景和前提不同，即思维环境有差异。就业教育默认的环境是现存的正常运转的企业；创业教育默认要从无到有去新创企业，并从小到大发展壮大。因此思维的框架就不一样。就业教育通常赋予学生企业职能框架，学生甚至不需要去了解整个框架，只需要知道自己所属的某个部分即可；创业教育则不仅需要赋予学生企业的整体框架，还需要使其对所有的生存要素都考虑在内。对于资源要素，就业教育的导向是“你会获得你工作所需的资源要素，这些都会安排和配备给你”；然而创业教育的导向是“所有企业所需的资源要素都是需要你自己去寻找，而且很多资源是匮乏的”。

表 12.13　创业教育与就业教育的比较

维度	就业教育	创业教育
思维环境	现存的运营中的企业	从无到有，从小到大
思维框架	企业职能框架	整体框架和生存要素
资源要素	配备和提供	匮乏和寻找
行动导向	任务和作业导向	生存和成长导向的工作创造
定位	明确单一岗位职责	通常是多面和临时角色
状态	被动接受安排	主动寻求机会
环境	安全稳定收入有保障	不确定收入无保障
生活方式	完成任务	解决问题

在行动方面，就业教育教导的是面对既有的任务和作业，如何以常规或是专业的方式进行完成，达成质量和时间目标；创业教育则更多考虑“为了生存和发展，我需要做哪些事，必须完成哪个目标？”正是因为如此，就业教育的定位是接受一个明确单一的岗位，并遵循岗位职责进行工作；创业教育的定位则是在创业的不同阶段，创业者需要承担各种临时角色，需要面对多面的工作挑战。所以，就业教育应对的是安全稳定且收入有保障的系统；创业教育则是要应对不确定且收入无保障的创业初期环境。所以就业和创业形成了两种截然不同的生活方式。就业教育教授如何完成既定任务；创业教育教导不断解决产生的各种问题。就业教育导致的状态常常是被动接受安排，以服从既有系统为主；而创业教育则侧重培养主动寻求机会、主动思考和主动尝试的挑战传统的生存状态。

很多创业比较顺利，通常是各方面要素都基本具备，这种情况基本上很少见。从要素的观点看创业，创业想法、创业者（意图和自我效能、知识能力）、市场需求、资金（投资、资金可以购买的固定资产、雇员等）、环境系统这些要素总是处于各种各样的不确定性当中。因此“挑战与解决问题”是创业教育的核心议题。

从创业教育拓展开去思考，哪一种状态是理想的状态？哪一种是真实的生活？我们现在的社会更需要哪一种教育？我们未来的社会更青睐哪一种教育？作者认为最佳答案是个人有所侧重，社会必须兼顾。个体如何做出选择，可以关注自己的创业意愿与创业自我效能。

第十三章　温州创业环境研究

区域创业环境的优劣是一个地区经济活跃程度的重要体现，同时区域创业环境也对创业意图和创业自我效能的形成有重要的影响。对温州来说，只有建设优越的创业环境才能有助于保持经济发展的活跃势头和龙头地位，实现“续写创业创新史”。

温州作为一个创业城市，民间旺盛的创业活力一直是温州经济快速增长的动力和源泉。早在《2009 年中国城市竞争力蓝皮书：中国城市竞争力报告》中，温州的创业精神指数、创新氛围指数、价值取向指数和文化竞争力等与创业环境相关的指标位居全国第一。但是近些年来，温州慢慢地出现了民间创业热情低落、活力下降的现象，导致实体经济不振、经济增长滞缓、城市竞争力下降。尤其是 2011 年温州爆发区域性金融危机以来，上述这些问题尤为突出。与此同时，不难发现同属浙江省的杭州和宁波，既有成熟大企业的稳步发展，又有新兴产业和科技产业的中小企业层出不穷，焕发出持续的经济活力和可持续力。究其原因，既有国内外宏观环境的不利影响，其他地区创业吸引力的增强，也与温州自身创业环境因素紧密相关。本章主要讨论对温州创业环境的观察和分析，进而思考如何从创业环境的角度，影响和促进创业意图与创业自我效能，从而促进和提升温州的创业创新。

本章的观察和分析借鉴国际通用创业环境指标体系，通过分层、分类方式，访谈了 300 多位不同类型的创业者。调查结果表明，温州的创业环境一段时间出现了变劣的趋势，已经明显影响温州经济发展的潜力，最近几年政府加大政策支持、改善创业环境，将促进社会创业当作一项重要的工作任务，使得情况略有好转，但是还是令人担忧。

一、观察和分析框架

全球创业观察框架（GEM）是分析创业环境的一个成熟模型。该模型主张在一定的社会、文化和政治氛围下，创业条件影响创业机会和创业能力，从而影响一个地区的经济活跃程度，所以将创业环境条件视为促进经济增长的重要环境条件。“全球创业观察”问卷，覆盖创业环境条件的九个方面：金融支持、政府政策、政府项目、教育与培训、研究与开发转移、商务环境、有形基础设施、市场开放程度、文化与社会规范。

关于创业金融支持，包括本区域是否有充足的权益资金提供给新创公司、是否有充足的债务资金提供给新创公司、是否有充足的政府支持提供给新创公司以及个人资本是否是新创公司的重要资金来源等方面。

关于政府支持创业政策，则包括了这几个方面：政府政策（如公开采购）一直对新创公司优惠、地方政府制定政策时优先考虑对新创公司的扶持、新成立的公司能否在一周内获得所需要的准许和许可证、税务是否构成新创公司的负担、政府对新创公司的税务和其他管制是否稳定、政府对新创公司的支持政策是否有效等。

政府项目主要是关注关于政府支持创业项目的做法，包括新创公司可否通过单一的代理机构获得广泛的政府支持、科技园和孵化器是否给新创公司提供了有效的支持、是否有足够数量的政府项目提供给新创公司、政府工作人员是否胜任支持新创公司的相关工作、是否所有想从政府项目中获得帮助的新创公司都能如愿、政府对新创公司的支持项目是否有效这几个方面。

教育与培训方面，主要是收集对有关创业教育与培训的看法，包括中小学教育是否鼓励创造性、自立和个人的主动性，中小学教育是否充分关注创业和创办公司，大学里是否设置了足够的关于创业的课程和项目，职业教育和继续教育是否为创业做了很好的准备这几个方面。

对于创业中的研究开发转移，通常包括：（1）新技术、新科学和其他知识迅速从高校、研究机构向新创公司转移；（2）新创公司拥有和大型、成熟公司同样的机会接触新技术、新研究；（3）政府提供给新创公司足够的资助用于获得新技术；（4）本地科技基础能够支持某领域内高水平技术型公司创立；（5）很好地支持科技工作者的研究成果商业化。

有关创业商务环境的看法，则包括新创公司能否找到适合的分包商、供应商和咨询机构；新创公司能否负担得起分包商、供应商和咨询机构的费用；新创公司是否容易得到好的、专业的法律和会计服务；新创公司是否容易得到好的银行服务（会计核准、汇兑、信用证）等。

有关创业有形基础设施的内容，包括有良好的基础设施（道路、公用设施、通信等），新创公司是否可以以比较低廉的价格获得通信（电话、互联网等）服务，新创公司是否可以在一周左右开通通信（电话、互联网等）服务，新创公司是否可以负担得起水、电、气等基础服务费用，新创公司是否可以在一个月左右获得公用设施服务（水、电、气等）。

有关市场开放度的部分，主要关注新创公司能否很容易地进入新市场，新创公司是否负担得起市场进入成本，反垄断方面的法律是否有效并得到了有力执行。

对区域创业文化及社会规范的看法，收集的相关信息包括本地文化是否非常鼓励个人通过努力获得成功，本地文化是否提倡自立、自治和个人主动性，本地文化是否鼓励创业者承担风险，本地文化是否鼓励创造和创新，本地文化是否强调个人管理自我人生的责任。

二、温州创业环境评价的开展

借鉴全球创业观察的框架，同时考虑与时俱进的变化以及温州的现实条件。调研主要结合到与企业家和创业者的访谈中，在交流创业故事的时候，讨论相关的环境条件，并注意收集有关创业环境的主观评价和相关情况描述，围绕关于创业环境的九个方面进行归集，并注意从纵向的维度，与温州前些年的情况进行比较，引导创业者做出环境改善、不变和变差等方向性评价，并鼓励他们列举一些现象和看法。

调查对象主要包括中小企业副经理以上的高级管理人员、个体工商户、私营企业主等。除此以外，研究还结合温州当地新创企业的相关数据，了解有关科技型中小企业创新基金以及科技孵化园的分布情况，了解政府部门人员对温州创业环境的看法和做法，走访温州市高新技术产业园、温州留学人员创业园、浙江红连文创园、蓝江软件园、温州源大创业园等科技孵化器，了解创业者、孵化器的经营者和管理者对温州创业环境的看法和建议，询问从事大学生创业指导的老师，收集新生代和温商二代的创业观点。

在调研访谈的对象当中，调查对象所属的行业、创业类型和教育程度等分布，都具有一定的代表性。大约40%的受调查对象处于制造业，大约30%属于服务业。从创业类型看，新生代企业家约占一半。学历分布上，大专及以上水平的创业者约占一半。

三、温州创业环境评价

1. 温州的创业环境综合水平先降后升，但仍高于全国平均水平。

调查访谈中，企业家普遍认为前几年温州给人的感觉是目标不是非常清晰，定位似乎随着领导的变化常常在调整，温州对创业环境的塑造不太重视，让很多创业者无法安心留下，选择到外地发展，一些好的项目流失了。同时有些企业家想要发展升级，最终也因为感觉环境不太理想而离开温州。而且温州对于流失的项目和创业者，似乎给人“无所谓”“不在乎”的“财大气粗”的感觉。很多外流的项目，做大成为了许多地方的“金元宝”。同时对外面的项目，也是不太感冒的样子，大项目的招引力度是很弱的。

近几年，企业家们感觉温州的思路逐步清晰了，即开始重视对本土好项目的培育，也大力招引外地好的项目来参与温州发展。特别是各种政策的制定越来越具体，政府的服务态度也越来越好了。温州的发展方向也越来越清晰，能够持续发力。因此认为创业环境综合水平是改善的。

2. 温州创业文化稍有削弱但依然浓郁

对于温州的创业文化的肯定，这是所有创业环境中大家最为一致的，这与长期以来形成的温州人创业精神和社会创业氛围是密切相关的。这一点，外来创业者感受尤其深刻。许多创业者最初是到温州打工的，在发展的过程中，受到温州创业文化的影响，也开始尝试创业。他们说来温州最深刻的感受是，每个人心里都是火热的，都想当老板，都想大干一场。他们许多人都是“身兼两职”，一边干着眼前的活，一边琢磨和尝试着开创属于自己的事业。在温州待久了，许多外地人也受到影响，学着温州人的样子，开始做些尝试，在尝试的过程中，也开始学习温州人的一些思路和做法。久而久之，他们就成为温州创业者的一员了。但是从2005年开始，温州的创业氛围稍有降低，反映出许多温州人的创业热情和意识有所下降，很多年轻人开始希望过上稳定安逸的生活，包括温商二代，他们的创业热情也有所消退。另一方面，温州人对创业的正面肯定态度，让温州文化中的创业精神仍然得以传承。

3. 有形基础设施环境改善不理想

有形基础设施是指创业者能够得到的基础设施以及其价格的可接受度。前些年温州创业者可以找到条件比较差但是成本相对低的创业设施。但是也不可避免地存在各种各样的安全风险，也造成了许多环境污染问题。温州近几年开展轰轰烈烈的“大拆大整”，拆掉了大量的城中村，这对很多小微企业造成巨大的冲击。很多小微企业被迫搬迁到郊区和外地。有些上了年纪的创业者，多数集中在50–60岁，他们许多人则选择退出和关闭原来的小微工作坊。他们主要的考虑因素基于几个方面：一是拆迁后要承受更大的厂房成本，二是现有的产品竞争力下降、利润下降，三是自己的下一代对现有的家族小企业没有接班的意愿。综合几个方面的因素，他们就趁着这次大拆大整的机会，下决心关闭了。有些前景好的小微企业则想方设法找新的厂房。为此，有些创业者不断搜寻温州周边的闲置地块和厂房，想重新寻找廉价的厂房和库房。还有一些小微企业主最为幸运，能够比较顺利地入驻小微园区。之所以称为幸运，是因为相比大量的小微企业，小微园区的资源，特别是政府建设的小微园资源是很有限的，而且小微园通常都有自己的规划和入园标准。据调研，大拆大整之后，温州的小微园很快就满了。由于这种情况需要持续较长的一段时间，导致不少创业者认为温州的创业基础设施大量减少，成本大量上升。关于创业者对温州创业所需要的交通、通信，及水、电、气等公共基础设施等的评价，创业者感觉尚可，但是也有很多创业者认为温州的创业成本是偏高的，主要的原因之一是与其他城市相比，温州的基础设施改善程度不大，相比之下温州的基础设施使用成本偏高。

4. 金融支持有所改善，但创业者的融资渠道依然受限

金融支持指的是新成立和成长型企业能够获得的金融支持和资源的便利程度，这个维度也包括考察金融支持的质量和可利用程度。温州创业者认为，相比以前在金融支持方面有所改善。但是实际上个人资金依然是创业者主要的资金来源，相对来说融资的来源渠道小而少。近几年金融改革不断进行，但是机构对创业企业的支持力度不足，作为创业活动主体的小微企业，难以公平地与大公司或国有企业一样从金融机构获得贷款。另一方面，社会层面的融资环境有所改善。特别是好的创业项目，不会太担心没有人投资，有民间的投资机构和个人投资者会主动寻找好的投资标的。创业者认为这是我们

市场经济发展带来的结果。同时，温州民营经济之前发展的积累，让很多温州老板慢慢地转移到投资领域，他们会寻找好的项目，以合作的方式进行投资。

5. 市场开放程度有待提高

市场开放程度是指市场每年的变化情况以及创业企业进入现有市场的机会。成熟的市场导致新的市场机会较小，不利于创业。温州企业家对“市场开放度”的评价是偏低的，他们认为温州的消费品市场和服务市场相对成熟，变化不大，导致新的市场机会较小。对于创业者而言，新的市场机会是创业成功的关键因素，新的市场机会的缺乏，将影响创业的成功率。温州创业者认为这几年我们国家在不断地进行改革和开放，市场开放程度整体是在提高的；同时又因为互联网的影响越来越大，马太效应也更加强化，从而使得新创公司在很多方面的生存空间被压缩了。

6. 商务环境有待提升

温州创业者对温州创业商务环境的评价不太满意，觉得很难找到很好的商业、会计和法律服务，认为温州商务环境远跟不上创业者的需求。对于具有产业集群基础的鞋业、汽摩配和电器等产业，创业者认为能够比较容易地找到分包商和供应商，但是好的本地咨询机构是找不到的。随着信息化的加深，信息化服务的需求也越来越明显，近一年的调查中，很多人表示很难在温州当地找到满意的信息化团队和帮助企业升级的服务团队。

7. 政策有所改善但缺乏创新性

政府政策通常是指政府对新企业及成长型企业在政策制定和规制方面的扶持，涉及税收和政府规章制度等方面。调查显示，温州创业者对政府政策的评价不高，特别是前些年，大家普遍认为温州市政府根本不关心创业问题，没有为创业制定专门的政策。对于引入外来新项目的政策本地的新项目享受不到，表示在情感上很受伤，认为“外来和尚好念经”，而一直在本地做贡献的创业者却享受不到。因此导致不少创业者带着项目到杭州宁波等省内创业鼓励政策吸引人的城市，或是有许多项目被邀请到中部地区或是沿海省份政府政策和服务好的城市落地。最近几年，温州市政府开始重视借鉴一些外地的好的政策措施，尽量在多方面与他们基本持平。但是一些企业家认为温州采取这种政策调整方法本来在时间上已相对落后，在做法上又没有创新，不能体现温州的优势和创新。这些表明近年来政府所推出的鼓励创业政策并未得到创业者的广泛认可。创业者认为在政策方面，税收及其相关方面的改善较为明显，而且可以感觉到政府政策也越来越全面，考虑得也更细致。随着数字政府建设的推进，尤其是“惠企直通车”的应用，让企业获得相关政策优惠的渠道便利了。创业者相信随着数字政府改革的推进，特别是“最多跑一次”的深化，政府政策的效果会得到更多的体现。

8. 创业者难以获得政府项目的支持

政府项目指的是政府对于新创企业和成长型企业可以提供的直接项目。调研中发现，创业者对这个方面的评价感觉不好，他们觉得创业者获得政府项目变得更难，尤其是没有一个专门的机构可以帮助创业者获得政府的项目支持。另一方面，创业者认为科技园和孵化器给新创公司提供的帮助是提升了。好的创业平台和孵化器越来越重视专业和全面的指导和服务，通过创新孵化器与新创公司的合作方式，更加深度地参与新创事业，从而也更有效地帮助新创企业。尽管政府的支持项目很少，但是政府对新创企业的关心和支持是提升了。而政府通常是通过科技园或是孵化器等第三方平台来支持新创项目。科技园往往是政府机关下属的人员管理，变动频繁也不专业，往往就是简单管理为主。相对来说市场化的第三方平台则因为有专业人士运作，并想长久陪伴和合作，所以提供的支持也会优质很多。

9. 学校教育对创业教育的关注不够

创业教育与培训是指与创业相关的各个层次教育和培训体系。研究表明，受过良好教育和高技能培训的创业者是创业取得成功的必要保证。这一维度也考察在创立或管理小型企业、成长型企业方面的教育和培训质量以及实用性和可操作性。教育与培训是创业活动得以开展的必要条件，也是创业者将潜在的商业机会变为现实的基础。虽然温州的社会创业氛围较浓，但中小学，乃至职业教育、继续教育，对于创业教育的关注都不够。一方面，现实的情况是，现在的中小学教育系统，依然是以应试教育为主，学生的课业负担大，课外时间被大量挤压。另外一方面，传统的教育系统里面欠缺创业教育的理念，所以创业教育几乎没有被纳入任何教学计划中。目前开展创业教育的阶段主要在大学教育，而且通常具有普及性，因学校差异，多数学校是筛选出少数的对创业感兴趣的大学生开展创业教育的课程。据了解，温州商学院是较早开展创业教育的学院，相对参与创业教育、通识性教育的学生较多。在其他高校，创业教育相对小众。在正规职业教育和继续教育层面，也很少看到有关创业教育的内容。在帮助再就业的继续教育以及众创空间和孵化器等平台，相对是创业教育比较集中的地方。

10.研究开发转移有所改善

研究与开发转移指的是研究和开发在多大程度上创造新的商业机会，以及研发是否可以为新创立的小型企业和成长中的企业所用。温州创业者对此的评价并不高，他们认为这么多年来一直没有多大的改善。贸易战和科技战爆发以来，中国国内越来越重视卡脖子技术的研究开发，也开始关注各个领域、各个层面技术的自主化水平。随着这个大局势的变化，也随着温州越来越重视科技对产业升级的推进作用，温州市政府在战略层面开始更多地关注企业技术提升。近几年温州大力引进和开展合作，建立研究院和企业科研基地。但是目前科技成果商业化机制改善后的水平依然有限，非常期待快速提升。企业家们希望进一步加大科技成果的转化力度，积极建设产业开发综合服务平台、企业研究平台，及以市场机制为保障的成果转化新机制，加速科技成果向现实生产力的转化。

四、温州创业环境比较分析

1.不同类型创业者比较

根据调查访谈总结，创业者面临的最大困难，前些年主要是资金方面，现在越来越多的企业家提到的是技术和人才。人才不到温州来，技术就无法引入温州。好不容易吸引人才到温州来了，但是对各方面的条件不满意，往往很难让人才在温州扎根。

根据创业者的不同类型，他们对创业环境的评价，在政府项目、研究开发转移以及基础设施、创业文化等方面观点较为一致。在另外的方面则各有差异。创业时间短的创业者和在校大学生面临更多的是融资困难和对商务环境的把握困难。此外，他们对政府项目的感受也是评价偏低的。

2.跨区域比较分析

温州商人比较活跃，有大量创业者开展跨区域创业，所以对区域之间的创业环境进行横向比较。创业综合环境的总体评价，多数创业者认为温州高于全国平均水平，但是低于杭州的水平。

（1）金融环境。创业者认为温州和宁波的情况相对比较接近，但“权益资金”的获得方面远不如上海的水平。宁波在政府支持方面显著高于温州。个人资本参与，温州和宁波显著高于上海及其他地区的水平，这与浙商多年的发展和积淀直接相关。

（2）政府的创业政策。创业者认为温州的总体水平和支持力度平均都低于杭州和宁波。

（3）政府支持项目方面。新创公司可以通过“单一的代理机构”获得政府支持方面，上海和宁波都显著高于温州。温州在科技园和孵化器提供支持方面，明显低于宁波和上海，甚至低于很多不发达地区的水平。此外，政府项目的数量以及政府工作人员的工作，与宁波有较大的差距。

（4）创业教育与培训方面。宁波和上海在中小学教育中创业教育显著高于温州。但是大学的创业课程方面，温州则显著高于其他城市和全国平均水平。在职业教育和继续教育方面的创业培训，宁波较好。2014 年全球创业观察中国报告称我国创业教育培训环境薄弱。温州的创业教育培训则处于较高水平，这应该与三个方面紧密相关。一是温州传统的创业精神和创业实践。对敢为天下先的温州人而言实践就是最好的创业教育环境，而且创业行为也受到许多有创业梦想的人的认同和效法。二是近些年温州各种创业园、孵化器，包括数量较多的政府举办的孵化园以及民办的创业园，为创业者提供大量创业教育和辅导。三是温州市各大高校的创业教育和大学生创业园。以温州商学院、温州大学、温州工贸职业技术学院等为代表的温州高校，较早开始进行创业教育。

（5）研究开发转移。创业者认为温州总体情况不佳，特别是政府资助方面较低。创业者认为这是普遍的情况。其中医疗行业对嘉兴的创新做法非常肯定。浙江嘉兴的医院，对于本院医务工作者的创新和开发，专门寻求企业进行合作开发，并以医院一定年限的采购比例作为支持。这被企业家认为是重大的创新。

（6）商务环境。除了鞋业等少数大规模传统优势产业，温州在分包商、供应商和咨询机构的获取方面，显著低于其他地区。

（7）创业基础设施。总体差距不大。近年来杭州的表现特别亮眼。

（8）市场开放度。有关新创企业进入新的市场，大家对温州的评价最低，说明温州消费品和服务市场每年变化不是很大，创业者们希望有大的突破。

（9）创业文化和社会规范。创业者对温州评价整体较高，认为高于其他地区和全国平均水平。这说明温州创业的文化仍然很具有生命力。区域经济如何引导和利用好这个好条件是非常重要的议题。

3. 纵向比较分析

从温州创业者对创业环境的纵向对比发现，2005 年以来，温州创业环境经历了先降后升的过程。具体方面如下。

（1）目前得到改善的方面是：金融环境、有形基础设施、政府政策、研究开发与转移。但是改善都较小。而且感觉与浙江省的最高水平还有一段差距。近些年各个地方政府都非常注重创业环境的建设，在这样的背景下，温州创业环境的竞争力是不足的。

（2）评价不够满意的方面是：政府项目、市场开放度和创业教育。这三个方面感觉与前些年基本持平，但是与浙江省先进地区的水平还有明显差距。

（3）评价有所下降的指标是：创业文化与社会规范、商务环境。这两个方面，创业者感觉十年前温州与浙江省的最高水平相差不大，但是最近几年显著下降，意味着在浙江省处于越来越不利的位置。

纵向比较和横向比较都显示，温州的创业环境与历史最好状态相比不容乐观，与前些年相比有所改善，虽然整体高于全国平均水平，但是与温州的“两个健康”民营经济示范区和先行示范县的定位还不够匹配。

五、温州创业环境问题分析

1. 创业政策的系统性及可操作性分析

温州市政府这些年工作人员的服务态度和服务意识也有明显的增强，对创业和孵化园的扶持力度是比较大的。而且随着政府工作人员队伍的年轻化，学习意识和能力也在不断提高。可以看到很多年轻的干部，积极学习，能力很强。

温州市政府为鼓励和支持社会创业，出台了一系列的政策，但政策虽多，落实却难。

（1）一些政策缺乏落实的细则。例如，存在这样的情况，有关创业的一些优惠政策，没有明确写明找哪一个部门、哪一个地方，多长时间的有效期，多长时间反馈等信息。新创企业通常需要付出很大的时间成本代价，最后往往并没有落实。

（2）一些政策缺乏过程管理。对于政策执行过程中出现的问题，谁当裁判并不明确，也导致了资金等政策项目执行缓慢。部分受访者反映，提交给政府部门的相关申请，很长时间没有反馈，不知道进展到哪个阶段哪个部门。与此相比，杭州市、宁波市等地区资金方面的政策落实很快。

由于这些因素，创业者反映，网络经济的“一号产业”的新政出来，感觉除了多开了一些会议，并没有感受到实质的帮助。

（3）政策缺乏效果跟踪评价。政策最后变成了口号，浪费了创业者的精力，也损失了政府的正面形象和声誉。还有些政策有待改进，如房租补助的一年后补助的滞后性太长，对创业者社保等方面的规定要求偏高；还有些政策门槛实际效果不好，如国家千人计划，多半是挂名指导，流于形式；人才公寓入住标准太高，一般新创企业都享受不到。另外，还普遍存在着创业者对政府相关政策不甚了解的现象。

（4）创业政策缺乏统一的出口。创业者缺乏了解创业相关政策的统一途径和平台。政府的不同部门，出台不同的政策，如人才办、经信委、科技局等，不同部门的创业政策对创业者来说，显得有些多、杂、乱。很多企业对政府政策的情况不了解，目前也没有一个官方权威的创业政策信息发布平台。很多创业者不了解政府有关的创业扶持和优惠政策，因为没有权威途径，搜索成本比较高，有些创业者因为听到不真实的讯息而影响对创业政策的了解和使用。

究其原因，一是目前政府部门对新创企业的基本情况了解不全面、不及时、不深入，政府的很多工作缺乏数据基础，使得政策制定的针对性、有效性打了折扣。二是政出多门，政策凌乱，缺乏系统性、计划性。三是由于缺乏权威的创业政策信息发布平台，很多创业者对政府政策的情况难以全面了解，也影响了政策的落实。

2. 创业园区的机制及运行分析

（1）创业孵化器不完整，服务链条不完善。通常新创企业孵化有五个环节（苗圃、孵化、中试、标准厂房、征地进入开发区）。目前政府公办的孵化器，缺乏苗圃、标准厂房，孵化成功的企业也因为在温州工业用地紧张、政府只关注大项目、无法征地而滞留在孵化器中没有离开。

在苗圃和孵化阶段，最重要的是导师制度。但是目前导师制度尚未建立。这与温州整体环境有关，参与创业体系的大学、科研机构、大型企业企业家都比较欠缺。除了导师以外，风投、产业投资机构也比较欠缺。因此企业离开孵化器的“毕业晚会”无法开展，无法通过公正测评、交流项目状况而获得进一步发展的资源。另一方面，也有受访者表示，很多风投要求过高，让人感觉到想吞掉新创企业的野心，从而导致合作不成功。

（2）公办孵化器机制不够科学、运行不够高效。调查研究发现，公办孵化器的管理效率和效果都存在不尽人意的情况。根据访谈分析整理，民营孵化器与公办孵化器的差别如表 13.1 所示。

表 13.1　民营孵化器与公办孵化器的差别（根据访谈分析整理）

	民营孵化器	公办孵化器
1. 追求目标	经济效益与社会效益	公共服务、注重政府形象
2. 新创企业数量	少数，一定比例	全部新创企业
3. 经营形式	产业园与孵化器混合经营	单纯的孵化器
4. 场地利用	没有闲置	部分闲置
5. 管理者身份	职业经理人	公务员
6. 对孵化的理解	相对专业	水平不均衡
7. 提供的服务	不同园区有差异，不断完善（一站式服务平台）	基本的以免费场地为主的物业服务
8. 管理团队	没有固定任期	相对固定任期，定期轮岗
9. 管理服务团队规模	根据需要进行招聘	编制限制、临时人员招聘受限
10. 管理创新	根据客户需要，主动性强	以管理为主，主动性弱

有些孵化器中的企业，不为创业，而是为了贪图房租便宜，导致创业园中有凭关系进入的家庭工厂。由于外部环境以及孵化器本身退出机制的设计问题，一部分过了孵化期的企业没有及时毕业离开。管理孵化器的公务员并非专业人士，而且定期轮岗，无法与按市场规律办事、以营利为目的的民营产业园的管理相比。

相对来说，目前民办孵化器的整体效率要优于公办孵化器。通过调查研究发现，民营孵化器和公办孵化器有很多不同点，如上表所示。有些孵化器，主要的服务功能是“物业管理”，即给新创企业提供免费或是部分免费的场地。

（3）“种子基金”缺位。由银行、政府、风投共同成立的“种子基金”并没有实际成立和运行。关于科技型中小企业创新基金，1999 年国务院批准设立国家级的“创新基金”，各地方科技部门组织申报和管理，并且对批准的项目进行相应的配套。与国家级“创新基金”相对应，温州市曾经采取“资本金投入”的方式创立市级的创新基金，由于运行效果不好，监管成本过高，最后以失败告终。上海、广州、天津、厦门等城市都设立了市级的科技型中小企业创新资金（为有所区别，多用“资金”而非“基金”）。2011 年温州市停止对企业科技计划项目的支持，转而重点建设科技孵化园以营造创业环境。孵化器的建设，多数人认为对创业环境的建设是有帮助的。有少部分人认为，孵化器的建设过于分散，企业得不到应有的服务，缺乏集聚的效果。

温州的创业孵化器以公办为主，但公办孵化器规模小、机制不够科学、运行不够高效、服务链条不完善不完整。通常新创企业孵化有五个环节（苗圃、孵化、中试、标准厂房、征地进入开发区）。目前公办孵化器，缺乏苗圃、标准厂房，同时管理孵化器的公务员并非专业人士，而且定期轮岗，无法与按市场规律办事、以营利为目的的民营产业园的管理相比。

3. 大学生创业的有效性分析

在大学生就业越来越难的背景下，自主创业已经成为大学生新的选择，已逐步成为不可阻挡的趋势。大学生创业也是产业发展转向“知识经济”的趋势要求。虽然总体上来说，温州高校对大学生创业教育比较重视，但各高校情况不一。根据浙江省教育评估院对 2012 届毕业生的调查，在温州 7 所高校（2 所本科大学、3 所本科独立学院、4 所高职学院）中，温州大学城市学院的创业毕业生有 61.90% 接受过创业教育，列全省本科院校首位；原温州大学城市学院（现温州商学院）的毕业生创业率也高达 8.06%，列全省本科院校第二，温州大学瓯江学院的毕业生创业率为 4.83%，列全省的第六；但其他本科院校的创业率均较低；高职中，浙江东方职业技术学院的毕业生创业率为 7.48%，但仅列全省高职的第十。

同时由于缺乏有针对性和导向性的创业培训、创业服务和咨询，多数的大学生创业项目存在定位不清或低水平重复的问题。另外，温州针对大学生创业的政策系统性不强，基础设施配套较差，与宁波市激励创业政策与“大学生创业园”的配套设施相比较，及与上海市应届大学毕业生创业可享受免费风险评估、免费政策培训、无偿贷款担保及部分税费减免四项优惠政策等相比，对大学生创业的支持力度仍然存在一定差距。

（1）高校普遍建立了大学生创业园，大学生创业热情高涨。温州市各高校都成立了大学生创业园，如温州大学创业园、温州医学院创业园、温州大学城市学院浙商孵化园、浙江工贸职业技术学院工贸创业园等。其中，温州科技职业学院建立了“温州市大学生现代农业创业园”“网商创业园”2个市级基地；审批组建33家学生创业工作室。同时，各高校自主出台一些大学生创业的激励政策，例如温州大学为创业提供免费的场地，大学生项目通过竞争获得。温州大学城市学院，对创业有一个专业奖励学分，还有提供孵化园的免费场地等。

在良好的高校创业环境支持下，在校大学生创业热情高涨，学生中有高于20%的人参加过创业赛事或创业实践。在茶山高教园，许多大学生创办的企业已经不再局限于创业园和孵化园等，而是直接走向市场和社会。大学生创业已经成为温州的一道亮丽风景。

（2）大学生创业项目呈现多元化，但项目质量相对不够高。温州经济发展的产业集群特性和商贸业发达的区域环境，加上近年来网络技术和电子商务发展迅速的宏观环境因素的作用，使得大学生创业机会增加。创业项目呈现出多元化趋势。其中也涌现出一些科技含量和创新度高的项目，并在国家级和省级创业大赛中获重奖。

但是，多数的大学生创业项目存在定位不清或低水平重复的问题。究其原因主要如下：一是大学生普遍把创业当成一次大学时代的经历而不是事业，浅尝即止。缺乏市场观念、竞争意识和效益意识，更缺乏承担责任和风险的精神。二是缺乏有针对性和导向性的创业培训，创业服务和咨询没有及时跟进。三是创业时间无法保证。真正的创业是需要精力和时间的大量投入，通常会与学业产生冲突。最终有少数大学生创业者暂时放下学业，而多数大学生选择暂时放下新创事业。

（3）本地政府支持创业的优惠政策未能与大学生创业者接轨。温州是较早（早于新的公司法颁布）开始放宽市场准入，实行“零首付”注册登记的。温州市每年都出台针对大学生创业的政策文件。

但是，由于前述的“政出多门”和“实施出口”等问题，与宁波市激励创业政策与“大学生创业园”配套相比较，及与上海地区（应届大学毕业生创业可享受免费风险评估、免费政策培训、无偿贷款担保及部分税费减免四项优惠政策）相比，存在一定差距。表13.2是2014年前后温州与宁波、杭州激励创业的部分政策比较。

表 13.2 大学生创业政策比较表

	宁波	温州
1	按第一、二年全额，第三年减半的额度给予 20~300 平方米的创业场租补贴。在创业园外首次从事个体经营的，提供年租金 10% 的场租补贴，最高额度不超过 3000 元	1. 入驻温州市科技园国智电子商务产业园尊享 10~20 平方米的政府租金补贴 2. 对租赁经营办公场地的网络经济企业，在温州生态园注册纳税，且运营满一年的，按照实际租赁的用于网络经济经营办公的面积在 200 平方米（含）以下的，给予企业每平方米 20 元 / 月的租金补助；办公面积超出 200 平方米以上部分，给予每平方米 10 元 / 月的租金补助。网络经济企业，前三年新增实缴税款地方留成部分予以全额奖励，后两年按 50% 予以奖励
2	符合大学生创业条件且注册企业正常运营满 6 个月。按 2 万、3 万、5 万、8 万、10 万、20 万元等 6 档补助	对毕业 2 年以内的高校毕业生从事电子商务经营并通过网上交易平台实名注册认证的，经人力社保、财政部门认定，可按规定享受小额担保贷款和贴息政策。其中，对按规定缴纳社会保险费满 1 年的，可参照高校毕业生从事个体经营社会保险补贴政策给予一次性自主创业社会保险补贴，所需资金从失业保险促进就业经费中列支。网络创业认定办法另行制定
3	入驻大学生创业园（含大学科技园）正常运营满 3 个月，且人事关系在我区的大学生创业企业法定代表人，2 年内每月补助 800 元	
4	入驻大学生创业园的，2013 年纳税额在 5 万元以上的企业。自注册之日起 3 年内，按企业对地方财政贡献的 80%、60%、40% 给予奖励	
5	宁波户籍或者在甬高校的在校生或者宁波生源的高校毕业生在镇创办企业或从事个体经营，领取工商营业执照后稳定经营 6 个月以上，一次性补贴 2000 元	
6	户籍在宁波的毕业生，在镇海从事个体经营或创办企业的，可申请享受社会保险补贴。补贴标准为其应缴的基本养老、基本医疗和失业保险费最低标准之和的三分之二，享受期限最长不超过 3 年	
7	宁波户籍或者在甬高校就读的在校生或者宁波生源的高校毕业生在镇海创办企业，领取营业执照满 1 年，吸纳 5 名（含 5 名）以上本市户籍劳动力就业，并签订 1 年以上劳动合同、办理就业登记、按规定为其缴纳社会保险费满 1 年的。不超过 5000 元的一次性创业带动就业奖励	（一）落实创业补助政策。 高校毕业生自主创业从事科技、创意、文化等现代服务业及现代农业企业，自其在工商部门首次注册登记之日起创业满 1 年的，可根据其吸纳高校毕业生就业情况，由同级政府给予一次性专项创业补助 1 万元，所需资金从各级促进就业专项资金中列支

续表

	宁波	温州
8	参加创业意识教育并取得职业技术培训证书的，给予每人150元的补贴；参加创业培训并取得创业培训合格证书的，按实给予补贴，最高不超过900元	创业教育培训。 在温各高校要广泛开展创业教育，创新创业类课程，完善创业教育课程体系，并将创业教育课程纳入学分管理。有创业意愿的未就业高校毕业生、毕业年度高校毕业生和毕业班学生在定点培训机构参加创业培训的，根据其获得创业培训合格证书或就业、创业情况，按规定给予培训补贴，所需资金从促进就业资金中列支
9	在市级大学生创业园内从事创业活动的在校生或者毕业五年内毕业生。不超过5万元的小额担保贷款	
10	杭州：对持《就业失业登记证》的高校毕业生从事有关个体经营（除限制行业外）的，在3年内按每户每年8000元为限额依次扣减其当年实际应缴纳的营业税、城市维护建设税、教育费附加和个人所得税	（二）落实税费减免政策。 高校毕业生创办的符合税法规定条件的小型微利企业，可按浙江省人民政府办公厅《关于促进小型微型企业再创新优势的若干意见》（浙政办发〔2012〕47号）有关规定享受企业所得税减免政策。对持《就业失业登记证》（注明“自主创业税收政策”或附着《高校毕业生自主创业证》）的高校毕业生从事个体经营（除建筑业、娱乐业以及销售不动产、转让土地使用权、广告业、房屋中介、桑拿、按摩、网吧、氧吧外）的，从2011年1月1日至2013年12月31日期间，3年内按每户每年8000元为限额依次扣减其当年实际应缴纳的营业税、城市维护建设税、教育费附加和个人所得税；在2013年12月31日未执行到期的，可继续享受至3年期满为止
11	杭州：如果毕业2年以内的高校毕业生当个体户的，还能按每户每年2000元为限额减免地方水利建设基金，减免期为3年	毕业2年以内的普通高校毕业生从事个体经营的，在工商部门首次注册登记之日起3年内，按规定免收登记类、证照类等有关行政事业性收费
12	2013年杭州出台政策，大学生创业最高贷款30万元。优惠政策，包括放宽经营场所登记条件、申请小额担保贷款、落户等等。毕业2年以内的高校毕业生自主创业自筹资金不足的，可按规定申请不超过30万元的小额担保贷款，贷款期限不超过3年。如果2名以上高校毕业生设立合伙企业的，可适当提高贷款额度	（三）完善金融扶持政策 对毕业2年以内的高校毕业生自主创业自筹资金不足的，可在创业地按规定申请不超过30万元的小额担保贷款，贷款期限不超过3年。对从事微利项目的，据实给予全额贴息；对从事其他项目的困难家庭高校毕业生给予100%贷款贴息、其他人员给予50%贷款贴息，贴息期不超过3年。对2名以上高校毕业生设立合伙企业的，可适当提高贷款额度。鼓励金融机构为无固定资产、无法提供合适担保对象的创业高校毕业生，提供信用贷款

六、创业环境提升的对策建议

（一）提高政策的吸引力、适用性和执行力

学习和了解先进地区和区域的创业相关政策，系统地梳理温州市现有的创业政策，分析现有政策的吸引力、适用性和执行状况。

（1）重点抓落实。对于比较合理和适用的政策，例如补贴、贷款政策等，重点抓落实。明确谁是裁判员、资金的来源、发放的途径和部门、办理所需资料、程序和反馈的时间等，并通过各种途径公开告知利益相关人。现在的惠企直通车，从工商登记注册获取创业者联系方式，可以实现点到点的信息推送。

（2）重点抓修订。对于现有的不合理政策，缺乏吸引力和适用性、操作性差的政策，进行修订。

1）税收政策，能否直接规定免税的时间和额度要求。

2）房租补贴政策，消除滞后期，在创办之初就给到位。政府担心的道德风险，可以通过信用机制的建立来帮助。建立创业信用系统，将创业者信用进行管理，登记创业者申请和享受的各项政策、违规信息、贷款以及偿还信息，包括创业失败后以及再次创业信息等等，该系统也可以作为社会信用系统的子系统。

（3）出台新政。对于与其他地区有差距的政策，根据温州市政府的财力和各种资源的情况，设立新的政策。可以设立初创期业主本人的创业补贴（补贴标准为按上年度全市职工月平均工资60%作为基数计算的养老、医疗、失业、工伤和生育保险费，但以当月补贴对象实际缴纳金额为限，补贴期限最长不超过18个月，自工商注册登记日起满半年可以申请）、新办组织带动就业补贴、创业场地房租费补贴，税收优惠补贴、创业前贷款担保、创业前贷款担保、创业贷款贴息、证照行政事业费补贴。

1）社保补贴政策。是否能够提供新创企业业主和员工社保补贴。比例可以根据财力进行。

2）人才公寓补贴政策。是否能借鉴目前房价低谷阶段，政府批量租赁空置楼房，作为创业人才的补贴住房，政府支付租金的比例可以逐步减少。

3）带动就业补贴政策。

4）创业人才计划。调研温州具有代表性的创业人才，设立温州创业人才通过努力能够达到的人才计划，从而有真实的激励和引导作用。

（4）信息登记制度。与其他政策配套，将创业者的相关信息进行登记，有助于点对点推送政府政策和信息，同时，有利于了解企业的困难和政策需求，跟踪和测评政策的运行效果，从而出台更有针对性的、更有效用的帮助政策。

（二）构造创业软环境、提高服务软条件

（1）统一创业相关政策的途径和平台。不同时期政府出台的不同政策，凡是与创业活动和新创企业有关的内容，都从这个统一的平台进行发布。同时有关政策执行的相关信息也同时发布，减少创业者的搜索成本和行动成本，也有利于提高创业效率。

统一创业服务平台，可以借助2014年温州市刚刚启动的“温州市中小企业公共服务平台”，进行有计划、有步骤、有目标的宣传与推送。同时，也可以将各个创业园、孵化器的相关入园政策和优惠措施通过这个平台展示和发送。

（2）为创业园区等提供外围的公共服务。基础设施建设与创业文化氛围的体验对创业氛围以及人才引进都具有重要作用。可以作为一个文化项目整体打造以下几个方面。

以文昌路为例，周边辐射3.6平方公里，温州国家高新区的核心区域、最新的网络经济创业园都坐落于此。文昌路已经形成集聚效应。但是文昌路的商业氛围与创业的活力与激情不相匹配，也与产业业态不匹配。

文昌路周边旧厂房开发改造，打造产业园，进一步夯实集聚的有形基础设施。

改造和美化文昌路景观，拆除旧厂围墙，改造人行道，树立指示牌，建设停车场，增加公交车、市民小广场等，并适当配套商业地产。

（3）多途径多渠道组建“种子基金”。研究创业种子基金成立的途径和运作方式。温州的特殊情况，可以研究缺乏风投参与的创业种子基金。学习和借鉴其他地区的经验，可以采取不同方式组建针对不同类型新创企业的种子基金。

可以邀请国有银行、地方银行、民营银行、投资公司等不同类型的金融

机构，组建不同类型的创业种子基金。做好组织工作，用好政府手上有限的资金的引导作用。

鼓励不同类型创业园的管理方或投资方以各种灵活的形式组建创业种子基金。以城市学院“职场精英挑战赛”为例，企业与高校合作，设立了大学生创业的种子基金，形式灵活、效果显著。

（4）设立市级的科技型中小企业创新资金。

与国家级“科技型中小企业创新基金”同时评选，设立温州市级科技型中小企业创新基金，有利于鼓励和激励更多的科技型新创企业。直接在国家级省级评选的基础上进行，鼓励三年或是五年内的新创企业。

（三）充分高效发挥孵化器和创业园的功能

探索公办孵化器和创业园的多种经营管理方式，激活和提高孵化器和创业园的功能。从提高效率的角度，对于公办孵化器可以采取两个办法。一是政府可以招聘专业人士对公办孵化器进行管理；二是将一些效果不好的公办孵化器民营化管理，把政府的工作精力重点放在政策需求的调查、政策的制定和执行方面。

根据孵化器的五个环节（苗圃、孵化、中试、标准厂房、征地进入开发区），政府可以对孵化器进行分级验收，对不同级别和不同服务体系的孵化器给予不同的资金和政策支持，并对外公布考核结果。通过考核和验收，促进创业孵化器完善孵化链条、提高服务水平。

在这五个环节中，政府的工作重点还包括最后一个环节的桥梁搭建。

通过推进旧厂房改造，给管理高效、发展势头好的孵化器或产业园提供更多的资源，帮助其尽快建立相对完善的创业服务体系。

系统规划和充分利用全市孵化器和创业园的资源。对于各地利用不充分、管理效率不高的孵化器，进行统筹安排，以便更好地利用创业资源。

（四）培养本地投资者团队

目前温州创业融资遇到两难境地，一方面苦于很难引入外来风险投资；另一方面引入的风险投资常常会选择一口吞掉新创项目，是创业者和创业团队所不愿意接受的。解决这个问题，建议培养温州本地投资者团队。温州是民间资本比较丰富的地区，许多资本缺乏很好的投资渠道，不断在寻求短期的投资机会。借用温州金融改革的机会，同时研究创业投资方面的平台和产品形式，为温州创业与民间投资方面架设方便的桥梁。可以分为直接连接和间接连接两种途径。

直接连接，即定期举办项目与投资对接会。投资者与创业者的沟通与互动，促进实现创业项目的金融支持。这个途径需要对本地投资者进行引导和培养，需要营造和形成互相尊重和信任的文化氛围。

间接连接，则需要借助金融中介平台或是金融机构，并设计合理的运行机制。

不论是直接或间接的途径，都需要对温州地方民间资本进行引导，开展投资者的培育工作。

（五）制订和推进温州三年创业促进计划

1. 子计划 1：大学生创业促进计划

大学生创业促进计划主要从两个大方面着手。一方面是推进与大学生创业相关的政策制定及其配套措施；另一方面是联合温州高校力量培育和营造促进大学生创业的环境。

（1）创建微信平台，大张旗鼓宣传创业

为提高扶持创业政策的社会知晓度，本市相关部门合作开设一个由政府支持、民间运作的微信平台（上海已经在 2014 年 4 月初试运行，可以暂定名为“青创温州”），开展创业优惠政策免费推送和宣传。毕业生只需回复资金、场地等关键字，即可方便快捷得到政策条目、政策解读、操作流程示意图等内容。组织人员对国家和上海的相关扶持政策进行梳理、汇总，免费发送给准备创业的学生，希望能成为大学生（青年人）的“创业宝典”。

（2）实现创业激励政策与创业大学生的接轨

消除公办、民办和高校创业园的政策界限，对在不同园区所有经过公司注册并规范经营的创业者一视同仁地提供相应政策优惠和创业服务。

鼓励金融机构为无固定资产、无法提供合适担保对象的创业高校毕业生，提供信用贷款。

自主创业社会保险补贴，所需资金从就业专项经费中列支。

（3）促进温州大学生创业联盟的建立

建立温州高校创业联盟。由于温州地区的创业文化浓郁，在温州的各高校都有各自的创业特色，为了更好地融合和碰撞升级，以温州高校创业联盟的方式进行大学生创业的促进活动将具有更大的价值。借鉴温州市决策咨询委员会帕累托高校智库论坛的做法，温州高校创业联盟以创业竞赛项目为主线，每个特色项目由一所高校定期承办，在温所有高校大学生均可参与，温州政府视项目情况给予政策或资金支持，从而形成一系列有特色和持续生命力的温州地区创业培育活动。与此同时基于温州高校创业联盟的特色活动，酝酿和引导建立创新创业种子基金和天使基金等区域特色投资基金。温州高校创业联盟项目如表 13.3 所示。

表 13.3　温州高校创业联盟项目

序号	内 容	承办说明
1	创业点子大赛	年度竞赛，小额奖励
2	电梯推销演讲比赛	年度竞赛，小额奖励
3	营销类商业计划大赛	
4	挑战杯科技作品竞赛	两年一次，与全国错开
5	电子商务创业计划大赛	
6	温州特色产业创业计划大赛（传统产业升级、新兴产业推广）	与温州特色产业相关，可以面向海内外，促进产业升级
7	高中生创业点子大赛	针对温州市高中生（普高、职业高中、中专）的竞赛

敦促并支持温州高校建立大学生创业联盟。美国 WPI 大学的实践发现，毕业后创业的学生的比例和成功率更高。因此，大学生创业联盟这一平台不仅为在校大学生提供帮助，更要使毕业后有创业想法的毕业生，能在第一时间得到相关的帮助和支持。力争使每一名有创业意愿的高校毕业生，在离开学校之后，仍然能够在寻找合伙人、了解相关政策、获得金融服务、新创企业管理等方面得到培训和辅导。

创业培训补贴（网上创业培训、创业培训、模拟公司创业实训等创业培训）。充分利用大学生创业导师资源，为有创业意愿、服务需求的大学生提供创业咨询和帮带服务。

（4）使创业教育与实践继续成为温州形象的重要特征

在市属高校全面推进大学生创业教育，通过普及和重点相结合的方式，把创业教育融入人才培养体系，贯穿人才培养全过程。创业教育教学内容以教授创业知识为基础，以锻炼创业能力为关键，以培养创业精神为核心。

加强创业教育条件保障，建立一支专兼职结合的教师队伍。加强实践教学，鼓励学校与企业合作，为大学生创业提供实战训练，进一步提高创业教育的针对性和有效性。

设立专门针对应届大学毕业生的创业教育培训中心，免费为大学生提供项目风险评估和指导，帮助大学生更好地把握市场机会。

鼓励各类创业服务机构为高校毕业生创业开展政策咨询、信息服务、项目开发、风险评估、开业指导、融资服务、跟踪扶持等“一条龙”创业服务。对免费提供高校毕业生创业辅导成效突出的机构，可给予适当的经费资助和奖励，所需经费从就业专项资金中列支。

创业导师进校园，解读大学生创业政策。

2. 子计划 2：创业带动就业促进计划

推出温州创业带动就业优惠政策。失业、协保、农村富余劳动力及征地人员，于 2012 年 1 月 1 日—2015 年 12 月 31 日在温州市内登记注册创办个体工商户、农村专业合作社、民办非企业、小企业且至少安置一名以上温州市区户籍的失业、协保、农村富余劳动力及征地人员。（温州有人数不小的一部分城中村改造、征地等原因导致的闲散人员，他们手头往往有一定资金，在地域、人脉等方面也有优势）

可以通过一套政策措施进行鼓励和引导。创业见习补贴、创业补贴、带动就业奖励、转制补贴、开业贷款贴息、小额贷款公司发放的小额贷款贴息等。

第十四章　内部创业动力：新三板的启示

相比中国的主板市场，“全国中小企业股份转让系统”（简称“新三板”）是一个新生的事物。新三板的诞生和发展是中国资本市场的重大创新。全国中小企业股份转让系统是2006年以后出现的，最初指中关村科技园区的非上市企业进入代办系统转让试点，2013年12月国家将新三板挂牌范围拓展至全国，即境内的任何符合条件的企业均可申请挂牌。这对于以中小民营企业为主的温州来说，具有历史性的意义。对于创业者来说，新三板是一个最为接近的资本市场。创业者是否要往这个方向努力？企业挂牌会带来怎样的影响？进行新三板挂牌的意义何在？这也是中小企业主在不断思考的问题。

国家推动新三板发展，是为了更好地促进中小企业融资，解决困扰已久的中小企业融资难问题。让金融更好地服务于实体，尤其是服务于间接融资不青睐的中小企业。新三板市场通过提供融资平台，类似于注册制的审核市场，目的是发挥市场的选择功能，同时注重风险控制。新三板市场体现出比创业板更强的包容性，文化、教育、建筑、生产性服务业等比其他板块更为丰富的公司入驻。新三板公司多数股权较为集中，此外，新三板公司多以信息、技术类型见长。新三板具有转板功能、并购重组功能、规范治理功能、定向融资功能、股份转让功能和价格发现功能。因此，证券市场将新三板称作“中国的纳斯达克。”

新三板的价值何在，可以从多个不同的角度进行研究。但是由于新三板是新生事物，相关的研究还很少。另外一个角度，温州提出“转型升级”已经多年。从微观层面看“转型升级”在企业内部的体现，则是我们通常说的“内部创业”“二次创业”。借着这个思路，本章梳理和分析新三板挂牌企业的微观行为的动力机制，从动力产生和动力表现入手构建动力传递模型，分析新三板挂牌与内部创业之间的关系，总结新三板促进升级的概念模型，希望为企业内部创业提供理论支持与政策参考。

一、温州新三板挂牌

温州地区截至 2018 年 11 月份，实现新三板挂牌企业 73 家，其中有一家成功转板 A 股市场。温州新三板挂牌企业数量居浙江省第一。温州新三板挂牌企业中，电气机械和器材制造业数量最多，达到 13 家。计算机、通信和其他电子设备制造业 6 家，商业服务业与通用设备制造业共 5 家。四分之三的计划上市的新三板企业为工业企业，其中电气电子和装备制造领域领军型企业是主力军。现有新三板企业规模普遍较小，盈利水平不高，2016 年超过半数企业（共 42 家）净利润集中在 500 万元以下，融资状况出现两极分化。与此同时，温州新三板企业还体现出目标定位清晰合理、重视研发与技术创新、关注核心团队培养、高管团队更加开放共赢等特征。

1. 低成本金融服务是中小企业实体多年的期盼

大家都知道改革开放以后，市场释放出了巨大的需求信号和激励力量，成为温州民营企业勇往直前发展的巨大动力。经过四十年的发展，“温州模式”成为温州区域发展和人民致富的标志性成就。

轰轰烈烈的发展过程中，温州的中小企业也一直承受着发展带来的巨大的资金需求压力，同时承担着较高的融资成本和巨大的金融风险。如果说“存在即合理”，这在一定程度上解释了温州中小企业一直以来在资金融通方面的困境以及基于现实而进行的积极而丰富的探索，那么，改革开放近 40 年来温州发生了三次金融风波，一次又一次的地方金融风波则为中小企业融资问题敲响了一轮又一轮的警钟。虽然在这个发展过程中，民间金融创新出现各种各样的形式，也出现各式各样的风险，但温州的企业家们从来都没有停止过努力。民间拆借、民间高利贷、呈会、地下钱庄、短贷长用等等多种多样的生产和投资资金的解决办法，一直伴随着温州地方经济的发展。以 2010 年 4 月为例，人行温州中支在抽样调查样本中发现，有 89% 的家庭（或个人）和 56.67% 的企业参与民间借贷。

局部金融风波让企业意识到，企业要拓展多渠道融资，不应该局限于银行贷款和民间借贷；企业的经营发展，不应该“拍脑袋”“跟风”盲目决策，要建立科学的决策机制；企业的治理结构，不应该走过去“家族式”企业的老路，要走现代化企业的发展道路。企业上市，则是突破上述问题的最终解法。正是因为如此，历史的教训和现实的道路，让温州的中小企业积极参与新三板挂牌，排在全省前列。

2. 深化改革推进实质落地，促发温州新动力

十八大以后，中央从治国理政的新理念出发，不断深化改革，更好理顺和发挥资本市场对实体经济的支撑作用。国家将新三板挂牌范围拓展至全国，使得温州的中小企业又释放出巨大的热情，积极探索更加科学先进的发展道路。为了更好地推进温州的上市工作，2018 年 6 月份温州市委市政府推出了《关于进一步推进企业上市工作的十条意见》。

大量温州的中小企业，从依靠自身积累，到积极主动对接资本市场，企业将这个过程比喻成从“爬楼梯”进入了“乘电梯”的状态。与此同时，企业在新三板挂牌的过程中，也深刻意识到，原有的家族企业进行股份制改革，运用的工具变了，发展的速度变了，要求也变了，效果也很不同。对想要“乘电梯”和已经“乘电梯”的企业来说，都必须接受或是主动选择改变。

在调研了温州 44 家新三板挂牌企业之后，作者深刻感受到温州新三板挂牌企业经历了许多深刻的“转型蜕变”。企业主变成了董事长；从私人企业转化成“公众企业”；股权激励成为吸引骨干和关键人才的重要手段；很多公司将上市之路从新三板起步规划；多数企业从新三板开始真正迈向现代企业制度；许多企业从新三板开始向社会公开自己依法纳税的决心；许多企业从新三板走向诚信和规范经营的道路；许多新三板挂牌企业从新三板开始走向更大区域布局全国市场；许多挂牌企业从新三板起步走向国外市场。这些转变，都是实实在在的温州发展的新动力。

资本市场的探索和起步，给了温州许多新三板挂牌企业一个好的起点，一个远大清晰的目标，也给了许多企业成长的快车道。佩蒂动物营养科技股份有限公司，人民币普通股股票已经于 2017 年 7 月 11 日在深圳交易所创业板上市。创力电子股份有限公司，为本土和外地资本看好和追逐，先后完成了几轮融资，正积极走在上市的路上。依特诺科技股份有限公司，借助新三板挂牌解决了生产资金，同时积极开拓国外市场。浙江群臻科技股份有限公司，创始人金氏三兄弟，最初依然想注册“金”字开头的公司，新三板给他们带来了新思路，应该成为公众企业，需要依靠合作共赢才能有快速、高质量的发展，因此，他们不再强调“金氏”，从“工业设计之母”的定位出发，为温州产业转型升级助力。正是众多温州中小企业的“群体崛起”，才会有温州的再次腾飞。

随着中央全面深化改革委员会工作的推进，网友总结了十八大以来党中央治国理政的 100 个新名词。梳理一下，和新三板企业密切相关的至少有 12 个。将这些词汇连贯起来：中国梦引领温州中小企业的梦想，在五大发展理念的引领下，朝着中国制造 2025 的目标进发，培养和发展工匠精神，借鉴和运用互联网思维，在政府简政放权、放管服的改革下，建立“亲”“清”新型政商关系，农村土地三权分置让农业型企业获得更好的政策环境，新增的深港通让资金融通拥有更广阔的空间。希望同线同质同标的发展，让我们的新三板挂牌企业成长出更多的行业“隐形冠军”。

关于新三板与企业转型升级相关的学术研究不多，非学术类的多是报道类或报刊文章，并以地方性报刊为主。吴庆衍等对新三板和 A 股各板块产业升级特征进行实证研究，发现新三板公司产业升级特征最为明显；李莉苹从股票市场融资率对我国产业结构升级的影响中定量分析发现新三板的影响最大。但是两者均没有做出系统的分析。拓展搜索发现，已有的研究多是关于资本市场与产业结构之间关系的研究，未见专门针对新三板挂牌企业的分析。

已有相关的研究，主要是资本市场对产业结构优化的研究，倾向于通过引导资本投向新兴行业，从而推进产业结构升级。国外文献中 Rajan 和 Zingales 用产业成长和金融发展水平的关系模型证明金融市场的发展降低了外源性融资的成本，因此，金融市场发展对外源融资依赖强的产业有明显作用。此外，Fisman 及 Baker 等都通过实证的研究指出金融市场对社会资源的优化配置，得出股票市场发达的国家产业升级特征明显的结论。国内多名学者也研究了资本市场与产业结构升级的关系。如徐炳胜和王琳研究认为股票市场对产业结构优化贡献突出。总结国内外研究现状，现有文献定量分析了股票市场与国家产业升级的关系，对于新三板的产业升级特征缺乏相关的系统性分析。

而且已有的研究，通常只是从产业分类上进行统计和分析，事实上，除了新兴产业，传统产业通过提供技术水平和创新能力，同样能够促进转型升级。因此本章认为，除了融资本身，新三板挂牌如何推进转型升级，可以从更细致的层面进行分析。

本章研究基于对温州已有的 72 家新三板挂牌中的 44 家企业的调查和访谈，同时还走访了证券服务机构、律师事务所、会计师事务所和民间投资机构。本章从新三板挂牌全过程梳理每个阶段主要方面的动力机制及其行为表现，系统地分析新三板推进转型升级的动力机制。

二、新三板挂牌动力分析

新三板挂牌推进转型升级的动力机制，从实践层面来看，是在不断发生演进的，因此可以从新三板挂牌的三个阶段分别进行分析。

1. 新三板挂牌启动

关注新三板挂牌的启动，实际上就是关注新三板企业主最初进入新三板的动力。针对已经完成挂牌的新三板企业及一部分拟挂牌企业的实际调研发现，温州新三板挂牌的启动，通常包含四大类情况。

第一类是想要IPO上主板的企业进程受阻，因此，转入新三板将其作为等待平台。这一类企业主有非常明确的对资本市场的认识，同时也有非常明确的企业发展目标，特别是有对进入主板市场的明确日程表。

第二类是企业家有将企业做大做强的欲望，从而预见到资本市场对其发展的支持作用，因而将新三板作为企业未来发展的战略性台阶，对于未来的发展，则基于实际发展的状况进行下一步决策。

第三类企业家则是有现实紧迫的资金压力，希望通过新三板解决资金问题，看重的是新三板的门槛低的特点，希望获得发展所需的资金。

第四类企业家考虑新三板挂牌，则是在地方政府的鼓励下进行的尝试。对于他们来说，新三板挂牌的成本不高，而且这部分预估的成本（一百万元左右）政府会以奖励的方式给到企业，因此，企业家愿意尝试给自己的企业“多块牌子，多一个路子”。在这种情况中，“多一个路子”除了包括融资的路子，还包括“解决企业传承问题”的路子，此外，管理的提升和资产增值也是可能的方向。

对于新三板挂牌启动的动力机制，可以从时间长度和发展高度两个方面进行分析，建立相应的分析模型，如图14.1所示。以上四种分类，并不代表企业的单一动力，很多企业的动力机制是不同类型的组合。

从图14.1可以看出，从挂牌动力上看，温州新三板企业体现出丰富的层次性，考虑的着眼点也体现出不同的长短期特性。在这个背后有明显的创业自我效能的相关维度的影响。创业者有做大做强的强烈意愿，同时又对某些方面的能力信心不足，所以将新三板当作一个“综合解决方案”。

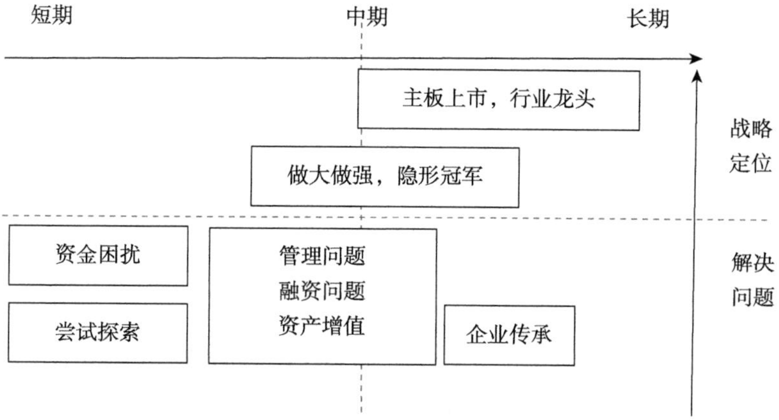

图 14.1　企业新三板挂牌的动力机制分布

新三板挂牌的启动，可以以中介机构的选择和签订服务协议为标志。由于各企业的挂牌动力差异，温州新三板拟挂牌企业选择中介的时候，出现三种选择倾向。对于把新三板作为战略定位的企业，比较注重中介机构的筛选，通常会考虑后续的发展问题，倾向于寻找具有上市辅导能力的券商等中介机构。以熊猫乳业为例，企业主从澳大利亚邀请回自己的同学当财务总监，在筛选中介机构，兼顾上市的定位（目前该公司已经上市），要求机构具有很强的帮助融资的能力。对于以尝试性探索作为动力的企业，则倾向于寻找整体报价比较经济的中介机构，对服务质量并不是太关注。对于中短期目标明显的企业，则倾向于寻找能帮助自己达到新三板要求的中介机构。

2. 新三板挂牌的过程

尽管新三板挂牌启动的动力机制不同，但启动新三板的企业主需要面临的是同一套标准。但是因为动力机制的差异，也使得新三板挂牌的努力过程显示出不同的状态和理解。针对温州的新三板挂牌企业的挂牌过程的回顾和分析发现，新三板的挂牌过程，是企业主加深对新三板理解的过程。

新三板挂牌的过程中，首先对企业主影响较大的是尽职调查（简称“尽调”）。尽职调查主要包括法律尽调和财务尽调，分别由律师事务所和会计师事务所开展。与主板类似，财务尽职调查的目的都是为了检查企业在财务方面是否达到上市的要求，主要对企业财务状况、盈利情况、财务核算、纳税处理、内部控制进行深入的了解。法律尽职调查指律师对目标公司及其关联企业、并购对象或主体设立及其合法程序、企业资质、资产和负债、关联关系、对外担保、纳税、环保、重大合同、劳动关系等各方面进行的一系列资料、信息的搜集及法律问题的调查。尽职调查的目的是对发现的相关问题进行针对性整改，降低相关风险的同时，满足挂牌的要求。

新三板公司的前身多为有限责任公司，公司的财务制度多为公司内部制定，无须对外公开财务报表，也没有专门进行外部审计，因此财务资料需要有大量的整理工作。此外，对于温州的企业来说，尽职调查最大的挑战是发现很多历史遗留问题。

在尽职调查中，遇到的一个现实挑战就是企业隐藏真实信息，当律师过分依赖企业提供的相关材料的时候，会对后续进程造成一定的影响。因此企业主需要勇敢面对企业的相关历史问题，尤其是拿出解决这些历史问题的耐心和决心。这个时候，最初动力是“试试看”的企业则容易选择退出往挂牌努力的进程。

尽职调查之后是一系列的内部重组工作，通常包括资产并购、资产剥离、架构重组和人员调整，以及内部控制体系的建立。

在调研中发现，新三板挂牌过程中最大的挑战之一是企业的规范化过程。这个规范化的过程，对大多数企业来说，都是非常不易的，很多企业事先并没有完整的概念和清晰的认识。可以将这一过程比作是手拿“整形手术刀”对企业的内部管理过程进行详尽的梳理，修改每一个不符合规范的流程。有企业家说因此产生了大量的时间成本，例如原来不符合规范的报销流程，现在需要按着规定重新流转一遍。与此相匹配，对于无法规范运作的人员也相应地做出调整。

历史遗留问题的解决和整改，除了法律方面，最大的挑战就是成本支出。对一部分企业来说补税和补缴社保公积金等是主要大笔的成本支出。此外，企业规范化也产生了财务、人力和时间等成本。

新三板挂牌过程中的另一个挑战是股份制改革，即股份制公司的设立。调查发现有些定位比较超前的公司在启动挂牌之前就制定了相应的发展战略，设立了股份制公司；还有一些企业在政府的鼓励下进行了股份制改造。

在新三板挂牌过程中，不同的动力机制产生不同的选择，同时在企业规范化的过程中，企业主的其他动力也被不同程度地唤醒，在这个过程中，企业主的挂牌决心被一次又一次地检验和挑战。综合起来如图 14.2 所示。在新三板挂牌过程中，原有的动力有三类不同的动力表现，在尽职调查、内部重组和改制的过程中，企业主逐步发现了和产生了新的动力。这个过程中，如果初始动力越大，或是新动力产生越强劲，都可以帮助企业渡过艰难的努力过程。

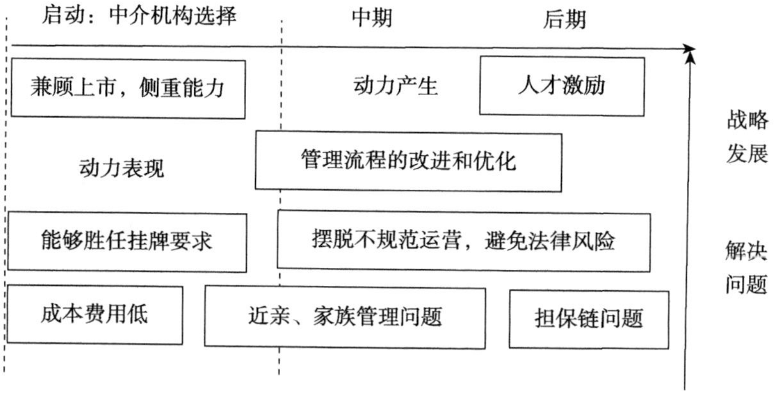

图 14.2　企业新三板挂牌过程中的动力表现

在新三板挂牌过程中，对企业主经营和管理方式转变很大，包括企业信息披露的真实性、合规性和及时性；内控管理的规范性。同时充分认识到企业高管与技术精英们，需要企业的归属感、认同感以及创业的满足感（即分享企业的高速成长，完成内部创业），以激发工作积极性、创造力，持续保持动力和活力。

因此新三板的挂牌过程，是对企业主和创业者一次系统的“自我效能重整”，是一次系统的梳理、补缺补漏以及重新的思考和定位。在这个意义上，通过新三板的挂牌过程，许多企业主的创业自我效能经历了重大的变化。资本市场的要求，通过规范化的法律和财务的尽职调查，虽然与上市的要求还有不少距离，但是通常能够帮助创业者相对完整地思考一个企业如何走向长远，走向公众开放，走向更多人。所以创业者的战略思维和全局眼光常常会上一个台阶。一位企业家说，正是因为新三板，自己才走出温州，从全国的角度思考自己的创业，从全国的角度开始布局自己的事业。后来这位企业家就选择在北京设立了自己的智库机构。

3. 新三板挂牌实现

企业实现新三板挂牌后，挂牌效应会逐步显现。理论界通常将新三板挂牌概括成“提升形象、规范治理、价值发现、直接融资、人才引进、并购重组、股份流动、信用增进”的“八大功能”，或是概括出五个方面的“挂牌效应”——“品牌效应、融资效应、治理效应、激励效应和发展效应”。

通过新三板挂牌，企业获得以“8”开头的股票代码，同时作为公众公司的形象出现，有助于公司形象的提升，在一定条件下，有助于企业在竞争中获胜，从而更好地提高市场占有率。温州依特诺公司取得新三板挂牌之后，在广东省的某次竞标中，成为十几家竞争对手中唯一的一家新三板公司，在深圳一家公司的招投标过程中脱颖而出，取得订单。

新三板挂牌之后，企业始终要努力在建立起来的规范上运营，并且不断进行优化，每年律师事务所和会计师事务所都要对企业的合规性进行审查并出具报告。当企业习惯规范的运作和精细化的管理，这些内控体系的正常运转，将会带来企业管理成本的节约，只是这种动力不会马上显现。短期内，由于清理担保链等治理行为，使得企业获得科学决策带来的降低风险的动力产生。

许多公司完成新三板挂牌之后，想尽快实现融资，因此获得低成本融资的动力非常明显和强劲，只是受到新三板流动性以及自身的因素影响，导致还有部分企业难以实现。中长期来看，通过挂牌的持续公开的优质表现，有助于信用增进，如果实现直接融资，有助于企业降低财务杠杆从而降低和防范财务风险。

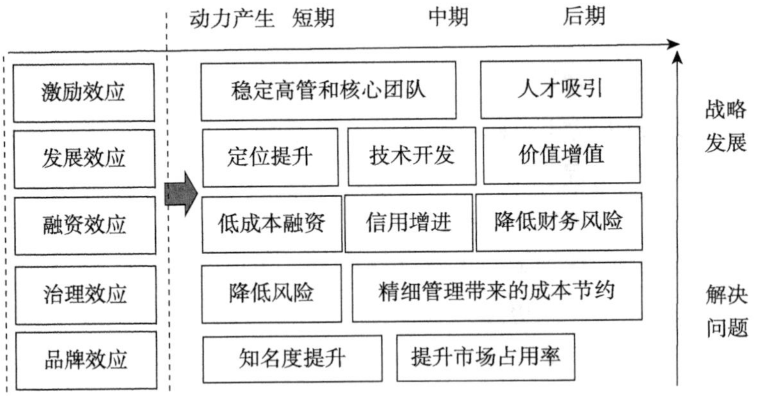

图 14.3　企业新三板挂牌完成的动力产生

很多新三板公司在挂牌之后，第一次从温州开始走向全国，或是从中国开始走向世界，企业对自身的定位开始提升，同时新三板挂牌公司更多地思考通过增加研发投入，提高技术创新水平来支持企业的快速成长，因此积极谋划建立省市级企业技术中心、建立院士和博士后工作站等方式建立企业的发展引擎。当企业通过加强研究开发水平不断提升内功之后，企业就很容易实现价值增值，有可能成功上市。

新三板公司挂牌之后，给已有的高管和核心团队成员打了一针强心剂，有助于人才队伍的稳定，同时基于股权激励的力量成为企业持续的一种人才吸引战略。

综合新三板挂牌实现之后的各种效应产生的新的动力，有助于巩固新三板挂牌的成果，如图 14.3 所示。但是由于很多效应不是短期内能够被感知的，所以动力产生也会出现时间上的先后和企业之间的不均衡。这些导致新三板挂牌企业出现两极分化的情况。

三、挂牌推进转型升级的机制

“我国经济已由高速增长阶段转向高质量发展阶段，正处在转变发展方式、优化经济结构、转换增长动力的攻关期。”十九大报告指出，要在中高端消费、创新引领、绿色低碳、共享经济、现代供应链、人力资本服务等领域培育新增长点、形成新动能。关于产业转型升级的研究非常丰富，本章认为对新三板挂牌与转型升级之间关系的理解，可以借鉴“新旧动能转换”的思路。

转型升级主要表现在产业高端化、集群化、品牌化、信息化和智能化等方面。新三板挂牌的启动完成的过程中，不断有动力表现和动力产生，在挑战新三板挂牌企业主的同时，也不断引导着他们形成新的不同的动力，朝着转型升级的方向前进。可以将新三板从启动到挂牌完成之后的动力体系概括成为五个方面的主要动力，如图 14.4 所示。

品牌动力使得新三板企业会积极走品牌化的道路，实现价值增值的同时，有利于集中资源进行发展，有利于形成集群化。治理动力使新三板企业进行精细化管理，注重信息化和智能化的发展，有利于实现集约化的发展。创新动力体现在新三板挂牌企业有更强的技术创新的热情，加大研发投入的比重，加大信息化和智能化的力量，有助于产生集约化和价值增值的效果。新三板挂牌企业的发展动力有助于产业高端化，注重价值链的高附加值环节，也会前瞻性地使用信息化和智能化技术。融资动力是一个重要的驱动力量，为了更好地符合投资者的要求，受到投资者青睐，企业几乎在转型升级的几个方面都要付出努力，因为转型升级各方面彼此之间也有相互影响，通过定位在高端产业，通过信息化、智能化以及集约化的方式，有助于带来品牌化进而带来价值增值，这正是资本追求的目标。

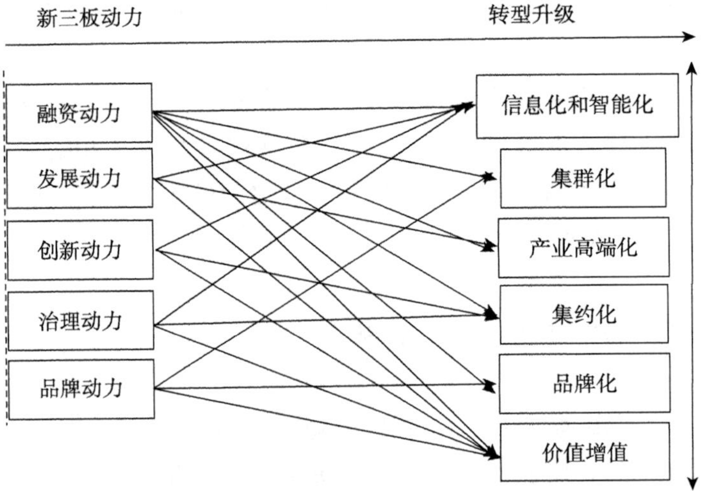

图 14.4　新三板挂牌推动转型升级的动力关系

通过以上分析可以看到，新三板的动力机制，本质上是新旧动能之间的转换。旧动能主要是以规模速度型目标为导向、以模仿跟踪型主体支撑、依靠 GDP 导向制度引领，主要是传统低端产业发展以及粗放投入型要素配置，具体表现为：大目标 GDP 增速、大国企外企主导、大规模造城运动、大规模基础设施建设、大规模开发区建设、大规模要素投入、大规模招商引资、大规模模仿复制等。新动能则主要以质量效益型目标为导向、以创新型主体为支撑、依赖可持续制度引领、新兴高端产业发展、高级要素配置，具体表现为：新动能驱动（新制度、新要素、新市场）；新产业形态（新产业、新产品、新业态、新模式、新品牌）；新主体支撑（新企业、新企业家、新居民、新平台）。

新动能驱动、新产业形态和新主体支撑，这些正是新三板挂牌企业的表现。因此新三板挂牌是符合新旧动能转换的转型升级之路。

四、新三板如何更好地推进转型升级

从新三板的挂牌启动到新三板挂牌的过程，到最后挂牌的实现，企业经历了一个蜕变过程。企业主首先转换了角色，将自己定位为一家公众公司。更多的企业主开始更多地思考企业的未来发展，如何做大做强，如何通过商业模式创新，进一步促进企业高速成长，帮助新兴行业的价值释放，积累技术、产业和产业链的核心竞争力，同时考虑并购与产业合作等发展方式。为了让新三板更好地促进地方转型升级，政府部门一定要引导和利用好这一股力量和渠道。

1. 加强对现有新三板挂牌企业的引导

“投融资是一场企业与机构投资者共同的舞蹈。”新兴行业的发展空间，企业核心竞争力的积累，企业家创新精神，有远大格局和契约精神，这些都是新三板挂牌企业在资本市场得到青睐的重要因素。现有新三板企业的发展状况对于其他中小企业的发展具有一定的示范效应，因此加强对现有新三板挂牌企业的扶持具有非常重要的意义。

经济转型升级除了主要表现在产业转型升级，还体现为排放结构转型升级（绿色发展）方面。排放结构转型升级主要表现在绿色化、低碳化、循环化等方面。要在引导新三板企业快速发展的同时，兼顾绿色发展，注重培育壮大新动能，特别是培育新制度、新要素（含新技术等）、新市场、新产业、新业态、新模式、新企业等，从而更有效地推动产业转型升级和排放结构转型升级。充分发挥上市企业促进会的功能，在发展方向和前沿技术方面下功夫进行引导，并通过配套政策鼓励和引导新三板挂牌企业走在升级的道路上。

2. 协助增强新三板挂牌企业的升级动力

从前文的分析发现，中小企业在走新三板挂牌的道路上，各种动力被不断激发出来，同时也遇到各种挑战，只有动力强过阻力，才能帮助中小企业实现转型升级，因此帮助增强企业的升级动力至关重要。

政府需要关注不同企业的差异，对于具有个性化特征的企业需求进行一企一策的研究和应对方式。其中技术创新是对企业挑战最大的方面，因此特别对企业发展、企业技术研究及具有行业平台特色的技术中心，增加扶持财政等各种资源的扶持力度，帮助企业的技术水平有一个较高的起点，从而为新三板企业发展奠定基础的同时，带动相关行业形成支持力量和集群效应。

与技术创新和发展相关的人才配套政策和环境，特别需要得到地方政府的配套。

对于新三板挂牌启动的企业，尤其要关注他们的动力表现以及在挂牌过程中的动力产生，及时给予相关支持和意识引导，转化企业短期效应为长期受益。

加强地方对新三板挂牌企业的支持力度，帮助企业在短期上能够有新的升级动力产生。例如，引导政府产业基金设立基于新三板基础上的信用贷款。新三板的创新层极具成长空间，目前70%以上的新三板企业，都来自先进制造业和先进服务业，具有较高的成长性。可以重点针对创新层的新三板企业推出，帮助新三板挂牌企业的信用价值得以发挥，融资效应得以体现，从而更好地鼓励其他企业走新三板的转型升级之路。还可以通过加强宣传，帮助企业提高知名度，帮助其进一步强化品牌动力。

3. 鼓励更多中小企业实现新三板挂牌

温州民营经济最经常被冠以“低、小、散”的描述，通常是带有贬义的形容，中小企业发展方向和发展行业的选择上通常存在从众性和盲目性，从而导致了大量低端恶性竞争的情况。由于民营经济发展之初大众受教育程度的局限以及社会教育发展的不完善，温州大量的民营经济发展不关注升级，通常在低端徘徊。由于经济社会发展的不完善以及改革探索的前期环境，大量生存型创业的民营经济形成了依靠不规范、依靠偷税漏税才能生存的惯性。为了帮助温州中小企业健康成长和提升，实质内容上，亟须解决的问题是规范性、资金问题、创新性、价值提升以及人才问题。专精特新应该成为温州民营经济的主要提升方向，创新与动力将成为其主要的动力驱动，新三板挂牌是一个有利于促进创新的重要途径。

政府鼓励新三板的各种方法，其中最为有效的是，通过已经挂牌的新三板企业的示范效应，鼓励更多的企业走新三板挂牌的道路。新三板市场指引了符合未来发展的要求，有助于为创新创业持续供血，降低企业融资成本，推动金融链、创新链、产业链的联动。

五、本章结论

大量温州的中小企业，依靠自身积累，积极主动对接资本市场，企业将这个过程比喻成从“爬楼梯”进入了“乘电梯”的状态。与此同时，企业在新三板挂牌的过程中，也深刻意识到，从原有的家族企业进行股份制改革，运用的工具变了，发展的速度变了，要求也变了，效果也很不同。对想要“乘电梯”和已经“乘电梯”的企业来说，都必须接受或是主动选择改变。

本章调研了温州44家新三板挂牌企业的挂牌历程，深刻感受到温州新三板挂牌企业经历了许多深刻的“转型蜕变”。企业主变成了董事长；从私人企业转化成“公众企业”；股权激励成为吸引骨干和关键人才的重要手段；很多公司将上市之路从新三板起步规划；多数企业从新三板开始真正迈向现代企业制度；许多企业从新三板开始向社会公开自己依法纳税的决心；许多企业从新三板走向诚信和规范经营的道路；许多新三板挂牌企业从新三板开始走向更大区域，布局全国市场；许多挂牌企业从新三板起步走向国外市场。这些转变，都是实实在在的温州发展的新动力、促进地方转型升级的强动力。

本章通过分析和研究温州的实践案例，将新三板挂牌历程中的现象和感性认识进行梳理，分别从新三板挂牌启动、挂牌过程到挂牌完成三个阶段分析新三板挂牌促进转型升级的动力机制，重点关注动力表现和新的动力产生过程。通过系统的总结，展现出新三板挂牌全面支持转型升级的机制。在此基础上从加强对现有新三板挂牌企业的引导、协助增强新三板挂牌企业的升级动力以及鼓励更多中小企业实现新三板挂牌三个方面给出相应的对策建议。

第十五章　创业者如何应对新冠疫情

新冠肺炎疫情是一场全民的战役，创业者既是普通大众一员，同时又是企业法人，他们对疫情的观点和看法如何？他们应对疫情的态度和方法如何？他们的观点、态度和行为与普通群众有何不同？这与他们的身份和处境有什么关联？本章通过对市民应对新冠疫情开展社会调查和个体访谈，并将企业主与社会平均水平进行比较和分析，以便从另外一个视角来观察创业者的不同之处。

一、调研的开展

温州的疫情一度牵引着海内外同胞的心，最严重的时候曾经排名全国第四。为了解与评估温州市民对新型冠状病毒疫情的意见建议与心理状态，课题组设计问卷，通过网上发放问卷，开展温州市民应对新型冠状病毒疫情的社会调查，邀请温州市民参与疫情应对的相关问题的调查。第一次调查于 2020 年 2 月 7 日 14 点上线，截止到 2 月 11 日晚 24 点，共收回有效问卷 1512 份，对象包括医务工作者、公务员、事业单位员工、企业主、企业员工、村务工作者、学生、自由职业者等十类职业对象。第二次调查于 2020 年 2 月 12 日到 17 日，共回收有效问卷 6073 份。两批问卷的回收数据样本均呈正态分布且典型，因此数据具有一定的客观性，得出的结论相应也具有一定的科学性。

第一批参加调研的企业主是 76 位，其中 72 位处于“良好”健康状态，占 94.7%，另外 4 名处于“在家隔离”状态；第二批企业主有 350 位。两批调研中企业主的占例差不多都是 5%，并且年龄主要集中在 31–60 岁之间，其中 41–50 岁的占 53%，85% 的企业主居住在城市和小城镇。参加调研的企业主的学历分布是初中及以下学历 18%，高中学历 33%，大专学历 23%，本科学历及以上占26%。除了进行问卷调查，作者也专门针对不同类型的企业家和创业者开展了电话访谈，了解创业者和企业家对疫情的态度和政策需求，同时也与问卷调研的结果形成互补和印证。

对问卷数据的总体分析发现：温州市民高度认同温州市政府的防控措施，并给予积极配合，并对温州的防控效果具有“自豪感”。温州市民应对此次疫情的精神状态总体上是心态平稳和充满乐观的；大部分市民认为疫情考验出了政府与民众的众志成城和互相关爱的人性。市民认为温州的挑战主要是湖北回温人多。多数市民认为温州政府的防控措施是科学有效的；市民点赞最多的是“党和政府高度重视”“一方有难八方支援”以及“医务人员逆行”；同时最厌恶谣言传播和抢购风潮；最希望看到马上有疫苗或是有特效药和提高疫情防控能力；多数市民应对疫情方式方法科学合理。

二、应对疫情的基本状态

根据调查，温州市民的精神状态表现为，56.3%的人处于平常状态，37.7%的人是开朗乐观，有4.7%的人感觉在消极度日，仅有2.1%的人选择萎靡不振。其中企业主群体50%处于乐观开朗状态，42.1%是平常状态，乐观水平高于市民平均水平。

温州市民每天对疫情相关信息的关注时间，35.8%的人花半个小时到一个小时之间，25.5%的人花1~3小时，有18%的人花3小时以上。企业主则投入了更多的关注时间：37%的企业主花费1~3小时，21%的企业主花费3小时以上。平均下来，企业主每天多花16分钟关注疫情相关信息。

疫情防控过程中市民的生活内容，如表15.1所示，43.1%的人进行身体保健，41.4%的人无聊待着，39%的人在忙家里的事情，另有34.7%的人进行网上工作，30.5%的人开展兴趣爱好，27.7%的人花时间思考问题。企业主的生活内容在两个方面与平均水平差距较大。更多比例的企业主（45%，比平均数高17个百分点）花时间思考问题，企业主也有更高比例（22.4%，比平均数高13个百分点）开展社会公益捐助。这两方面的差距是所有调查问题中差距最大的地方。这两点反映出创业者的思维方式、生活习惯和行为模式的不同，是否因此可以有理由认为，企业主相对来说更有社会使命感和责任感。

对于这次疫情促使的对于社会的思考，34.6% 的市民认为是“人与动物的和谐相处”，24.3% 的人选择了“加强卫生防疫”，18.6% 的人思考“提升公民素质”。企业主的选项中，与平均水平差距达到五个百分点左右的项目分别是，18.4% 的“加强卫生防疫”，13.2% 的“预案准备”，11.8% 的“加强社会治理”以及 22.4% 的“提升公民素质”。相比较可以看出，企业主作为创业者比一般市民更加看重自身风险管理和管理素质提升。

表 15.1　疫情期间的市民生活

选项	平均水平	企业主比例
无聊待着	41.15%	36.84%
外出上班	10.25%	0%
网上工作	34.68%	35.53%
兴趣爱好	30.57%	28.95%
思考问题	27.76%	44.74%
保健身体	43.31%	40.79%
开展社会公益捐助	9.14%	22.37%
防控志愿者	12.61%	11.84%
忙家里事情	38.93%	38.16%
其他	14.57%	15.79%

表 15.2　疫情促使的思考

这次疫情促使您思考：	市民	企业主
人与动物的和谐相处	34.88%	30.26%
加强卫生防疫	24.36%	18.42%
做好预案准备	9.93%	13.16%
打好物资基础	1.18%	0.00%
加强社会治理	8.36%	11.84%
提升公民素质	18.42%	22.37%
其他	2.87%	3.95%

另外，疫情触动的内心思考，企业主与市民平均水平差距较大，如表 15.3 所示。47.3% 的人思考自己的人生观，企业主的比例则高达 60.5%；21.8% 的人思考自己的价值观，企业主的比例高达 27.6%；相比之下，关于世

界观的思考以及没有思考的比例，企业主则明显低于平均水平。

表 15.3　疫情触动的深度思考

疫情触动您认真思考的是	市民	企业主
人生观	47.35%	60.53%
世界观	15.68%	6.58%
价值观	21.82%	27.63%
没多想	11.89%	3.95%
其他	3.27%	1.32%

关于疫情过后最想做的事情，有两项内容，企业主显著高于平均水平：64.8% 的人选择积极投入工作，企业主的选择比例高达 86.8%；57.7% 的市民选择持续防护，企业主的选择比例是 69.7%。有两项企业主和平均水平差异不大：55.8% 的人要总结教训，31.3% 的人打算感谢相关单位和人员。另外两项，企业主显著低于平均水平：11.8% 的企业主选择亲朋好友聚会（平均水平是 23%），9.2% 企业主选择好好准备防疫物资（平均水平 19.9%）。从以上比较看出创业者有相对较高的工作意愿和风险防范意识，同时又体现了他们积极乐观的一面，即持续防护但不一定准备防疫物资。但作者认为更大的可能性是，在当前的防疫局势下，企业主更理性地意识到防疫物资需要靠政府统筹，而不是自己能够准备得了的，所以持续防护是更重要的行动。

综上可见，面对疫情防控，温州市民总体心态是正常平稳的，日常生活也较有序，在对疫情极为关注的同时，能够进行一些积极的思考和对未来充满期待。相比较而言，企业主具有更高的开朗乐观水平，平均花更多的时间关注疫情信息，同时日常生活状态更加积极主动，更愿意做深入思考并随时准备开展工作。疫情期间的状态，充分体现出作为创业者的企业主的思维和行为模式特征。

三、对疫情的认知和感受

根据调查，温州超过 81.2% 的人认为这次疫情是“人祸”，32.3% 的人认为是“天灾”，10.3% 的人认为是自然正常的事。企业主当中，81.6% 认为是“人祸”，38.2% 认为是“天灾”，10.5% 认为是“其他”。说明他们和普通民众的认识是差不多的。共计 84% 的受调研民众认为疫情考验出了众志成城（66.5%）和人人关爱（18.5%）的人性，企业主则更多地看到众志成城（73.7%），更少地看到人人关爱（11.8%）。在此次疫情中，人们最为点赞的事情，排序分别是“党和政府高度重视”（73%）、“一方有难八方支援”（66%）、“医务人员逆行”（62%），接着是 27% 的人点赞“慈善捐助”，22% 的人选择“社会井然有序”。企业主的排序有些差异，肯定排序分别是“党和政府高度重视”（80%）、“医务人员逆行”（68%）、“一方有难八方支援”（58%）、“社会井然有序”（29%）、“慈善捐助活动”（17%）。作者认为这与企业主的挑战状态及其注意力方向紧密相关。

根据调查，38.4% 的市民认为“社会心理引导能力”亟须提高。同时有 12.1% 的受调查者认为疫情反映出了“自私自利”（12.1%）和“漠不关心”（2.9%）的负面的人性。温州市民最为恐慌的事情是“疫情扩散”（74.8%）和“防疫物资短缺”（57.3%），接着是“信息不透明”（42.5%）和“生活物资匮乏”（36.5%）。企业主最恐慌的前两位与市民相同，接着是“管理不到位”（38.2%）和“与陌生人接触”（36.8%）。与前面一致，企业主最为看重风险控制和社会管理两个方面。

对于疫情中最厌恶的事情，76% 是谣言疯传，50% 的市民选择抢购风潮，37% 选择管控疏漏。政府在初期颁布管理措施的时候，缺乏人性化关爱，来不及考虑管理措施可能让市民感到了担心和疑惑，缺乏并行的关于保障的相关内容，导致大量谣言的传播产生，造成了不必要的恐慌，也导致了抢购生活用品和药物的风潮，这些都是大家最不愿意看到的。另有 33.3% 的人最厌恶对病人的歧视。早期简单的“武汉人”的用语不当是一个明显的失误，紧接着某些地区把“温州人”作为一个瘟疫的代名词，对“温州人”进行举报，这让很多人感觉受伤和愤怒。此外还出现了以身份证号码进行排查的简单粗暴的管理方式，使人心灵受伤，也让温州的形象受损，某种程度为融入温州造成障碍。相比之下，企业主与平均水平差异较大的选择是：抢购风潮（34%）、管控疏漏（45%）、病人歧视（23.7%）。这里似乎显示出来企业主对于不确定性环境下的一些行为容忍度相对较高，同时对于社会管理水平的期待也更高。

根据调查，温州市民最希望看到的是提高疫情防控能力（73.5%）和马上有疫苗或特效药（68.3%），以及提高卫生建设水平（43.3%）及政府更加严格管理（40.5%）。企业主的期待接近，同时比市民更期望“凝聚爱国力量”。从这个角度看出，企业主有相对较高的站位和格局。

关于最深刻的教训，81.0% 的人认为“不能吃野生动物”，说明现在是关于野生动物立法的最佳时机，防止野生动物上餐桌进餐馆。除此以外，市民更看重卫生条件改善（44.1%）和良好生活习惯（56.8%），企业主则更重视“管理责任”（59%）。这与企业主对社会管理水平的高期待是相一致的。

对于温州疫情较为严重的原因，大部分的市民认为是“湖北回温人员多”（81.1%）及“疫区回来人员自我认识不够”（77.0%）、“温州地方聚会多”（40.4%）。企业主的观点也基本一致。可以看出温州市政府积极主动分析原因，快速有效的信息发布，产生了较好的舆论引导效果，也为后续开展的禁止聚会、人员排查、自觉隔离等疫情应对措施奠定了非常好的工作基础。

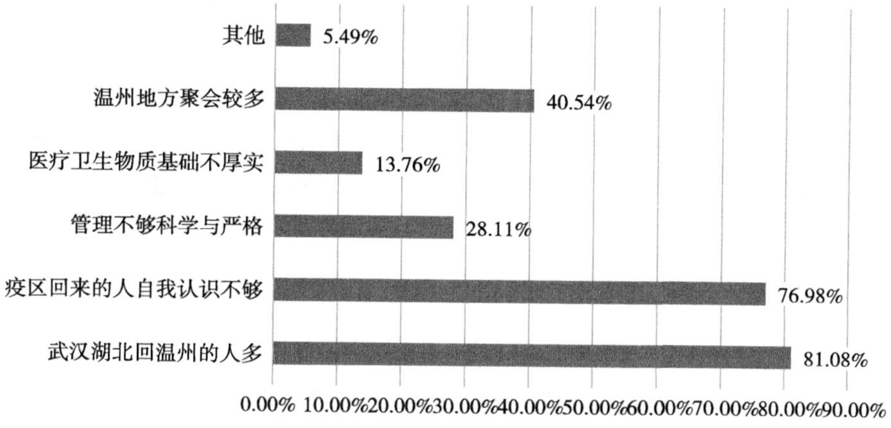

图 15.1 温州市民对疫情严重原因的看法

对政府防疫管理工作的观点，77.3% 的人认为温州的防控措施是科学有效的，请调查对象对温州基层组织发挥的作用进行打分（0–10 分），平均分高达 8.44 分，这是对基层工作的肯定，特别是党员的模范作用和基层党组织的战斗堡垒作用还是大为点赞的。共计 91.8% 的市民认为这次疫情数字和信息技术发挥了很大或较大的作用。创业者在这方面的观点基本一致。此次疫情成为数字化政务非常重要的推进时机，许多创新的做法被更多地应用。例如移动数字技术筛选隔离对象，又如远程办公和远程教学。

四、多种途径积极参与社会治理

根据调查，温州市民对感染者的态度主要是关爱（79.2%）和帮助（62.6%），也有部分市民选择远离（32.8%）。企业主的选择差不多相同。可以看出温州人的宽容与大爱精神。如果与疫区来人发生了接触怎么办，79.6%的人会选择居家自我隔离14天，71.4%的人选择向单位或社区汇报情况，56.2%的人回家换洗消毒，41.2%的人赶紧去医院检查。除了自我隔离，其他方式企业主选择比例稍低一些。如果发现私人聚会或外来陌生人，温州市民会选择向社区和单位汇报（65.7%）及警觉并主动询问（55.2%）。企业主则更多地选择警觉并主动询问（61.8%）和更少地向社区和单位汇报（56.7%）。较为一致的是大约42.4%的人会排斥，避免接触。这一点可以看出企业主解决问题更加主动，同时也许是创业行为让企业主更倾向于自主解决问题。

与隐瞒病情的人接触后，76.8%的市民会主动居家隔离，56.6%的人选择去医院，49.4%表示愤怒指责。可见通过前期相关信息和措施，温州市民基本形成了对疫情的全面认知、科学防范和理性对待，这奠定了下一步防疫管理的较好的基础。企业主会后悔和愧疚的比例明显低一些，也体现出他们相关更强的抗挫折倾向。

调查发现，温州市民参与防控监督的方式较为多样和分散（如图15.2所示）。

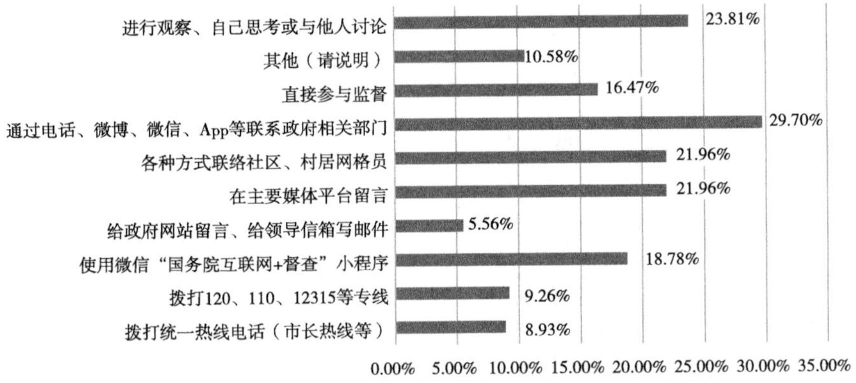

图15.2 温州市民参与防控监督的方式

通过电话、微博、微信、App等联系政府相关部门占29.7%，进行观察、自己思考或与他人讨论占23.8%，在主要媒体平台留言占22.0%，使用微信

“国务院互联网＋督查”小程序占 18.8%，拨打市长热线和监督电话占 18.2%，另外有 16.5% 的人选择直接参与监督。此外，很多市民进行自我监督、监督家人。企业主的参与方式，更多地联络社区与村居网格员（29%），更多地进行观察思考和讨论（29%）。这些都体现出企业主的社会管理素质和参与主动性。由此可见，温州市民监督意识比较强，监督渠道也比较丰富，有利于温州民主文明的提升。

温州市民的捐赠途径丰富多样（如图 15.3）。对于愿意选择的捐赠途径，40.2% 的市民选择联系“疫情区政府或部门”，31.3% 的人选择“信任的基金会等公益平台”，28.3% 愿意“直接联系医疗机构”。同时，温州市民还会选择自己组队直接送达需求对象占 20.7%、通过慈善总会占 20.2%、通过校友会或同乡同业会占 17.1%、捐赠红十字会占 14.7% 和交特别党费占 10.1%。此外，温州市民还参与大量社会组织，也成为重要的捐赠途径，特别是与海外华侨的联系更为积极主动与密切。企业主最多选择“疫情区政府或部门”（35.5%），比一般市民更看重“校友会或同乡同业会”（31.6%）。这说明企业主还是信任政府和平时打交道较多的组织。

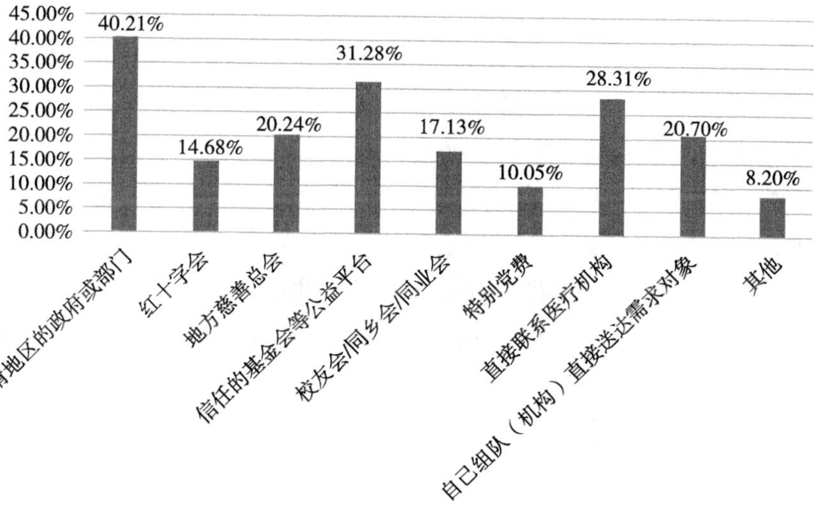

图 15.3　温州市民捐赠途径选择

综上调查结果，市民高度认同政府管控措施与效果，并且积极学习与疫情相关的知识，既主动自我监督又积极参与社会治理，这是应对疫情的众志成城的感人画面，也是市民积极主动参与建设更好的生活及社会的蓝图一角。

相比较而言，企业主的行为方式更为主动，对社会治理也期待更高。

五、管理科学性亟待提高

部分受调查者认为政府防控措施确实有效，但科学性还有待评估；此外，6.1% 的人认为防控措施有漏洞，2.3% 的人认为有形式主义的情况存在。调查显示，有 37.53% 的受访对象认为政府管控疏漏是导致温州形势严峻的原因之一。有市民表示春节前几天温州百姓还有大量的聚集和串门活动。市民希望政府相关部门“加强防控力度”（52.8%）、“增加信息透明度”（24.7%）和“加强物资调配”（15.15%）。在调查中发现，企业主对管理科学性更为敏感。75% 的企业主认为地方治理在“风险研判与预警能力”方面亟待提升，并有 44.7% 的企业主认为需要提升“风险决策能力”和“各部门协作沟通能力”。这些判断，应该是与企业主的创业经历紧密相关的。

尽管数字化发挥了重要的作用，但对于此次疫情防控中科技手段的运用水平，企业主的总体影响和满意度都低于平均水平约 6 个百分点。一些市民对现在一些简单粗暴管理而完全可以用数字化替代的方法表示质疑，例如小区挨家挨户入户监测体温的做法，就让网友质疑增加了成为新的移动病毒传染源的风险。此外，远程办公和远程学习的各方面支持条件还非常不足，影响大家的使用意愿和积极性。企业主参与村社防疫志愿者的比例较低。另外，调查反映 43% 的人无聊待着，这是大量的闲置人力，如何做好引导，提升人力资本，这个方面企业主有更为主动的思考，在很短的时间内，就创新提出了“共享员工”的解决思路和方案。同时，他们提出希望政府能够对相关措施的科学依据做出解释，并对疫情时期的重要物资价格进行必要的管控。

六、对社会治理的对策建议

创业者和企业界人士，在疫情中间更多地思考如何快速高效地提升社会治理水平，他们借鉴创业管理和企业管理的思想和经验，与作者一道提出了一些对社会治理工作的对策建议。

（一）进一步加强舆论监督与引导

温州市政府连续出台“25条”等多项强有力的措施①、温州市市长接受中央台记者访问②等多方面举措，取得了舆论引导的积极效果。后续要继续巩固和提升舆论监督工作。

1. 加强文化教育，建立科学的世界观。通过科普教育，引导公众观念，树立科学的天人合一世界观，人与自然是不可分割的相互依存的统一体。同时，加强对新型冠状病毒的科学认知，做好日常防护，避免因为人传人的特性导致一些不必要的怨恨和人际冲突。

2. 加强舆论监督，提高公权话语权的公信力。对谣言的管理，绝不松懈，发现一起及时通报辟谣一起，加强对市民舆论传播的引导。同时，加强公权话语权的公信力，在巨量信息面前树立权威，提高可信度、透明度和引导力。

3. 加强人文关怀，形成体现尊重的话语体系。建议政府尽快出台“规范表述用语”的通知或倡议，体现人格尊重。避免使用“武汉人”“湖北人”或“温州人”等不规范的带有歧视性的表述，统一使用“疫情线索”“疫情风险因素”等科学、体现尊重的表述方式。同时，在防控管理中，用具有温暖的、人文关爱性的语言与语气，传播爱的精神。

4. 加强形势研判，提高科学决策能力。建议温州智库主动出击、走在前面，进行相关数据的分析和及时发布，积极引导市民，为市委市政府的后续政策和措施的制定提供有效的咨询与服务。

（二）进一步加强舆情管控与发布

（1）增加防疫相关战略物资信息的发布。防控疫情战略物资就是医生的听诊器、军人手中的枪，市民对战略物资的关注度极高，因此，建议继续加强管控的同时，政府积极、及时发布相关信息，以稳定“军心”，建议增加防疫相关物资生产、调配等信息的权威发布。

---

① 2020年1月31日，市委市政府召开全市落实疫情防控紧急措施部署会，全面实施新型冠状病毒感染的肺炎疫情防控“25条”紧急措施，印发《温州市关于坚决打赢疫情防控阻击战的紧急措施》，明确推迟开工开业开课。

② 2020年2月3日《新闻1+1》关注了浙江温州疫情，白岩松连线温州市市长姚高员，回答问题包括“温州确诊病例为什么多？”“防控疫情，温州眼下最急的是什么？”“2月1日起施行的25条措施中为什么要这么严？”等。

（2）增加防疫相关生活物资信息的发布。防控疫情，老百姓最为关注的是生活物资保障，建议加强对相关生活物资信息的透明性、及时性，这是稳定民心的根本，同时，关注市场、科学管理、统筹调配，发布综合规划供应能力等相关信息，有助于避免引起恐慌和抢购风潮。

（3）增加关键性生活用品采购预约系统。加强生活物资的及时补充，鼓励启动购买预约制，有助于减少居民心中担忧，也减少居民不必要的在外暴露时间，也有利于物资调配与供应，尤其是对偏远的农村乡镇，交通不便的地方，建议越早推广越好。

（三）因势利导，创新公共事务社会治理形式

（1）运用网络听证会方式，启动地方保护野生动物有关立法工作。现在是防止野生动物进入餐馆和上餐桌的最佳历史时期，建议温州走在全国之先，探索网络听证会的方式，开展地方立法的讨论，既是进行公民教育的好时机，也是社会治理的有效探索，同时也是回归了人与自然的和谐统一关系。

（2）运用自主申报系统，启用外来返回人员的健康申报系统。尽快设立“健康自主申报系统”，配合数字移动定位技术，精准发送通知信息，引导流动人员，特别是温州外来人员和返回温州人员，通过微信公众号等便捷方式，开展健康信息自主申报。运用数字申报系统，既科学便捷高效，又能引导市民自我关注，消解恐慌情绪，也有助于市政府积极行动，集中发布重要信息，也是监控管理、上情下达、反馈信息的重要渠道。

（3）运用社会民间力量，引导居民通过疏导缓解心理压力。疫情暴发以来，每个市民或多或少地产生了一定心理问题与不适，社会上形成了各种心理疏导的社会力量。例如妇联就建立了家庭教育微信服务群，平台里面聚集了大量心理咨询师。建议建立相关心理咨询服务平台，将这些公益的心理健康服务资源统筹到不同的社区和村落，通过各种渠道对相关人员进行心理辅导与疏导，形成健康的社会群体心理。

（四）科学有效，构建信息化服务载体

疫情防控战打的就是信息战，在这场“战争”中，信息化建设极为重要，我们已经具备了这样的基础和条件，能够做到准确及时、方便快捷、透明公开，同时及时给我们提供决策的依据。特别是接下来的“三返”高峰，建议

温州尽最大努力用好数字技术和信息技术。

（1）建立信息申报应用管理系统。也就是开发一些针对性的小程序，如目前位置查询、行程查询等，还有数据填报程序，如尽量避免社区“入户流动的测温”，建议采用“居民承诺＋居民自测＋在线申报”的方式进行，一方面减少基层排查工作量，另一方面也是对市民自我管理自我负责的培育。当前面临“三返”人员高峰期，学校、企业要建立自己的申报管理系统，管好自己的人，做好自己的事。

（2）建立疫情防控的物资调配系统。从生产源头到需求信息、调配运输以及运行反馈等，形成闭环式信息管理，保障信息的及时、透明。

（3）建立公共事务民间参与平台。公共管理事务可以多召开专家讨论会、相关行业研究会和市民听证会等。抗击疫情期间，鼓励通过网络和线上方式，鼓励行业协会和社区居民参与本行业和本社区重要防疫管理的讨论、研究和落实。

（4）建立全民学习移动服务平台。居民隔离在家，通过调查，也有一大部分人在网上学习，学习专业知识、社会文化知识、兴趣爱好知识等，这样就建议政府相关部门建立移动数字图书馆、移动学习数据平台，让人们足不出户就能够得到相应的知识或者数据材料。借此机会，推进温州学习化社会的建立。

总体而言，此次疫情对温州市民的生活和生产发展产生了一定的冲击，并将会产生一段较为深远的影响。疫情不可怕，可怕的是在疫情面前恐惧；灾难不可怕，可怕的是在灾难面前倒下。我们应该做的是把这场“战争”转化为提高能力的考场、锻炼本领的熔炉。我们完全相信温州市政府将会更有能力进行科学有序的工作，因势利导，发挥艰苦奋斗的创业精神，激发勇于突破的创新热情，带领温州人民从一个个胜利迈向最终的胜利，在防控疫情战争中进一步提升管理能力、服务水平，再创温州模式，再塑温州形象，再立温州品牌。

此次疫情挑战，可以看出具有创业精神的温州市民精神状态总体上平稳和乐观，对疫情的认识较为科学合理；市民高度认可温州的防控措施，认为防控措施科学有效并给予积极主动配合；市民通过多种途径积极参与疫情抗击，认为此次疫情考验出政府与民众众志成城和互相关爱的人性。企业主们则体现出更大主动性，更多社会思考和对社会管理水平的期待和邀请。同时企业主们积极配合社会调查，并针对调查中发现的社会治理方面的相关问题和挑战，从加强舆论监督与引导、增强信息管控与发布、创新公共事务社会治理形式、构建信息化服务载体四个方面提出相应的对策建议。

第十六章　两个健康：企业家素质提升工程

一、研究背景

改革开放以来，民营经济的发展对温州改革开放和经济的快速发展做出了历史性的贡献，“温州模式”得到高度评价。习近平总书记对温州寄予了殷殷期望，在2002年12月调研温州时表示“我对温州有一个很大的希望，就是希望温州把这部创新史继续写下去，探索新的规律，创造新的业绩，写出新的经验，为全省带好头，也为全国作示范”。近年来，温州出现了“成长的烦恼”，但难掩“温州模式”的历史价值与重大贡献。2017年12月，中央统战部副部长、全国工商联党组书记徐乐江在温州调研时勉励“温州民营企业能重振信心，弘扬温商精神，在中国‘强起来’的年代继续勇潮头”。在新时代下，温州应该勇于承担民营经济创新发展的历史使命和重大责任。

习近平主席指出：非公有制经济健康发展和非公有制经济人士健康成长，不仅是重大经济问题，也是重大政治问题；非公有制经济要健康发展，前提是非公有制经济人士要健康成长。因此企业家是“两个健康”中的关键环节，也是一类“关键的少数”。考虑“两个健康”充分体现了中国特色社会主义的本质，“两个健康”影响的不仅是我国的经济基础，同时影响我国的千家万户的方方面面。而且作为有着标杆和风向标特点的企业家，更有对社会精神文明的影响和引领功能。

2018年8月，中央统战部、全国工商联批准同意温州创建新时代“两个健康”发展先行区，意味着温州成为新时代“两个健康”发展的全国首片改革“试验田”，为温州市民营经济高质量发展带来重大机遇。因此，温州的非公有制经济人士，特别是私营企业主的素质提升，成为“两个健康”的关键环节。为加快创建新时代“两个健康”先行区建设，温州先后出台《温州市创建新时代“两个健康”发展先行区总体方案》提出30条主要任务；《温州市创建新时代“两个健康”先行区 加快民营经济高质量发展相关政策和具体措施》梳理各方面文件的80条政策措施。

温州是创业的热土，所有的私营企业主构成了现在和未来企业家的重要来源和土壤，因此我们需要从温州经济发展系统的角度来看待企业家素质提升问题。为破解温州企业家素质提升的难点，作者通过查阅相关文献，组织相关管理者交流，走访温州市工商联、区工商联、统战部、温州市（世界温州人中心）中小企业服务平台，并重点访谈了一批新生代企业家、行业协会会长秘书长，还积极参与工商联组织的企业家培训和新生代企业家座谈会；此外，还联系了温州在外商会的负责人等，从多个渠道和视角去调查研究温州企业家素质培养问题。

二、企业家素质的现状

本章研究使用的企业家概念涵盖从事企业经营的所有者和职业经理人，重点侧重于新生代企业家，即年轻的新创企业主和二代接班者。调研分析发现温州企业家素质的特点如下。

（1）企业家素质参差不齐。在温州，企业家是最活跃、也是情况最为复杂的群体。素质高的企业家，不仅管理和发展好自己的企业，还积极参与社会事务，履行社会责任，成为温州模式和温州精神的代表人物；素质不高的企业家，没有履行应有的责任和义务，给社会基层管理带来挑战。

比如关于生产安全、劳动者权益等诸多方面，存在不合法不合规的情况。例如，某社区送劳动者权益保护相关的课程进企业，一些规模以上意识较为先进的企业家是欢迎的，另外一些企业家则是抵制的，他们视劳动者权益的保护为对企业权益的损害。

又如，基层调研中的管理者提到，有些规模以上企业开始重视党建，会在政府的指导下，组建党工团，结合自己企业文化开展一些活动，每年都会有一批新做法新品牌形成。有些企业家不仅重视经济发展，对企业管理也采取了人性化方式，丰富员工的业余生活，关注员工的精神生活，让员工有归属感。但同时还有一些小的企业，为了效益，忽略安全轻党建，害怕党员在企业当中对企业的行为形成监督。

（2）企业家越来越注重政治参与。在对新生代企业家群体进行的小规模的调研中发现，受访的企业家近三分之二对自己当前的政治参与情况是比较满意的；超过一半的企业家最想参与的政治生活是政协委员，其次是工商联执行常务。对于企业家在经济、政治和社会发展中的地位和作用，超过三分之二的企业家是比较满意的。另外，针对大量企业家随机访谈的情况来看，当企业家自身发展到一定水平的时候，他们都有积极参与地方治理，群策群力帮助社会变得更好的愿望。

例如，许多企业家把到市委党校学习当作是一种重要的政治参与。又如，从 2019 年开始，温州市委党校主体班中安排部分企业家参与学习，这个做法也受到关注和欢迎。2020 年疫情发生之后，作者之前联系的企业家主动联系发表对一些社会现象的看法，并主动提出解决的思路和设想，希望通过本人向上报送。

（3）对政府政策变化的不敏感性。调研中发现，仅有少数企业对政府面向企业的创新扶持政策非常熟悉，有一半人认为自己比较熟悉，近一半则认为不了解。具体而言，一部分企业家对国家和地方政策保持持续的敏感性，甚至会安排专人或是设置专门的岗位与之匹配。而多数企业家对政策变化不敏感，特别是新创企业主当中，对政府创新扶持政策了解的企业主只是少数。对于不了解的原因，企业家们认为获取政策信息渠道少，与政府官员缺少交流，还有一些企业家认为政策内容不易理解，读不明白，搞清楚太费事。还有一些企业家说，自己关注几次觉得没有含金量，后来听说政府的政策没啥用，久而久之就不关注了。作者曾经对“两个健康”新出的 30 条和 80 条随机询问企业家的了解情况，发现企业家多数不知道，或是不看好这些政策。从这些状况可以看到两个方面的因素，既有政府政策吸引力弱的因素，也有企业家不关注的因素。

（4）战略和创新能力亟须提升。受访企业家中，多数认为自己最需要提升的能力是战略管理能力和创新能力。这与本书前面小样本研究温籍和非温籍创业者的创业自我效能的发现（2010 年以后的创业者们，非温籍创业者更加注重创新能力的提升）是吻合的。研究进一步比较 2000 年前、“00 年代”和“10 年代”三个不同时代的温籍创业者，发现他们的共同特点是，风险决策能力的成长都高居第二位，而创新能力的自我效能变化都是排在最后。创新能力与市场经验并不直接相关，更多地需要刻意地培养。从这里可以看到，企业家们也在实践中发现，战略管理能力和创新能力并不会在实践中得到自然而然的提升，需要有意为之。尤其是随着国际局势的不确定性增大，国家战略的调整，战略与创新越来越受到企业家的重视。

（5）渴望得到外界的帮助和提升。目前企业家对温州营商环境最不满意的是用工成本和创新扶持，有近半数的企业家提到这两点。其次是法治环境和政府办事效率。对法治环境最不满意的地方，是普法教育弱、公众法律意识有待提高以及执法透明度有待提高；四分之三的受访企业家对反腐败工作非常满意或是比较满意。

针对新生代企业家的抽样调查发现，超过三分之二的受访企业家希望得到的支持是税收减免和搭建产学研交流平台，超过半数选择加大面向企业的科研经费或补贴，还有三分之一的受访企业家提出加强科研创新的公共服务和培育企业家创新意识。除此之外，四分之三的受访者都提到政策服务，超过半数的受访者提到人才支持，超过三分之一的受访者提到融资帮扶和与政府关系。三分之二的受访企业家希望能够获得创新方面的帮助，希望得到市场政策和企业信用等信息；一半以上的企业家希望商会或是行业协会可以开展特色获得，帮助与政府沟通，帮助企业实施新技术商业化、选择技术创新合作伙伴。类似地，在温州社科院举办的企业家小组讨论中，温州的年轻企业家也特别强调在更加具有挑战的当今，希望得到信息和相关方面的帮助。

此外，调研中还发现温州市政府提供的学习资源存在一定程度的分配不均和浪费的情况，有些大企业看不上政府的培训资源，一般会缺席这些培训；另一方面，有很多中小企业得不到政府的培训资源，因为政府主办的培训，往往会在培训对象层面做一些筛选，只是针对某个规模级别以上企业提供。

三、企业家素质内涵的思考

企业家素质是与“企业家健康”相配套的，企业家素质的现状是企业家健康与否的重要体现；反过来，企业家健康是企业家素质发展的最终方向。

为了更加清晰地推进企业家素质提升工作，需要系统地分析和梳理“企业家健康”的内涵结构。“企业家健康”不仅是企业家状态的健康，还包括非公有制经济与外部发展环境互动之间的健康；不仅包括现在的健康状态，还包括健康的动力机制以及健康发展的潜力和方向；不仅是对健康发展的理解，更是对健康发展的实践。

健康一词的本意是指一个人在身体、精神和社会等方面都处于良好的状态。健康可以分两个层次，不上医院是基础，或是上医院也是小毛病很快就能恢复；第二是积极锻炼，状态良好，遇到流感能扛住。有健康问题，是不健康，没有健康问题，就是基本上正常。但是我们希望的是从激励的角度，有积极乐观的心态，有坚韧的抗压能力，身体健壮。所以健康有保健和激励两个层面。保健层面，是保持基础健康，避免健康问题，避免“跑医院”；激励层面，是保持活力和乐观，优质状态，能够高质量、有质量、有速度。

除了保健和激励的两个层面，“两个健康”的内涵还可以从更直观的指标进行衡量。从社会管理的角度，指标可以分成底线指标、成长指标和先进性指标三大类。企业家的健康指标，如表 16.1 所示。作为公民和企业主的底线，法律、法规、环保和社会稳定等方面是底线指标。作为企业家，健康的成长指标体现在企业家精神、专业水平、领导水平、政治素质、成长速度、团体关系和对环境政策把握等方面。先进性则是体现出榜样，可以通过道德水平、创新精神、社会责任、家国情怀、价值引领、团队自治水平和政治担当等方面引导。

表 16.1　企业家健康指标体系

底线指标——公民	成长指标——企业家	先进性指标——榜样
法律 法规 环保 社会稳定	企业家精神 专业水平 领导水平 政治素养 成长速度（与时俱进） 团体关系 环境政策	道德水平 创新精神 社会责任 家国情怀 价值引领 团体自治水平 政治担当

四、企业家素质提升的系统设计

企业家素质是与“企业家健康”相配套的，企业家素质是企业家健康与否的重要体现；反过来，企业家健康是企业家素质发展的最终方向。为更加清晰地推进企业家素质提升工作，需要首先清晰目标，“我们要往哪里去”，需要系统地分析和梳理“企业家健康”的内涵结构。“企业家健康”不仅是企业家状态的健康，还包括非公有制经济与外部发展环境互动之间的健康；不仅包括现在的健康状态，还包括健康的动力机制以及健康发展的潜力和方向；不仅是对健康发展的理解，更是对健康发展的实践。

从经济社会发展的角度来看企业家，他们是一类“关键的少数”，决定了我国非公有制经济的质量。中国特色的社会主义，对企业家又有一定的要求和期待，必须要对企业家进行必要的教育和引导。因此从国家和民族发展的角度，应该系统地设计企业家素质提升的路径。

创业研究发现，如果对相关知识和信息创业者缺乏系统的了解，通过临时自学、请教，更多时候是附上现实的代价，甚至是失败的代价。正如很多夫妻在离婚的时候，才第一次听到关于婚姻的相关知识。如果提前学习，就可以一定程度避免重大的浪费和不必要的失败。靠前服务需要系统设计，例如每一个注册的工商户，当他们开设税务账号的时候，就被要求参加有关税法内容的学习和培训，有助于预防将来相关问题的出现。基于法院的相关案件的研究，也发现许多因企业家“无知”而造成的违规违法问题。

系统思维，一个方面要从企业家的成长轨迹考虑。企业家作为一种职业，他的职业素养是什么？他的职业规划是什么？职业发展空间和阶段是什么？每一个职业阶段所需要配备的素质和装备是什么？如何帮助企业家“满足上岗要求”，助力企业家成长升级，引导企业家越成长越有责任、有高度、有格局、有情怀、有贡献，最终成为中国社会的精英和榜样，这是需要进行系统谋划和设计的。另一个方面，从社会管理的角度系统思维，分析社会发展的各种要求，设计企业家成长计划，通过培训和执行，产生企业家成长数据库，作为进一步管理和引导的基础。

以企业家成长计划为核心，构建一个保障和反馈系统，如果图 16.1 所示。

企业家素质提升工程，以“企业家成长计划”为核心，综合政府的社会管理需求、社会发展需求和企业家成长需求，以民营经济学院为统一的服务平台，整合所有政府部门提供的和公益性的教育培训资源。服务平台上提供的服务分为两大类：一类是必修型课程，主要提供政府要求的门槛型的内容以及在监管过程中帮助企业整改纠缠的监管型内容，例如关于企业税收、安全管理、劳动者权益等等，这些内容以免费的方式进行。另一类是选修型课程，主要提供两个方向的模块，一个是企业家成长提升模块，主要提供企业家职业提升方面所需的内容，例如管理能力、战略能力、创新能力、降低成本、信息化、人力资源管理等等相关内容；第二是方向性模块，主要是为某一发展方向配套的模块，例如商协会管理、慈善公益、海外合作、政治参与等等。这个部分的内容可以以公益价格的方式进行。

政府所有的涉企部门，需要提出企业家的门槛型要求并配套相应的信息，并提供相应的师资资源，企业家受训后的成长数据库可以通过一定的使用规则进行调用。例如有些企业违背必须遵守的相关管理规定，原因是不了解相关的规定，监管部分责令整改，同时要求相关的企业家学习相关的内容，并登记近企业家成长数据库，企业家的学习情况成为整改要求的一个部分，并作为下次“屡教不改”的加重惩罚依据，记入企业家信用系统。

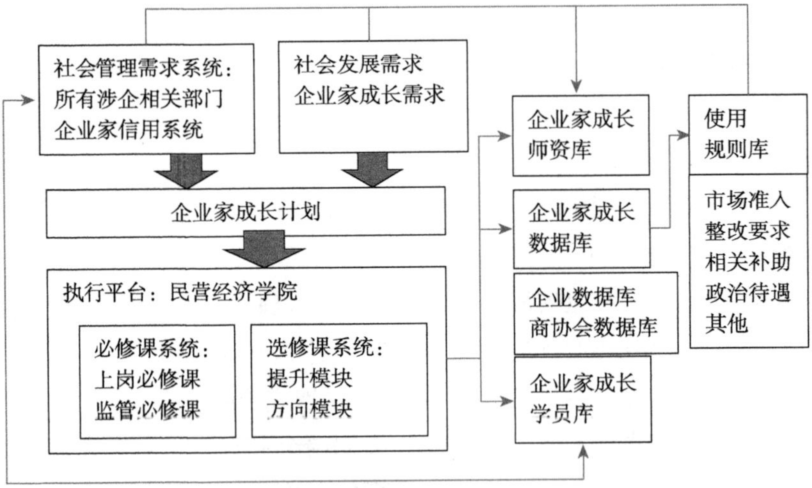

图 16.1 企业家素质提升工程的系统设计

系统分析和梳理政府出台的相关规定和政策措施。作为服务平台要特别关注非公经济主体或是非公经济人士不满意的地方。因为非公经济主体或是非公经济人士更加注重当前企业生存过程中遇到的困难和障碍，尤其是这些困难和障碍是由当地政府和区域环境造成的。一些非公经济主体或是非公经济人士选择迁移到外地发展，或多或少都存在营商环境的影响。对于大部分企业特别是对当地经济的长远发展具有基础性意义的工作，需要下苦功夫实现。

在企业调研中发现，企业对现在政府工作和社会现状存在诸多方面不满意的地方，内容涉及政府守信践诺的情况、政务公开水平、政府对企业事项的审批管理、对行政效能的监督、对市场机制的设计、对各类市场主体合法权益的保护、增加企业额外成本的做法、市场监管问题、受城市相关条件限制无法招引人才、因为监管问题让企业利益受损等等多个方面。

建议花大力气构建方向模块中的政治参与模块。作为政府营商环境提升的抓手，内容涉及政府守信践诺的情况、政务公开水平、各类市场主体合法权益的保护等上述多个方面。可以看到，这些问题的解决都是相当不容易的，常常需要伴随政府许多机制的深化改革。通过做好平台的反馈系统以及企业家素质的提高，必然倒逼政府管理水平的提升，有助于政府发扬自我革命的精神，提升社会管理的透明度，体现合法性、合规性、程序性等要求。

五、民营经济学院的执行保障措施

1. 以企业家素质核心模块为起点

政府所有涉企部门开展与企业家素质相关的政策和问题汇总与梳理，按照底线标准、成长标准和先进标准进行分类。例如，“因无知产生的违法违规问题”就是典型的底线标准。核心模块就是守住底线标准。“守住底线、唤醒意识”，这是公办学校的义务教育思维，同时用学习来代替惩罚，整改要求相关学习，不同的欠缺采取不同的举措。将核心模块作为所有政府相关部门的统一接口。基于底线指标构建“必修课”，必修课与市场准入、税收规范、安全管理、劳动雇佣等相关法规相关，也和微小处罚、排查监督等学习要求挂钩。成长计划的参与情况，与相关政府部门的一些奖励和扶持挂钩。成长计划具有双向性，既是企业家了解政府、了解社会管理的平台，也是政府了解企业家需求和问题的平台。

企业家素质提升工程有助于政府引导企业家提升和发展，反过来，也有助于促进政府自身的改善和提升。通过执行平台，企业家能够更加清楚明白地了解政府的相关政策措施，从而反向监督和促进政府相关政策的公平公正执行和有效落地。与此同时，为保证政策措施的最佳效果，在政策的执行和落地方面，会更加注重系统、科学、合理、公平公正和信息透明。这样双向互动，有助于真正激发非公经济主体或是非公经济人士的活力和健康持续发展。

符合条件的企业，在执行平台上，能够直接对接和享受相关政策，有助于解决政府工作人员“吃拿卡要”的营商环境问题，有助于避免所有的政府奖励都需要附上关系和贿赂等额外的代价；如果政府对于很多承诺没有兑现又无任何解释说明，执行平台可以成为很开放安全的直接交流平台。因此在时间和资源有限的情况下，政府需要真实有效地利用好企业家素质提升工程，为政策措施的推进奠定良好的基础。

2. 完善企业家素质提升系统

企业家素质提升系统就是构建好成长指标和先进指标，为企业家发展画好蓝图，提供空间。构建企业家成长数据库，作为企业家继续教育档案，引导企业家长远的发展目光。鼓励企业家在必修课系统的基础上，通过选修课系统主动学习和提升。除了典型的多样的能力提升模块（例如节约小微企业创新创业成本，企业闲置资源盘活机制，商事纠纷解决机制，企业监测预警应对机制等等），还可以设计丰富的方向模块。方向模块上可以有所侧重，例如特定类型模块，例如新生代企业家队伍培养模块。又如对于许多发展得较好的区域领头羊企业和隐形冠军、专精特新等重点企业的企业家，政府要积极传达和落实相关的激励措施，通过平台建立企业家与区域的强情感连接。如方向模块上的政治参与模块希望能够充分发挥作用，这与政府守信践诺机制、政务公开、政商交往机制、行政效能监察、各类市场主体合法权益、涉企规范收费制度、市场监管规范化等内容相关，企业家在学习和掌握的基础上，还需要积极参与和反馈。

方向模块上还可以设计先进性标准相关的内容，涉及新时代中国特色社会主义的企业家精神，提高优秀企业家社会政治地位，增强行业协会商会市场服务能力，健全企业“走出去”服务机制，推动民营企业党组织规范化建设。推动民营企业党组织规范化建设的任务，政府在推进过程当中要非常谨慎。不同企业对于党组织的设立有不同的看法和需求。有些企业将此作为一种政治待遇，有些企业则认为是一种负担。所以通过先进性标准相关的方向模块，有助于提升企业的认识和培养企业的意愿，避免产生不满意的因素。

3. 建设和完善民营经济学院实体化运作

民营经济学院作为公益性学习平台，承载了温州企业家素质提升的重要功能。要将民营经济研究院建设作为企业家达到底线标准的必修学院，作为企业家获取政策信息的主要阵地，使之成为监督和反馈涉企政策执行的重要平台，成为企业家成长提升，追求先进政治参与的红色学院。民营经济学院的运作需要常态化，考虑企业需求，必须保证晚上和周末作为重点开放时段。民营经济学院的师资，必须与内容密切匹配，特别是与政府相关部门密切相关的内容，应该成为相关部门定期的工作安排。利用和整合现有的相关资源，例如政治参与方向的模块教学，可以利用现有的社会主义学院的资源。

4. 整合分散的多种项目，构建共享的资源与素质提升平台

为加快创建新时代“两个健康”先行区建设，温州先后出台《温州市创建新时代“两个健康”发展先行区总体方案》，提出30条主要任务（简称《30条》）；《温州市创建新时代“两个健康”先行区 加快民营经济高质量发展相关政策和具体措施》梳理各方面文件的80条政策措施（简称《80条》）。通过企业家素质提升工程的系统设计，可以整合目前的多个项目和提法，从而实现真正的落地。

（1）“万名干部助万企”，通过平台，万名干部助力可以放大，达到“万民干部助百万企”的效果；（2）《80条》中第71条，可以在使用规则中设立与容错免责相匹配的学习制度，通过学习更有效地预防和纠正错误企业行为；（3）《80条》中第73条和77条中的功能都可以在“企业家成长计划”得到体现和执行；（4）《80条》第78条，协会商会可以纳入企业家成长计划以及民营经济学院的服务范围；（5）《80条》第74条；（6）《80条》中76条研究设立“温州民营企业家节”，建设民营经济发展博物馆；（7）《30条》任务中，第4条健全企业信用联合奖惩机制与第5条健全企业社会责任履行机制与企业家成长数据库关联匹配。

以上这些关心关爱民营企业家发展的举措，都可以通过这个系统加以统筹和高效运营。此外，世界温州人家园的充分开发与利用，也应该与企业家素质提升工程配套使用，既能体现综合利用的高效，也能体现企业家素质提升的方向，即具有国际眼光和国家情怀的高素质企业家。

本章在累计调研超过150个相关对象的基础上，为充分发挥企业家的价值，助力中国梦的实现，又预防和避免企业主素质不足带来的问题和风险，从政府规范和社会管理的角度，从底线思维、发展思维和先进思维三个层次分析，进行企业家素质提升工程的系统设计，并从核心模块构建、系统完善、实体化运作和资源整合几个方面给出具体可操作的对策建议，提出办好中国特色社会主义民营经济学院，使其充分发挥连接企业家、助力企业家、提升营商环境、发挥社会主义优势的综合价值。

第十七章　以创业视角看民营经济成长

中国经济改革的一个重要特点是民营经济在体制外不断发展，特别是在相对比较困难的制度环境下，成为中国经济的主要增长源泉。为何民营经济取得如此大的成就？从创业的视角看，层出不穷的创业行为所体现的创业创新精神是其背后的密码。

研究温商创业问题，还有一个很重要的目的，就是帮助温州民营经济健康发展。思考与回答温州民营经济健康发展与提升的问题，曾是温州市委各中心工作的重要落脚点之一，也是温州“两个健康”的核心问题。本章从创业角度出发，分析温州民营经济发展的困难与挑战，在此基础上思考和探讨温州民营经济成长的路径，并给出相应的对策建议。

一、研究背景

提起温州，所有的人都认可她是中国民营经济的摇篮。作者认为用“中国民营经济的根据地”来形容温州也是有道理的。据初步统计，遍布全国的温州商人，在全国地级以上城市建立了 262 家温州商会。在外温州人广泛参与当地经济社会事业，积极参政议政，与各地社会各界、各大企业乃至跨国大集团大公司联系密切[①]。

温州商人是多少个温州名片背后的力量。另一个方面，与走出去红红火火的温州商人和温州企业相比，承担根据地功能的温州本土则面临了前所未有的挑战。典型的现象是年轻一代中很多人失去了创业的激情；而有创业激情和梦想的很多人，则选择了走出去创业，到上海、杭州等城市去创业。2017 年党的十九大之后，当时的中共温州市委书记周江勇提出温州面临的

① 温州发展总部经济的思考，《温州决策科学》。

“三大历史命题”，这三个命题准确地描述了温州未来发展的挑战，同时也指出了温州未来发展的方向。其中第三个命题就是“曾经备受赞誉和追捧的温州民营经济发展路径，如何实现与时俱进、创新发展”。基于这个问题，结合创业的视角，本章做了一些思考和分析，希望对温州民营经济开拓发展思路有所帮助。

二、温州民营经济的发展及其特征

（一）温州民营经济的发展

温州民营经济的发展，主要是指改革开放四十年以来的发展。用“大众创业”来形容温州民营经济的产生与发展是最为贴切的。大体上可以分为几个阶段。第一个阶段是“偷偷尝试”，在国家没有明确政策的情况下，老百姓为了求生存，为了更好地生存，探索通过小商品生产解决生活需求的方式去发展。第二阶段是“名正言顺，欣欣向荣”，在国家改革开放政策下，放开手脚在各个方面大胆探索，是以“小商品大市场”为主要特征的民营经济蓬勃发展时期。第三阶段是温州民营经济为了获得更大的发展空间和市场空间，越来越多的民营企业对外投资、向外发展，一定程度上带动了温州以外的广大区域的民营经济发展。

事实上第三阶段一直持续到现在，同时在这个过程中，温州以外的地区，也越来越主动地吸引和承接温州民营企业的转移和落地。因此不可否认，温州民营经济的发展，既是温州的发展历史，也是中国民营经济发展的重要力量。

（二）温州民营经济的特征

在温州民营经济发展的这个过程中，民营企业家们完成了自我成长和自我教育。因此温州民营经济的特征与这个发展过程息息相关。温州民营经济的特征包含两个方面。

温州民营经济的优点，首先在于其自发性和自主性，自组织能力强。数以百万的温商活跃在国内外，市场活动异常活跃；温州商会、联合会等各种组织形式自我构建自我发展。第二是温州民营经济的发展是根植性的原生态产业集群化布局，产业链形成配套。温州的民营经济在自然生长中形成了产业集群，形成了自我配套的紧密结构。第三是民营经济的坚韧性，温州民营经济具有“野火烧不尽”的特点，民营经济的自我修复能力强，遇到各种困难和问题，不等、靠、要，而是积极连接，通过自我疗伤的方式，从而能够率先从危机中走出来。除此以外，温州民营经济普遍规模偏小，企业小巧、灵活，能够迅速反应，可以快速决策，对市场反应敏感，这些都是有利于发展的优点。

同时，温州的民营经济也有明显的不足。在温州，并非只有精英人士选择创业，而是存在大众创业的格局，这使得民营经济的发展水平参差不齐，层次丰富。再加上熟人互助传帮带的方式比较普遍，因此发展方向和发展行业的选择上通常存在从众性和盲目性，从而导致了大量低端恶性竞争的情况。由于民营经济发展之初大众受教育程度的局限以及社会教育发展的不完善，温州大量的民营经济在发展中不关注升级，通常在低端徘徊。由于经济社会发展的不完善以及改革探索的前期环境，大量生存型创业的民营经济形成了依靠不规范、依靠偷税漏税才能生存的惯性。

三、链式创业与区域创业网

民营经济发展具有典型的“链式创业”的特征，而且极其活跃。本章从创业路径入手，研究温州创业者的创业行为演化的过程、特征、形态和规律。

（一）创业轨迹形态

仔细梳理和分解温商创业的经历，最强烈的感受是，温商个体常常都有极其丰富的创业经历。为了更好地进行研究，作者根据创业者的轨迹，用“持续创业”“链式创业”和“区域创业网”分别进行描述。

所谓“持续创业”，是指创业者在开始创业之后，在一份新创事业结束，继续开展新的创业行为时，体现出不止一次的创业行为，但是在每个时间阶段，创业者只从事单一新创事业的创业模式。持续创业的创业轨迹如图 17.1 所示，创业者在结束或是转让原有事业的基础上从事新的事业。比较典型的例子是，一名创业者早期从事服装销售，之后转让服装生意给自己的亲戚，自己去外地从事电气或是五金产品的销售，再后来把外地的生意转给亲戚中的年轻人，自己回温州开办工厂。持续创业在商业领域和社会创业领域都存在，可以分为商业持续创业、社会持续创业。

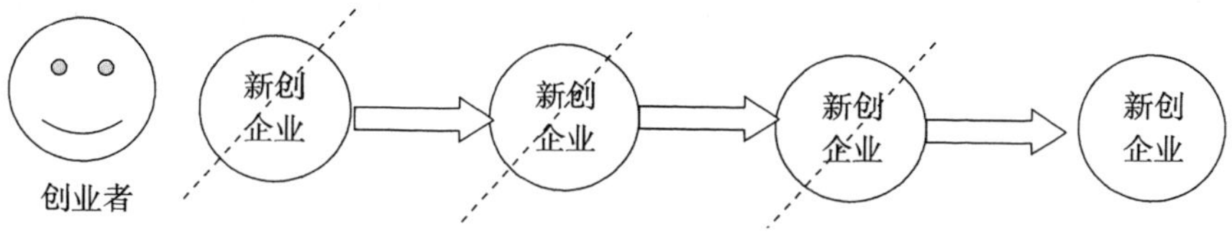

图 17.1　连续创业示意图

所谓“链式创业”，是指创业者在新创一个事业之后，继续开展新的创业行为，同时保持对原有新创事业的关系，在每个阶段，创业者至少从事两份以上创业事业的创业模式。因为新创企业与现存企业之间存在的创业者关联，新旧企业之间形成链条状的创业轨迹，所以本书用“链式创业”的方式进行描述。这种现象在温商创业中非常普遍，是作者在长期的温州创业创新研究过程中总结提出的现象。链式创业的轨迹可以用图 17.2 表示。

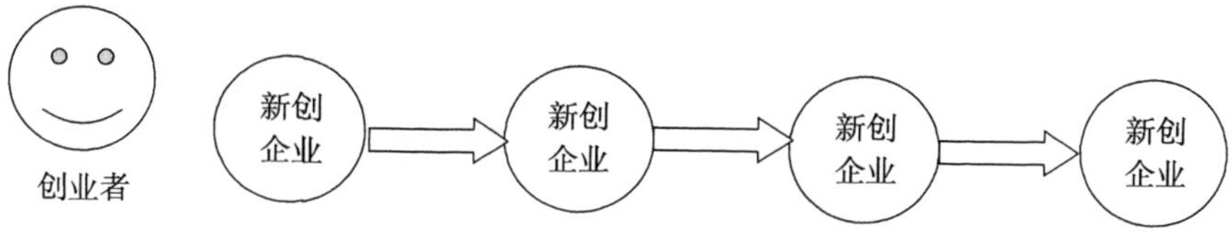

图 17.2　链式创业示意图

“持续创业”和“链式创业”都是描述单个创业者的创业行为和轨迹。

所谓“区域创业网”，是指多个不同类型的创业者按照各种创业轨迹，以新创企业作为节点形成的创业网，描绘出一个由地区创业者共同形成的创业轨迹综合图。如图 17.3 所示，网式创业的创业网的边是个体创业者的创业轨迹，节点是新创企业。创业网中的节点不断新增，也在不断消亡（闪电记号表示企业停止），始终动态波动，反映出区域的创业动态。新增节点的速度和质量反映出区域创业的活跃状态和质量水平。

（二）创业轨迹分析

持续创业与链式创业是两种非常典型的创业轨迹。它们也有各自典型的特征。

持续创业的创业者每个时间阶段关注一项新创事业，对新创事业有较好的关注度，比较能够保证投入的时间和精力。同时也正是因为比较聚焦，相对的信息广度以及跨界合作的概率会相对小一些。

链式创业的创业者，常常在完成一个新创事业后，特别是在新创事业进入稳定运行的阶段后，开始关注和探索新的机会。链式创业的优点是创业者保持好奇心，喜欢与时俱进，喜欢新的机会。

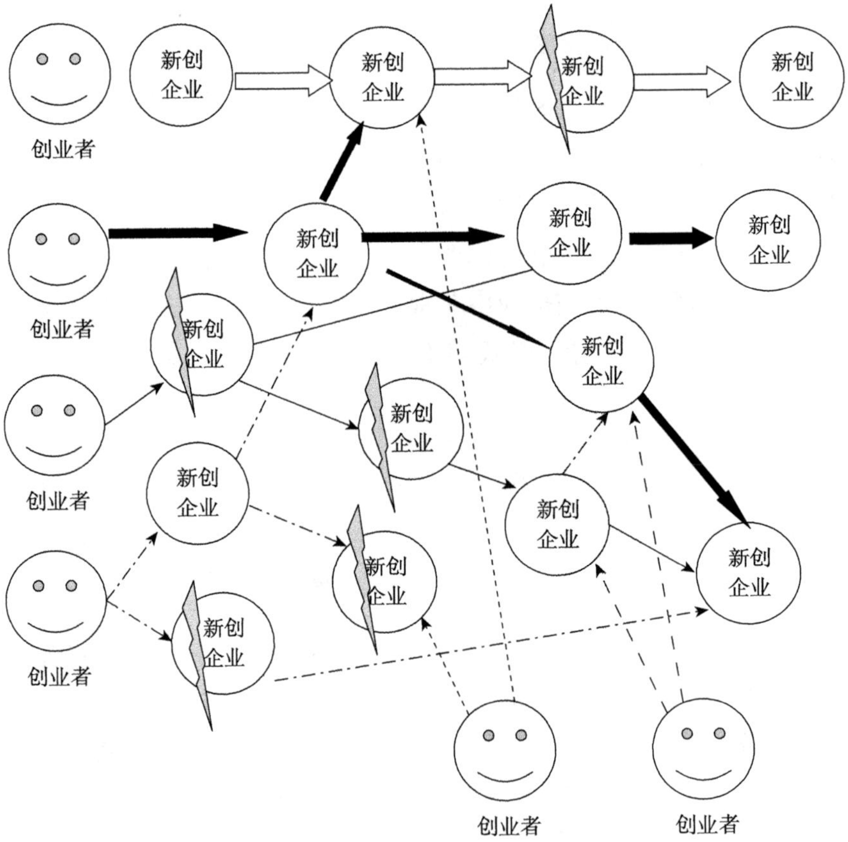

图 17.3　区域创业网示意图

作者认为持续创业和链式创业都包含创新和升级的思维。持续创业的升级方式是放下一个事业去开展新的事业。有可能是因为前一个事业失败了，也可能是因为前一个事业的利润下降了，或是并不看好前一个事业的未来，还有可能只是因为对新事业更加感兴趣又无法对前一个事业兼顾。链式创业的创业者，通常能够较好地兼顾新旧事业。兼顾的情况一般是可以很少地、稳定地投入前面的事业，或是可以以股东的身份授权前期事业给其他股东或是职业经理人运营。链式创业者通常非常享受抓住创新的机会，并把机会实现的过程。

不论是持续创业或是链式创业，都体现了创业创新精神。不论前一个事业是成功或是失败，创业者都能够较快较好地放下前一个事业，把目标转移到下一个机会。当然，在外界看来，似乎体现了“缺乏定力，不断找机会”。

在链式创业的研究中发现，很多创业者开展的是与原有事业相关的创业项目，是可以以内部创业或是内部项目的方式进行的。但是考虑到效率以及界限的问题，或是考虑到效率和意见统一的挑战，创业者决定“重新组队”也就是以新创企业的方式开展新的项目。

四、温州民营经济的挑战

温州民营经济最经常被冠以“低、小、散”的描述，通常是带有贬义的形容。分开来看，“低”是指产业层面，笔者认为更多的是指技术层面。“小”是指企业规模，这是一个特征，并不是缺点。一方面，积极的创业氛围，产生了数量众多的企业，加上创业成功率的影响，势必形成了金字塔的结构，小是必然的现象。另一方面，随着技术的进步，互联网的发展，企业小微化趋势的显现，企业规模大小将不再成为重要的指标。企业单位面积产值，企业单位面积税收贡献度等等效率性指标将成为越来越重要的衡量标准。“散”则是空间地理上的形态，一方面，造成了力量和资源的分散，另一方面也是自然生长形态的结果。随着政府引导和园区建立，有助于形成集聚，同时互联网技术的发展也产生了一些产业更加分散的局面（例如网店模式是百货模式的分散化）。

因此本章认为，从历史发展的趋势看，温州民营经济的健康发展，应该包含健康成长和提升两大方面。从实质内容上，温州民营经济亟需解决的问题是规范性、资金问题、创新性、价值提升以及人才问题。

追求民营经济健康，是质的追求，而非量的扩张。

当初温州“万众创业”有其特定的历史背景，并不能也不会持续存在。随着经济的发展，人民生活水平的提高，受教育程度的提升，创业教育的开展，人民越来越理性地看待创业行为。创业必然成为人们众多职业途径中的一条。而且越来越多的人，通过专业化的视角来看待创业，评估自己的创业匹配度，评估创业是否是自己想要的生活方式。这与前辈们被迫的选择方式不同，创业更多的是理性的主动选择。在这种社会发展趋势下，我们必然看到创业成为自我实现的一条路径，创业成为一种尝试，创业者对创业也有了更高的要求。

所以，对于现在和未来的创业，提升“创业质量”是“健康创业”的一个重要方面。通过优化创业环境，开展创业教育，通过天使投资、孵化器、众创空间等辅助措施，帮助提高创业成功率；通过高科技、绿色环保等理念和方向引导，让创业与社会未来发展更加一致，这些都是提高创业质量，引导健康创业的现实举措。

但是对于已经存在的创业者及其产业，则需要系统地进行健康化的引导和“改造”。由于创业者对自己的事业具有绝对的领导权，区域和地方政府只能通过各种办法引导他们走健康发展之路。

五、温州民营经济健康发展的路径

健康成长的问题，是与中国经济的发展及经济发展环境的变化相关的，换句话说就是“新时代”的约束和要求。社会发展趋势对信用、公正、透明、公开和人文关怀有了更高的要求。温州民营经济发展的模式与理念，需要根据新时代的发展趋势进行调整，抛弃过去通过不规范经营、通过低质量低价竞争的模式。当然，温州也有大量的优秀企业已经成功转型，现在的大量企业也按照规范和优质的目标进行设立和运作。

民营经济提升的问题，则是未来发展的目标和方向。中国社会主要矛盾的变化，新旧发展动能的转变，揭示了民营经济提升的方向。通过对上市和新三板挂牌、隐形冠军企业的研究得到的启示，专精尖应该成为温州民营经济的主要提升方向，创新与动力将成为其主要的动力驱动。

健康显然是提升的基础，不解决健康的问题，就很难有提升的可能和空间。因此温州民营经济的发展，需要在不断修复健康的同时不断激励提升。

通过对温州市内外上市企业以及温州市新三板挂牌企业的调查研究，并基于企业成长的生命周期的视角，本章对温州民营企业的健康发展提出以下两个路径。第一，构建完整的民营经济发展生态系统；第二，构建民营企业家文化滋养的精神家园。

用系统的观点审视温州民营经济发展的全生命周期，了解民营经济发展的阶段性难点，为民营经济成长、壮大的需求进行路径设计。在温州民营经济的发展过程中，温州是一个超级的众创空间，承担了类似播种、苗圃、孵化器的功能，但是从民营经济发展提升的角度看，温州缺失了加速器、风险投资、引导上市、代际传承等功能。正是因为如此，大量从“温州大众创业空间”毕业的民营企业，无法在温州本地完成落地加速，无法在温州本地实现风险投资，无法在温州完成上市与传承。所以，温州为中国民营经济贡献了大量的优质企业，却造成了温州本地民营经济不够突出的局面。构建完整的民营经济发展生态系统，就是用系统的眼光弥补温州民营经济发展环境的短板，为温州产生和留住更好的民营企业奠定基础，从而为温州民营经济的发展提供强劲的动力。

构建民营企业家文化滋养的精神家园。温州民营经济走出去，其实质是温州商人走出去。不论什么样的环境，温州商人敢闯敢拼、吃苦耐劳的精神是其制胜的法宝，此外，温州商人抱团发展的优良传统也是功不可没。作为民营经济发展的根据地，如何能够与所有的温州商人有感情以及事业的链接，是保持温州民营经济活力的关键。这个方面，温州具有人无我有的独特基础。可以通过创业族谱、民营经济需求对接、投资反哺、精神传承、文化升级等方式，构建链接世界温州人的精神家园和向往之地。

六、温州民营经济提升的对策建议

（一）构建完整的民营经济发展生态系统

如前文所述，从民营经济成长的生命周期角度看，温州民营经济发展生态不完善、不系统，导致虽然温州提供了从种子、苗圃（众创）到孵化的大环境，但是很多企业的加速成长、规模壮大乃至上市，是在温州以外的区域完成的。很多企业是为了空间拓展的需求走出去的，很多企业是为了市场走出去的。最近几年很多企业是被外地的好政策“邀请”出去的。这说明温州的民营经济生长环境与外地相比存在势差。

民营经济的发展，可以从多层次资本市场的角度进行分析。民营企业在走资本市场的过程中，伴随着五大效应：品牌效应、融资效应、治理效应、激励效应和发展效应。资本市场不是民营经济发展的必然之路，但资本市场指引了符合未来发展的要求，因此温州民营经济的发展生态构建目标，就是形成品牌提升价值、融资扩大规模、治理提高规范、激励吸纳人才、发展引领创新的民营经济生态。在这个过程中需要重点做好以下工作。

大力保护民营经济的种子和幼苗。在城市提升的过程中，考虑到民营经济生态系统中多元多层级的发展需求，构建弹性的生态空间，保护民营经济发展的种子和幼苗。以温州的“大拆大整”为例，由于现有可用的小微园数量的限制，在一定程度上破坏了一些自然形成的配套产业，可以考虑通过细化时间表，通过限时过渡区域的设置，给符合导向的小企业一个政策响应与调整的机会。通过细化的政策设计，有助于有效保护一些民营经济的种子和幼苗。以“大建大美”为例，除了考虑城市形象的高端项目定位，也要基于温州是民营经济摇篮的重要需求，建设符合个人创业创新和小微企业发展的空间形态和配套环境。

大力发展可拓展型的小微企业园。温州有大量的小微企业，通过这一轮的整治，许多企业进入小微园。在孵化加速的过程中，发展得好的企业需要更多的资源与空间，如果通过传统简单转移的做法，常常要付出多余的成本，甚至很多企业会因此选择外迁。所以建议创新小微企业园的经营方式，将其建设成为可拓展的产业园，对符合温州发展定位的企业，设定一定的效率指标，给予持续的资源支持。通过“铺开地毯”的可拓展园区方式，有助于保护和发展温州民营经济。

引导民营企业走“专精尖”的发展道路。对于大量的温州民营企业，扩大规模并非现实的升级道路。另一方面，技术的发展以及企业小微化的趋势，为温州民营企业升级指明了方向。“专精尖”的道路的引导，除了细化的精准的政策支持之外，公共技术服务平台的建立是非常必要的。这可以切实地在降低企业成本的情况下，帮助企业转向专业细分领域的纵深发展。

建立循环可持续的民营经济发展基金。创新机制，让温州区域资源参与民营经济投资，探索民营经济投资回报形成后续民营经济发展基金的模式，加深温州民营经济与区域共生性的同时，为民营经济的发展营造更加良好的生态环境。

（二）构建民营企业家文化滋养的精神家园

民营经济族谱编撰。站在历史的角度，梳理温州民营经济发展脉络，将群体性的民营经济描述具化为详细的民营经济族谱。个体价值的展现有助于凝聚温州民营企业家的精神，奠定“民营经济摇篮”的形象，化无形力量为有形展示。

民营企业家需求对接。民营经济层次的丰富性，决定了民营企业家需求的多样性。为了更好地滋养民营经济和民营企业家，需要切实了解民营企业家的各种发展需求。做好连接和借力工作，通过各种平台建设和制度创新。转化民营企业家的需求成为温州民营经济提升的关键点。

民营经济精神传承与文化升级。温州民营经济的精神是温州的宝藏，她需要传承的同时，也需要与时俱进，需要文化升级。这个工作只有在精神家园的构建中去完成。通过创业人物故事、电影拍摄等多种方式，凝聚温州民营企业家精神，实现精神升级与文化传承。

（三）构建动态区域创业网

正是因为有大量活跃的持续创业者和链式创业者，他们共同造就了一个区域的创业氛围，也就是体现为区域创业网络。因此区域创业网络的动态变化状态是一个很好的区域创业状态的监控指标，当然这需要在网络图中配以相关参数，特别是新创企业的动态发展数据和质量数据。因为涉及创业相关信息，真实区域创业网很难建立。但是随着数字化社会的推进，政府具备构建区域创业网的数据基础，也具备可行性。

区域创业网设立之后，可以设计相关的观测指标，定期测算结果，作为区域创业的动态参数。同时由于创业者是创业网中的连接线，反映出各企业之间背后的关联，这些关联包含资金流、信息流以及合作关系等与经济密切相关的内容。这些关联在区域经济中间具有非常重要的意义，是经济风险特别是金融风险的传导路径。如果政府能够建立并实时更新区域创业网，则是对于风险传导路径有了事先的把握，有利于在经济风险或是其他风险情况发生时，快速研判风险的传导及其波及的范围。

综上所述，温州民营经济的健康成长与提升，需要构建适合温州民营经济特点的土壤与生态环境；需要与时俱进，完善民营经济发展的生态系统；需要用精品化的思路去引导温州民营企业发展。同时，启动构建民营企业家文化滋养的精神家园也是温州的历史使命，是温州民营经济汲取营养和持续发展的动力源泉。

第十八章 “两个健康”，如何精准施策？

党的十九大报告对鼓励支持非公有制经济发展做出一系列新的重大论述，为非公有制经济持续健康发展指明了方向。温州创建国家民营经济健康发展、民营经济人士健康成长的“两个健康”发展示范区，是温州继承和弘扬“敢为天下先”的企业家精神、增强民营经济“重要组成部分”功能地位的战略抓手，是贯彻落实党的十九大精神和中共中央、国务院《关于营造企业家健康成长环境弘扬优秀企业家精神更好发挥企业家作用的意见》（以下简称《意见》），进一步弘扬新时代“敢为天下先”的优秀企业家精神，营造有利于企业家健康成长的环境，激发企业家干事创业激情，引导企业家更好地为“温州模式”创新发展做出新贡献的战略举措。

温州市是民营经济的发源地，也是民营经济最先进入新常态发展的地区，表现出结构调整缓慢、企业经营困难增大等挑战。为加快创建新时代“两个健康”先行区建设，温州先后出台《温州市创建新时代“两个健康”发展先行区总体方案》提出 30 条主要任务；《温州市创建新时代“两个健康”先行区加快民营经济高质量发展相关政策和具体措施》梳理各方面文件的 80 条政策措施。这些政策措施之间是怎样的关系？在实际执行中效果会如何？

课题组走访了企业家协会、工商联人士、企业服务平台、在外商会人士，并重点访谈了一批新生代企业家和中小企业主，根据对超过 80 名相关人士的调查访谈（其中新生代企业家超过 60 人），从民营经济人士和民营经济的法人主体的视角出发，借鉴和运用双因素理论的思想进行梳理和分析，希望对现实工作有参考的价值。

一、温州涉企服务中的表征和问题

1. 涉企政策缺乏精准性，企业主对政府信心受挫

调查发现，一部分企业家表示政府的涉企政策由于精准性不够，执行落

地难，所以对本地政府的涉企政策不抱太高的希望。政策没有落到点子上，扶持政策不精准，扶持对象不精准。“在乎的拿不到，拿到的不在乎。”尤其是人才政策被提及最多，“人才标准过高，不符合企业实际情况”，“企业的关键技术岗位人才，不在政府的人才序列当中”，久而久之，企业主对政策就形成了负面的刻板印象：“这是停留在文件上的，不实用。”

2. 企业主对政策主动知晓率低，满意率低

调查中发现，由于存在前期对政府政策的负面刻板印象，受访对象中仅有非常少数的企业对政府面向企业的创新扶持政策非常熟悉，有一半认为自己比较熟悉，近一半的则认为不了解。课题组曾经对“两个健康”新出的30条和80条随机地询问企业家的了解情况，发现企业家多数不知道，或是不看好这些政策。出现这些状况有政府政策吸引力弱的因素，也有企业家不关注的因素。不少企业主表示，“并不关心人才政策，没多少干货”。此次疫情控制平衡后，很多企业主表示对政府政策充满期待，但后来发现实际对自己有帮助的内容非常有限。

3. 政策执行缺乏服务精神，民营企业家外迁风险高

调查中发现，某园区相关管理部门领导，曾经“政策执行看关系。政策放在抽屉里面，根据关系和人情，决定是否使用，使用哪一个版本”。企业伤心，对政府戴上了“有色眼镜”。今年疫情期间，有个企业主看到基层有些地方为上报复产，又担心疫情，让机器和空调空转，不允许他的机器开工，他表示十分失望，暂时搁置了原本要加大投入的想法。尽管这样的情况非常少见，但是可以看出政策制定和执行方面存在问题。有些企业主表示，一直有外省的县长主动联系对接他，希望他去投资。另外，助企服务员缺乏专业性，无法进行政策解读；税收人员上门以检查为主。相比之下，外地政府官员积极主动进行政策宣传，杭州主动帮助企业合理避税。当企业主对本地政策的不满意度累积到一定情况的时候，会选择“用投资来投票”，“用脚投票”。

二、双因素解读：“两个健康”的30条任务

（一）双因素理论

双因素理论是管理学的经典激励理论，又称为激励、保健理论，此理论是美国行为学家弗雷德里克·赫茨伯格在1959年提出的[72]。该理论把影响人

们行为的因素分为保健因素和激励因素，这两种因素对人们的行为起着不同的作用，两者之间既相互联系又彼此独立。

传统理论认为满意的对立面是不满意；双因素理论则认为，“满意”的对立面是“没有满意”，而不是“不满意”，类似的，“不满意”的对立面是“没有不满意”，而不是满意。没有满意和没有不满意二者是一样的，同为中间状态[73]。双因素理论中，把那些能够消除人们不满意的因素称为保健因素，而把那些能让人们产生满意感的因素称为激励因素。

保健因素往往是满足人们对外部条件的需要，是一种间接满足，具体来说就是工作条件、政策、人际关系以及外部环境等；激励因素通常指对人们自身需求的满足，属于直接满足，比如人们想要实现自我价值，希望得到周围以及社会上的人赞誉[74]。对于人们而言，保健因素的满足只能使人们消除不满意，也就是说感觉到没有不满意，但并不能使他们感觉满意，所以不会促使人们某一行为的发生。但如果没有保健因素的保障，人们就会感到不满意甚至会抑制某些行为的发生。激励因素则会让人们感觉到满意，运用激励因素作为引导会促使人们某些行为的发生，但没有这些激励因素不会使人们感觉不满。

保健因素和激励因素可能随着外部环境以及人们需求的改变而相互转化，以前属于激励因素的条件可能随着状态的改变对于现在而言变为了保健因素，以前属于保健因素的条件也可能对于现在而言变为了激励因素[75]。

（二）解读：“两个健康”的 30 条任务

双因素理论最初是产生和运用于人的激励问题。对于“两个健康”的问题，笔者长期以来进行民营经济和企业家的相关调研，在大量的访谈中发现，民营经济和民营企业家的发展问题中具有许多双因素理论描绘的特性。因此，本章创新性地将民营经济的企业法人和民营经济人士的健康发展问题，看作是一个需要被积极引导和激励的问题，借鉴双因素理论尝试着对“两个健康”相关政策和措施进行分析。

“两个健康”涉及民营经济的企业法人和民营经济人士。由于企业法人和个人的差异，本章具有以下基本观点：（1）作为企业法人和作为企业家个体，存在不同保健因素和激励因素。（2）作为不同规模和不同发展阶段的企业法人，存在着不同保健因素和激励因素。（3）作为不同发展阶段的民营经济人士，存在着不同的保健因素和激励因素。（4）政府部门对不同因素相关政策的投入和努力上应有所差别，着力点不同，效果差异巨大。因此本章将与保健因素相关的政策措施称为保健措施，与激励因素相关的政策措施称为激励措施。

例如，对于发展比较成熟、规模较大的企业，他们更加认识到研发的重要性，因此他们积极筹建企业研发中心。对于这件事情，企业自身有自己强劲的驱动力，认为是自身的事情，自身发展的需要，因此企业的行为并不受到政府是否对研发这件事情进行奖励的影响。所以，政府没有奖励研发行为，企业不会产生“不满意”，政府如果给予奖励，企业会因此高兴，会产生一些“满意”。因此政府对研发工作的奖励，对于实力较强的成熟企业来说，就是激励措施。

基于上述基本观点，本章基于一般性的企业调查与理论分析，将《温州市创建新时代“两个健康”发展先行区总体方案》中具体提出的 30 条主要任务进行分析梳理，得到推动非公有制经济人士健康成长和非公有制经济发展的双因素分析表，如表 18.1 所示。

表 18.1 推动非公有制经济人士健康成长和非公有制经济发展 30 条任务的双因素分析表

30 条任务	保健措施	激励措施
（一）推动非公有制经济人士健康成长	4. 健全企业信用联合奖惩机制。 5. 健全企业社会责任履行机制。	1. 大力弘扬新时代中国特色社会主义的企业家精神。 2. 健全新生代企业家队伍培养机制。 3. 大力提高企业家队伍综合素质。 6. 提高优秀企业家社会政治地位。 7. 推动民营企业党组织规范化建设。 8. 提高协会商会党组织“两个覆盖”质量。
（二）推动非公有制经济健康发展	9. 完善政府守信践诺机制。 10. 提高政务公开水平。 11. 深化“放管服”改革。 12. 健全政商交往机制。 13. 强化行政效能监察。 14. 优化市场准入机制。 15. 保护各类市场主体合法权益。 17. 健全涉企规范收费制度。 *18. 多措并举降低企业成本。 21. 推进市场监管规范化。 *23. 深入实施人才强市战略。 *25. 深入推进金融综合改革。	16. 建立企业家帮扶关爱机制。 *18. 多措并举降低企业成本。 19. 降低小微企业创新创业成本。 20. 健全企业闲置资源盘活机制。 22. 健全商事纠纷解决机制。 *23. 深入实施人才强市战略。 24. 深入实施创新驱动战略。 *25. 深入推进金融综合改革。 26. 加快构建现代产业体系。 27. 健全企业监测预警应对机制。 28. 建立行业协会商会规范发展机制。 29. 增强行业协会商会市场服务能力。 30. 健全企业“走出去”服务机制。
合计	14	19

《温州市创建新时代“两个健康”发展先行区总体方案》中具体提出的30条主要任务，其中前8条是推进非公经济人士健康发展的举措，后22条是推进非公经济健康发展的措施。

在促进非公经济人士健康发展的任务中，第4点“健全企业信用联合奖惩机制”和第5点“健全企业社会责任履行机制”是非公人士自身很难实现，但是对于企业健康发展极其重要的。长期以来，这方面内容的缺失或不完善，给非公人士及其企业带了巨大的挑战甚至巨大的损失。因此非公经济人士非常期盼政府在这两方面的工作尽快推进，高质量推进。换个角度，这两方面的工作没有做好，非公经济人士、包括大量的老百姓是会产生“不满意”的。因此，着力完成好这两方面的任务，是极其重要的。

在促进非公经济人士健康发展的任务中，第1、2、3、6、7、8这6条，仔细分析和琢磨会发现，这几个方面的任务，并不是非公经济人士认为政府必须做或是应该做的，因此没有完成，非公人士不会“不满意”。当政府能够积极地推进这几个方面的工作，非公经济人士会得到“被鼓励”“被认可”“被关怀”等积极的情绪和状态，特别是“提高社会政治地位”的激励效果特别明显，得到非公经济人士的欢迎。另外，在访谈中发现，第7和第8点的任务，政府在推进过程当中要非常谨慎。不同企业对于党组织的设立有不同的看法和需求，有些企业将此作为一种政治待遇，有些企业则认为是一种负担。所以在推行的过程中要提升组织的认识和培养企业的意愿，避免把激励因素变成了产生不满意的因素。类似的情况在上市推进的专员联系制度中也存在。当企业主动联系专员帮助解决企业相关问题的时候，企业非常感激政府的帮助；当企业定期接待专员，被动地应付专员的时候，因此产生了负面的情绪。

在推动非公有制经济健康发展的22条任务中，第9至15条，第17、18、第21、23和25共12条属于保健措施；而第16、18、19、20以及第22至30共13条属于激励措施。比较特殊的是打“*”的第18、23、25条措施中，部分具有保健功能，部分具有激励作用。

在企业调研中发现，保健措施中的诸多方面，都是企业对现在政府工作和社会现状存在不满意的地方。内容涉及政府守信践诺的情况、政务公开水平、政府对企业事项的审批管理、对行政效能的监督、对市场机制的设计、对各类市场主体合法权益的保护、增加企业额外成本的做法、市场监管问题、受城市相关条件限制无法招引人才、因为监管问题让企业利益受损等多个方面。可以看到，这些问题的解决都是相当不容易的，常常需要伴随政府许多机制的深化改革。

相比之下，许多激励措施的设计，相对来说更多地注重关怀、鼓励和完善，涉及企业家帮扶关爱机制，降低小微企业创新创业成本，健全企业闲置资源盘活机制，健全商事纠纷解决机制，推进人才强市、创新驱动，推进金融综合改革，加快构建现代化产业体系，健全企业监测预警应对机制，建立行业协会商会规范发展机制，增强行业协会商会市场服务能力，健全企业“走出去”服务机制。这些措施的推进和实施，是可以帮助企业增加对政府的好感和满意度的。

三、双因素分析：“两个健康”的 80 条

为加快创建新时代“两个健康”先行区，再创民营经济发展新优势，温州市政府按照《温州市创建新时代“两个健康”发展先行区总体方案》和《关于创建新时代“两个健康”先行区加快民营经济高质量发展的实施意见》等文件精神，制定包括十大方面共计 80 条政策措施。本章运用双因素理论的视角，结合企业调研和访谈结果进行分析，如表 18.2 所示。

表 18.2 “两个健康”的 80 条相关政策和具体措施的双因素分析表

80 条政策措施	保健措施	激励措施
一、产业发展扶持方面		第 1–11 条
二、金融支持方面	第 18、19 条	第 12–17 条
三、科技支持方面		第 20–26 条
四、上市支持方面		第 27–32 条
五、人才支撑方面	第 37、41 条	第 33–36，38–40 条
六、土地支撑方面	第 42、43 条	第 44 条
七、开放型经济发展方面		第 45–55 条
八、放宽市场准入方面	第 56、57 条	第 58–60 条
九、优化营商环境方面	第 61–68 条	
十、关爱企业家方面		第 69–78 条
合计	16 条	62 条

从表 18.2 中可以发现，与政府管理职能相关的内容，多数是保健性的措施，包括以下五个方面，共计 16 条。

金融方面，深化联合授信管理机制，完善企业金融风险监测预警防控体系；建立信用受损企业、入黑名单企业和破产重整企业信用修复、污点销号机制，完善诉调对接和预重整机制。

在人才方面，加大人才住房保障力度和便捷周到的人才服务机制是企业非常渴求的。很多企业苦于外界环境的限制导致的人才流失或是无法引进人才。

土地方面，工业用地供地方式和民营企业用地紧张问题一直是企业调研中的痛点问题。历年来反映批而未供、供而未用、用而未尽、建而未投、投而未达标等“五未”土地问题常常是企业主不满意的方面。

市场准入方面，企业家希望确实地保障各类市场主体依法平等进入负面清单以外的行业、领域和业务；对于工业产品生产许可证制度也是非常期盼的。

最重要的是营商环境方面，几乎全部的 8 条措施，都是直指目前损害非公经济组织的相关利益、挫伤非公经济人士情感和动力的相关问题，包含相关制度的建立和完善、相关的立法工作。

相比较而言，激励性政策措施包括九个方面共计 62 条。这些措施的共同特点是，以支持性、鼓励性、引导性措施为主，侧重企业从生存阶段转向发展阶段、升级到高质量发展所需要关注的方面，多数以补贴和奖励的方式进行推进。

四、双因素解读的启发

基于大量的企业调研和企业家访谈，并通过创新性地运用双因素理论的思想和方法，本章对推进“两个健康”先行区建设相关的 30 项任务和 80 条政策措施进行梳理和分析，发现了具有一定借鉴价值的研究结论和启发。

（1）保健措施是与防止非公经济主体或是非公经济人士感觉不满意的那些因素相关的措施，激励措施是与使非公经济主体或是非公经济人士感觉满意的那些因素相关的措施。

（2）保健措施是基础，没有保健措施这些基础，激励措施对非公经济主体或是非公经济人士而言只是空头支票，而且会严重挫伤非公经济主体或是非公经济人士对政府的信任度。例如，没有解决政府工作人员“吃拿卡要”的营商环境问题，非公经济主体或是非公经济人士会认为，所有的政府奖励都需要附上关系和贿赂等额外的代价；如果政府对于很多承诺没有兑现又无任何解释说明，非公经济主体或是非公经济人士对政府政策的执行度预期就会大打折扣。因此在时间和资源有限的情况下，政府需要重点保障保健措施的实施和完成，从而为激励措施的推进奠定良好的基础。

（3）激励措施是关键，没有激励因素这个关键，好的保健因素不能自动地对非公经济主体或是非公经济人士产生激励效果。因此，要想促使非公经济主体或是非公经济人士朝着战略性行为的方向努力，促成高质量发展目标的推进，必须通过激励措施对非公经济主体或是非公经济人士进行引领。

（4）新时代“两个健康”先行区的推进，需要同时具备保健因素和激励因素，二者相辅相成。不同于非公经济主体或是非公经济人士，政府需要更加宏观和高远的发展思路和路径引领，同时政府又必须脚踏实地做好基础的城市环境建设和民生保障工作。

（5）建议当前政府要花大力气完成保健措施。对于政府出台的相关政策措施，非公经济主体或是非公经济人士通常更加关注“保健措施”。因为非公经济主体或是非公经济人士更加注重当前企业生存过程中遇到的困难和障碍，尤其是这些困难和障碍是由当地政府和区域环境造成的。一些非公经济主体或是非公经济人士选择移到外地发展，或多或少都存在保健因素的影响。保健措施对于大部分企业特别是当地经济的长远发展具有基础性的意义，需要下苦功夫实现。

（6）对于许多发展得较好的区域领头羊企业和隐形冠军、专精特新等重点企业，政府要积极落实相关的激励措施，从而建立非公经济主体或是非公经济人士与区域的强情感连接。

（7）为保证政策措施的最佳效果，在政策的执行和落地方面，保健措施要注重系统、科学、合理、公平公正和信息透明；激励措施要注重个性化处理，根据不同对象特点给予选择的空间。这样才能真正激发非公经济主体或是非公经济人士的活力和健康持续发展。

本章基于非公经济主体或是非公经济人士的大量访谈，并从赫茨伯格双因素激励理论的视角入手，针对温州促进“两个健康”先行区建设的30条任务和80条政策措施进行分析，并在此基础上提出一点建议，希望思考和分析的结果对促进温州的“两个健康”先行区的建设有所启发。

五、对策建议

1. 基于数字化进行顶层设计，构建民营企业服务系统

信息化和数字化技术，为更有效地服务民营经济提供了条件。建议温州市政府做好顶层设计，形成体系化的企业服务系统。第一，运用虚拟大部制的方式，整合管理和服务企业的多个部门，协同工作，服务民营经济。第二，参考电子政务大数据库的方式，着手筹建区域行业大数据库、企业数据库，对行业规模、人才数据、健康指标、风险类型等与社会治理和公共政策服务相关的数据进行收集和整合，并分类统计。第三，以信息化支持政策制定，充分发挥信息支持管理决策的价值，分类施策。综合行业数据分析的基础和企业需求调查，分类分行业进行精准施策。第四，分不同阶段和时间期限，跟踪政策的推广、实施、效果和后评价等，作为政策调整和设计的决策依据。

2. 精准把握企业需求，分类施策，精准落地

以信息化促进精准定策，以数字化推进精准通达，以专业化帮助精准执行，以后评价助力精准改善。第一，基于企业大数据，对企业分层分类，精准发送相关信息和最新政策，并跟踪可执行性。第二，重点做好政策解读和执行相关准备工作，保证政策的可执行性，实施信息公开透明，不断强化政府正面形象。第三，建议“助企服务员”从民营企业服务系统中筛选专业人员，并进行分类培训，在信息系统的支持下，开展企业政策落地服务。

3. 下决心啃硬骨头，坚固民营企业主的区域发展信心

确实关心爱护民营企业家，举全国之先，主动破解关乎民营经济发展的重要难题。一是，积极推进申请废除金融“连作”担保的做法，保护好企业家这种重要的稀缺资源。二是，大力发展与人才有关的公共服务，较为彻底地解决企业主要技术员工市民化问题。重点在三个环节：教育、居住和户籍。下决心大力兴办教育，解决小孩读书的核心问题；创新性盘活温州现有大量的空置房子进入租赁市场，例如房产空置税，或是允许企业空置宿舍或房源以“共享宿舍”的方式进入租赁市场；改革户籍政策，消除落户壁垒，为温州民营经济吸引各类人才资源，也为温州超千万人口奠定基础。

4. 畅通企情直通车，夯实民营经济发展“心基础”

“心基础”是民营经济对地方政府的“信任”“理解”“支持”和“认同”。要建立这样的政企关系，最为重要的是，政府能够虚心接受企业的批评，能够勇敢面对自己的不足。第一，建议开通“企情直通车”作为政策后评价和政策需求信息收集的渠道。第二，不断加强服务型政府的观念，关注以企为本的服务，事事有回应，政策能落地。第三，有关企业家如何向政府反映相关问题，建议引入第三方评价，基于大数据，兼顾长短期，防止打击报复。第四，建立企业政策后评估机制。评价与政策相关联的民营经济发展结果，形成政策的可执行性、政府的承受能力等相关研究成果，不断支持系统优化。

第十九章　匠心创业：小精尖科技型企业研究

一、研究背景

小精尖企业主要指具有专精特新发展方向，或是在一定细分行业具有优势地位的中小企业，它们是温州民营经济的未来，也是温州经济转型升级的重要力量。本研究在多种现有分类的基础上，选择企业营业收入、税收贡献、成长性和研发投入等指标作为小精尖企业的选择标准，对温州现有的各种类型企业进行梳理和筛选，形成温州典型小精尖企业和小精尖培育企业库。接着通过对典型小精尖企业和小精尖培育企业中的突出企业进行调研和访谈，调查和分析温州小精尖企业的成长路径及其面临的挑战。在此基础上，从政策环境、创新服务平台、人才支撑等方面多管齐下，构建适合“小精尖”企业成长和发展的城市空间，从小精尖企业培育专项等几个重点方面给出对策建议，以期加快推进“小精尖”科技型企业的优质成长，使其快速成为温州经济高质量发展的“四梁八柱”支撑。

中小微企业是温州经济发展的特色和优势，在促进经济增长、推动创新、增加税收、扩大就业、改善民生等方面发挥了重要作用。但总体上，温州中小微企业发展水平还有待提升，存在产品品质不高、创新能力不强、同质低价竞争普遍、运行管理粗放、生产经营不精等问题。温州经济发展正处于结构优化、质量提升、动力转换的关键期，推进中小微企业特别是制造业企业主动适应和引领经济新常态，借鉴发达国家中小企业发展经验，走“专精特新”发展道路，进一步提升发展质量和效益，对于加快温州经济转型升级、高水平全面建成小康社会具有重要意义。

为了进一步掌握温州小精尖企业的整体情况，对温州现有的60家小精尖企业进行初步调查，同时走访了相关管理机构、行业协会和相关技术平台以及民间投资机构。将调查了解到的情况进行分析，总结温州小精尖企业的现状，梳理小精尖企业发展过程中的相关问题，了解企业的政策需求，在此基础上提出相应的对策建议，以期为温州市政府的政策提供参考。

二、小精尖企业基本形态及概况

本文研究温州小精尖科技型企业，这类企业在现实中有多种表现形式，“瞪羚企业”“隐形冠军培育企业”“高新技术企业”“高成长型企业”、具有“专精特新”方面性质的科技型企业、“独角兽”型企业，“科技型中小企业”等称号和标准中都含有小精尖的特性。这些企业称号也各自拥有相应的标准。

“瞪羚”一词源自硅谷，“瞪羚企业”的概念诞生于20世纪90年代。最初由美国麻省理工学院教授戴维·伯奇（David Birch）提出。创业企业跨越死亡谷、进入快速成长期被称为瞪羚企业，也被称为高成长企业。

《浙江省人民政府关于推进中小微企业“专精特新”发展的实施意见》提出，推进中小微企业“专精特新”发展，培育“隐形冠军”，加快经济转型升级。“专精特新”是指“专业化”“精品化”“特色化”和“创新型”。制定“专精特新”企业入库培育标准，实行省、市、县分级培育。对“专精特新”培育企业的产品、产值、税收、用地、能耗、安全、环保等信息进行综合管理，定期开展监测分析。

科技型企业是指产品的技术含量比较高，具有核心竞争力，能不断推出适销对路的新产品，不断开拓市场的企业。这一类企业一般分为两类：一类是通常意义上的科技型企业，主要从事信息、电子、生物工程、新材料、新能源等技术产业领域的产品和新技术的开发、应用；另一类为以客户信息和偏好开发供应链管理或特许经营、知识密集为特征的公司。

《高新技术企业认定管理办法》所称的高新技术企业是指：在国家重点支持的高新技术领域内，持续进行研究开发与技术成果转化，形成企业核心自主知识产权，并以此为基础开展经营活动，在中国境内（不包括港、澳、台地区）注册的居民企业。

为加快传统产业改造提升，浙江省经济和信息化委员会于2017年3月启动2017年度中小企业“隐形冠军”培育工作。工作分为隐形冠军认定和培育两个层次。

1.“专精特新”培育企业

截至2017年，温州市“专精特新”企业培育库有2535家企业，培育数量和报送率均居全省第一。2016年总体税额贡献是10.58亿元，2017年总体税额贡献是13.7亿元，增长率高达30%。其中2017年纳税超过1000万的仅有侨瑞皮业有限公司一家；纳税超500万的也仅有温州聚星电接触科技有限公司；200万到500万之间税额的有23家；100万到200万之间税额的有275家；50万到100万之间税额的有927家；其余的企业纳税不足50万。如图19.1所示。

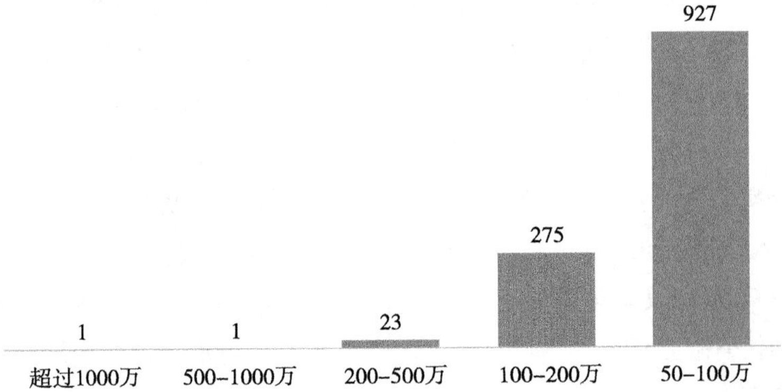

图19.1 温州市“专精特新”培育库企业2017年税收分布（单位：元）

2. 科技型企业

4417家温州科技型企业中，税额超过500万有287家，200万至500万的464家；959家高科技企业，2018年1–5月份主营业务收入超过500万的有236家，200万至500万的272家。

截至2017年，温州市省级科技型企业累积4417家。2016年总体税额贡献是100.26亿元，2017年总体税额贡献是110.79亿元，增长11%。其中2017年纳税超过亿元的11家；纳税超5000万且不足亿元的有20家；1000万到5000万之间税额的有152家；500万到1000万之间税额的有180家；100万到500万之间税额的最多，有1092家，如图19.2所示。

温州市省级科技型企业中，2014年到2017年研发经费的投入情况，如图19.3所示，100万–500万投入占大多数。研究开发投入方面，稳步增长，2017年投入在1000万以上的，科技型企业达122家，高新技术企业达112家。

截至 2018 年 3 月，全市共发展实体研究院 16 家，成立国家大院名校温州联合研究院及 2 个分院、6 个技术转移中心（工作站）等非实体研究院。全市实体研究院的人员总数达到 522 人，研发投入 2 亿元；引进大院名校参与共建各类创新载体 200 余个；引进大院名校实施科技项目和解决技术难题 3000 多项，实现技术交易额 10 亿元。借建设国家自主创新示范区的契机，用足用好先行先试政策，将实体研究院与产业快速高效结合，温州已经初现成效。

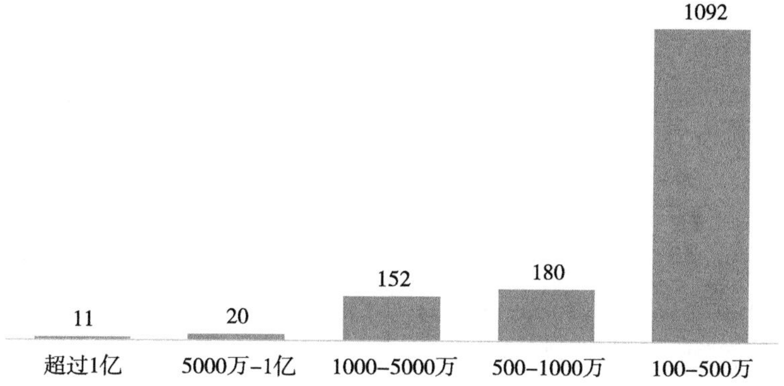

图 19.2　温州市科技型企业 2017 年税收分布（单位：元）

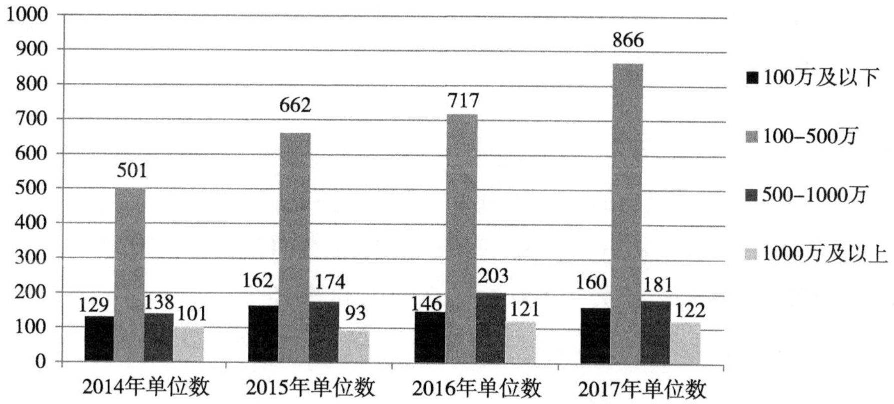

图 19.3　温州市科技型企业 2014—2017 年研发经费分布（单位：元）

3. 高新技术企业

截至 2017 年，温州市高新技术企业累积 959 家。2016 年总体税额贡献是 63.3 亿元，2017 年总体税额贡献是 68.4 亿元，增长 8.3%。其中 2017 年纳税超过亿元的 7 家；纳税超 5000 万且不足亿元的有 14 家；1000 万到 5000 万元之间税额的有 115 家；500 万到 1000 万元之间税额的有 123 家；100 万到 500

万元之间税额的最多，有 433 家。如图 19.4 所示。

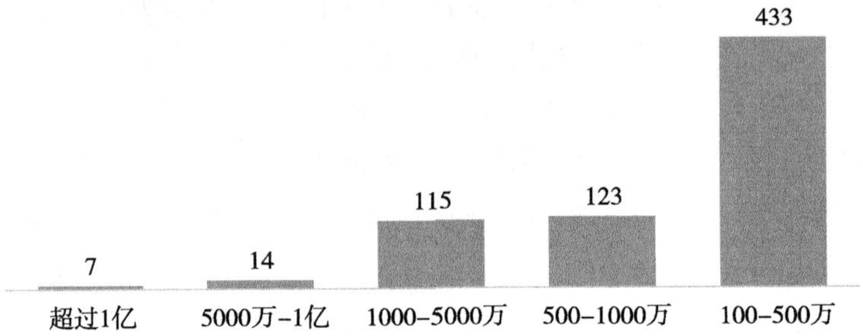

图 19.4　温州市高新技术企业 2017 年税收分布（单位：元）

4. 隐形冠军培育企业

截至 2017 年温州隐形冠军企业 2 家，隐形冠军培育企业 52 家，隐形冠军培育企业数量在全省名列前茅。温州不少隐形冠军培育企业具有亩均贡献大、产品市场份额高、创新驱动能力强、企业发展前景好的特点，拥有专注、专业、开放、创新的突出特质。

52 家隐形冠军培育企业中 12 家企业全国细分市场占有率排名第一，24 家企业排名前 5；2017 年共实现主营业务收入 77.8 亿元，同比增长 12%，高于规模以上工业 6.6 个百分点；科技活动经费支出合计 4.7 亿元，同比增长 62.6%，高于规模以上工业 32.3 个百分点。

隐形冠军培育企业，2016 年总体税额贡献是 2.978 亿元，2017 年总体税额贡献是 3.09 亿元，增长 3.9%。52 家隐形冠军培育企业的利税分布，其中税收超过 1000 万元的 9 家（熊猫乳业、美森电器、华远汽车零部件、博德科技、球豹阀门、汇顺达工贸、伏尔特电器、永一阀门以及凯奇集团）；税收 500 万至 1000 万元之间税额的 16 家；200 万至 500 万元之间税额的 16 家；100 万到 200 万元之间税额的有 5 家；50 万到 100 万元之间税额的有 2 家。分布如图 19.5 所示。

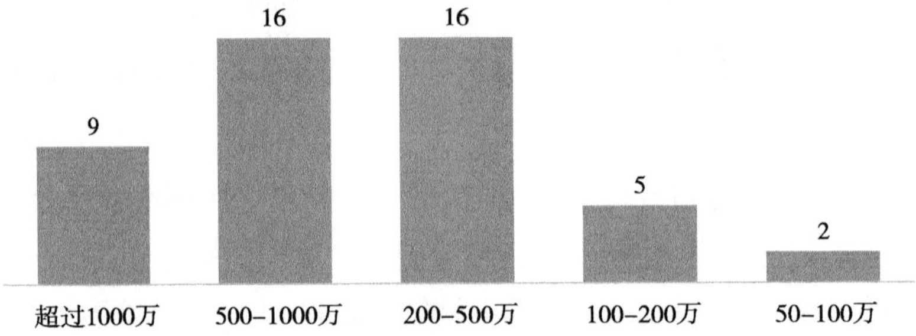

图 19.5　温州市隐形冠军培育企业 2017 年税收分布（单位：元）

5. 新三板挂牌企业

新三板挂牌企业中有一部分企业也具备小精尖的特性，它们成为温州经济发展的一支重要力量。截至 2017 年，温州市新三板挂牌企业 72 家。截至 2018 年 5 月 7 日，新三板挂牌企业中有 10 家企业已经停止挂牌，通过调研了解到，除了个别企业没有联系或表示保密，大多数企业表示挂牌的目的是为上市做准备。新三板停止挂牌筹备上市的企业名单如表 19.1 所示。

表 19.1　新三板停牌企业列表（筹备上市）

序号	企业名称
1	达威电子
2	亚光科技（中小板）
3	永宏电气
4	加西亚
5	佳博科技股份
6	乔顿
7	创力电子
8	新邦
9	珠城科技（主板）
10	世博新材（港股）

三、温州小精尖企业概况

（一）小精尖科技型企业的筛选

本文研究的小精尖科技型企业的选择标准，通过调查访谈相关方面的专家和实际工作者，参考以上各类企业的特点和标准，并考虑科技型企业的发展方向，最终选择几个维度来确定温州小精尖科技型企业的基本特征。

1. 营业收入

本研究设定小精尖企业的营业收入为 5000 万到 4 亿元之间，其中 2 亿元以上的企业是典型的小精尖企业，5000 万到 2 亿元营业收入的为小精尖培育企业，将营业收入在 3000 万到 5000 万元的企业设定为小精尖预备培育企业。

表 19.2 小精尖企业筛选标准（营业收入）（单位：元）

营业收入	2 亿到 4 亿	5000 万到 2 亿	3000 万到 5000 万
分类	典型小精尖企业	小精尖培育企业	小精尖预备培育企业

2. 税收贡献

由于营业收入等企业个体数据的获得性原因，本研究在筛选小精尖企业的时候，也参考了税收数据。本研究设定小精尖企业的税收为 1000 万到 3000 万元之间是典型的小精尖企业，300 万到 1000 万元税收贡献的为小精尖培育企业，将税收贡献在 100 万到 300 万元的企业设定为小精尖预备培育企业。

表 19.3 小精尖企业筛选标准（税收收入）（单位：元）

税收收入	1000 万到 3000 万	300 万到 1000 万	100 万到 300 万
分类	典型小精尖企业	小精尖培育企业	小精尖预备培育企业

3. 成长性

成长性是小精尖企业的重要特征，参照成长型企业特征，本研究设定营业收入或纳税额连续三年的年化增长率超过 20% 是典型的小精尖企业，波动的情况下三年年平均增长率为 20% 为小精尖培育企业。

4. 研发投入

高的研发投入是小精尖企业的重要特点。本研究参照高新技术企业的认定条件，如表 19.4 所示。

表 19.4 小精尖企业筛选标准（研发投入）（单位：元）

销售收入	2 亿以上	5000 万到 2 亿	不到 5000 万
分类	不低于 3%	不低于 4%	不低于 5%

由于企业研发经费数据的获得性因素，本研究同时参考省级或是市级企业研究中心的设立状况作为认定条件。

（二）温州小精尖企业

根据企业规模、成长性和研发投入几方面的要素，对温州几个类型的企业进行筛选。

1. 典型小精尖企业

高新技术企业中，2017 年税收收入在 1000 万到 3000 万元的企业共计有 100 家，其中近三年保持较高增速的企业，共计 46 家。

高成长科技型中小企业中，2017 年税收收入在 1000 万到 3000 万元的企业共计有 8 家，它们是典型小精尖重点企业。

隐形冠军培育企业中，2017 年税收收入在 1000 万到 3000 万元的企业共计有 9 家，是典型小精尖重点企业。

省科技型企业中，2017 年税收收入在 1000 万到 3000 万元的企业共计有 100 家，是典型小精尖重点企业。

将以上各典型小精尖企业名单进行合并，得到温州典型小精尖企业名单，共计 137 家，名单略。

2. 小精尖培育企业

高新技术企业中，2017 年税收收入在 300 万到 1000 万元的企业共计有 261 家，其中近三年保持较高增速的企业，共计 110 家。

高成长科技型中小企业中，2017 年税收收入在 300 万到 1000 万元的企业共计有 52 家小精尖培育企业。

隐形冠军培育企业中，2017 年税收收入在 300 万到 1000 万元的企业共计有 23 家，大多数企业都是稳步发展中，它们是小精尖培育企业。

省科技型企业中，2017 年税收收入在 300 万到 1000 万元的企业共计有 421 家，多数企业都是稳步发展中，它们是小精尖培育企业。

将以上各小精尖培育企业名单进行合并，得到温州小精尖培育企业名单，共计 472 家，名单略。

典型小精尖企业和小精尖培育企业的具体名单和案例资料本文略。

四、小精尖企业发展的问题与挑战

联系温州典型的小精尖企业以及小精尖培育企业，累计联系和访谈企业超过 60 家，特别关注科技型中小企业的发展问题，重点访谈了主要负责人和企业高管，现将企业反映问题和建议汇总如下。

（一）涉企政策及其服务通道有待打通

调研中发现，受访企业家对政府近两年出台的政策给予支持，特别肯定政府的政策水平不断提高。部分企业家充分肯定政府抓重点项目，鼓励支持发展潜力比较大的企业的思路和做法。同时，企业家提出“温州的营商环境水平的高低，根本上来说，是由温州的中小民营经济的生存感受决定的”。近年来温州市重视民营经济发展，各级政府出台了很多好的政策文件，但是到了中小企业身上却感受并不明显。企业家形容这些是“躺着睡”的文件、“选择性”的政策、“吃不透”的政策、“不能落实”的政策和“高不可攀”的政策。有些政策的落实，最终是为了基层其他工作的“简单”和“方便”管理而被耽误时间，从而损害企业应有的利益，也在一定程度上打击了其他企业家的积极性。

造成这些现象主要有几个方面的原因：一是企业缺乏统一的涉企政策获取渠道。很多政策性文件交到街道的某个部门的工作人员手中，即是政策的终点，政策的“最后一公里”没有打通。这其中存在缺乏政策配套的解释，基层相关工作人员缺乏与政策相关的业务指导，因而无法很好地理解和执行的情况，也存在相关文件编制不够完善，存在很多不明确的可操作空间，从而形成了企业被“选择性”执行的情况，同时助长了“吃卡拿要”“小鬼难缠”的风气，制约了企业的发展。同时，由于缺乏政策发布的透明度，基层往往同时运用不同的多个文件，根据企业对象与领导的关系程度，“选择性”地执行文件，而不是执行最新的政策文件。随着监管的加强，“懒政”现象又让企业陷入“办事难”的境地。受访企业家坦言，需要花费 30%~40% 的精力与政府打交道，如果把企业和政府打交道的时间和精力腾出来，放在研发和市场开拓上，企业应该能够发展得又快又好。此外，受访者表示，政府的政策缺乏弹性和改进机制，常常用“改不了”来应对政策执行中发现的明显缺陷。

（二）动能转化平台和创新环境有待加强

小精尖企业的发展，离不开当地的创新环境，需要硬件和软件的支撑。企业家普遍反映温州缺乏为企业服务的科技创新服务平台，这是多数企业无法自行解决的问题。对于共性问题，行业短板的扶持，高新技术、市级省级设计和研发中心等，都需要政府干预。政府投入不足，就很难通过建设研究所和相关的科技创新平台，把人才引进来为本地的大量企业服务。以中国鞋都为例，要创建国际品牌，成为世界一流的鞋都，鞋都质检院和时尚设计院的设立就是重要的推进企业转型升级的公共服务平台。

与创新平台相配套，目前温州的许多工业区连最基本的公寓、公租房配套都没有，很难让员工安心工作。大拆大整是城市发展的重要举措，同时也带来了企业人员居住成本急剧上升的巨大挑战。另一方面，由于政策过于死板，缺乏创新性，导致一些资源被浪费。据受访企业家反映，炬光园工业区旁边 5 亩地，最初计划建设人才公寓，纳入高级人才计划，由于政府缺乏资金，计划由企业出钱建设并拥有 30 年的使用权。但是讨论后，现成的几种模式都不合用，因为没有现成的政策可以套用，政府不能出具合同，人才公寓最终没有谈成功。目前这块地已经闲置 20 年。土地既不能卖，又不能建，又不能给企业建，造成了巨大的浪费。

近两年温州的城市面貌发生了很大的改变，但是工业区仍然是脏乱差随处可见，这些与经济和社会发展需求不匹配。随着 80 后和 90 后成为就业主力群体，工业区环境无法满足他们对工作和生活环境的要求，会成为制约现有工业区持续发展的重要因素。

（三）公共服务亟待全面提升

多数受访企业家表示，明显感受到这两年政府对企业的关心加强了，政府重视解决重点和骨干企业的困难，这样做是对的。几个隐形冠军培育企业在接受调研时表示，企业的困难已经通过驻企营商专员反馈给政府，在期待政府的答复。另一方面，由于政府的资源的有限性，政府对企业的个性化服务是很有限的，因此政府需要在公共服务上惠及大多数的企业。受访的企业家表示，温州的公共服务有待提升，主要体现在几个方面。

小精尖企业仍然缺乏直接和间接融资渠道。涉企服务仍然存在很多需要优化的环节，存在一些多余的审批事项，造成很大的资源浪费。例如某企业家已经被商务局批准获得 APEC 国家签证，但是为了获得工业园管委会的盖章就奔波四五次，还需要恳请批准。这些系统内部可以查询和确认的信息，还需要耗费企业大量精力。地方政府拿出很多“真金白银”的优惠，没有配套的优质服务，依然无法达到预期的效果。

目前还存在政策享受需要依靠领导的模式，存在“只能找熟人办，该办的不办或是拖着办”的情况。企业家反映，相关服务投诉的可操作性很差，企业落地在一定的被管理区域，很难冒险进行投诉。

目前企业对配合区域转型提升带来的风险和成本有所顾虑。相比外地，温州市新开发区域的配套先行性不够，导致企业不敢积极搬迁，害怕因此造成大量员工流失。

（四）人才支撑仍需强化

受访企业家中95%的人都提及人才问题，认为这对企业发展的制约越来越明显。一方面温州的高房价，成为阻碍人才扎根工作的重要因素。另一方面，企业人才子女的入学问题，始终是人们关心的重点，成为许多企业引进人才的难点和痛点。关于解决企业中层干部和技能人才子女的入学问题，目前的政策门槛过高，很多人才无法享受到。

五、加快小精尖企业培育和发展的对策建议

（一）全面升级涉企政策及其服务通道

建议采取“精准施策”的涉企政策专项行动。

一是建立统一的面对企业的政策发布和服务平台。按照不同类型划分模块，相应的内容交给负责的相关部门进行维护和更新，保证最新版本政策的可查性和可获取性。对于针对特定企业群体（例如某类型企业）的重要的政策信息，可以采用短信群发的方式发送给企业负责人。

二是全面进行涉企政策的时效性梳理。按照国家、省、市、区不同层级进行，集中清理之前的过期和无效的政策。对于现行政策进行集中的网络公布，建议对于温州市出台的政策设定试行期和执行期，充分收集来自企业对象的反馈信息。

三是明确牵头部门，建议由经信委牵头，对所有涉企政策进行发布前审查，重点审查政策的可执行性，保证发布的涉企政策有明确执行的部门地址、负责人、窗口、电话等信息，并有明确的相关材料要求，纳入“最多跑一次”的评估范围。对于涉及资金的部分，进行总体测算和总量把控，以免出现无法执行的情况。要会同相关部门以及行业及领域相关专家谨慎评估政策出台的连带效应，是否与市场经济依法管理的相关规定矛盾，是否影响企业物权产权等相关权利的执行，是否对企业的贷款、未来挂牌和上市等造成直接或间接的影响。

四是形成政策闭环。基于政策发布平台设立涉企政策执行反馈通道，作

为政策后评价的信息基础。为了让政策实施达到预期效果，可以通过网络平台举行类似听证会收集来自不同行业、领域的建设性意见，基于政策反馈，对于需要及时调整的情况进行必要的政策版本升级。

五是对于企业的认证和奖励政策不要政出多头，尽量归口到财政或是税收部门，有利于提高执行效率。

六是采取组团式服务。目前的营商专员、驻企服务员等方式有一定的帮助，但是由于企业问题的复杂性和专员的跨专业性，企业反映服务效率不够高。建议在服务重点发展对象时，采取组团式服务，将企业的经济口、城建口等相关部门涉及土地、规划、建设等企业相关内容的人员组成服务组，以利于高效解决问题。

（二）借力动能转化平台构建产业创新环境

政策保证，强力推进工业区的科技创新服务平台配套。为保证项目扎实开展，需要付出实际的代价，可以学习广东的做法，按照20%~30%的工业区土地配套进行规划，专门提供给研发中心和人才公寓。将科技创新公共平台纳入现有的正在建设的工业区建设中，作为必备设施进行规划。同时将世界前沿相关科技政策的解读纳入科技创业平台，为行业发展注入最鲜活的信息。

动能转化平台的配套建设，光靠政府的力量效率太低时间太长。可以考虑与企业合作，将合适的企业研究院升级为行业技术创新服务平台，例如宣达集团的企业研究院，希望将自身的检查设备与同行共享，又如彦林网络科技股份有限公司也愿意与政府合作，将他们先进的鞋类检测服务开放。

创新小精尖企业研发培育。许多中小企业还不够规范，缺乏与研发相关的统计，导致无法满足政府设定的重点科研项目的条件。建议建立约300家规模的企业研发培育库。对于纳入研发培育的企业，指导其形成规范研发投入的辅助账，并监督落实与联合认证，再以项目补贴方式发放。或者在初期直接给予培育企业每年支持重点科研项目，连续三年（经费在10万~20万）的政策。

（三）全面提升公共服务

一是强化金融支持。建议设立温州地方性的融资信用平台。探索率先运用区块链金融技术，将中小企业与其配套的大企业的供应链关系作为信用的重要参数，发展温州小精尖企业的信用记录。还可以鼓励金融创新，国资参股或控股的金融机构可以依照企业利润和税收增长情况，向有潜力企业提供信用贷款。此外，地方政府产业基金可以考虑设立科技贷款专项，给企业在产品研发和机器换人过程中迫切需要的科技贷款提供支持。龙湾区5月初设立规模初定为5亿元的产业基金（其中一期规模为2亿元），引导金融资本和社会资本投入实体经济，推动该区创业创新和产业转型升级。可以借鉴龙湾区的做法，成立小精尖科技型企业的发展基金，聘请托管银行，根据企业利润给予商业贷款。还可以鼓励和引导小精尖走新三板挂牌和地方股权交易市场的道路，以拓宽直接融资的渠道。

二是优化涉企服务。切实提高涉企服务效率和质量，建议进一步梳理有关的涉企服务，为了提高效率和提升效果，建议让企业通过统一的涉企政策平台反馈需要改进提升的项目，成立专项小组，在2018年度进行专项提升。

除了提高涉企服务的效率，还需要大幅度提高涉企服务的质量。以税务服务为例，可以向杭州市学习，税务服务人员进入小精尖企业，根据企业的具体情况，教授企业如何利用现有的税收政策，如何设计税项申报，哪些方面可以抵免税，如何合理避税，站在企业的角度帮助企业，这些优质的服务让很多企业愿意选择把其他区域的项目迁回本地，为温州的经济做贡献。

建议公共服务质量方面，政府加大对基层工作人员的职业教育，帮助他们转变思路的同时，可以创新“飞行检查”的质量巡查方式，加强与企业有关服务的监督。

对于小精尖科技型企业，主动进行宣传报道，实事求是宣传企业的好名声，提高企业的知名度，引起地方政府重视，以便更优质更快捷地解决企业发展难题，帮助企业做大做强。提高企业知名度的同时也有助于企业获得更多的发展资源。

三是降低企业与政府的沟通成本。着力理顺企业与政府的沟通渠道。通过网络发布和基层联系，切实解决好政商关系。对于政府找企业的情况，要把握好对企业关心的度，送关心到企业，鼓励企业进行转型升级，在企业认为不需要的时候，需要尊重企业意愿，站在企业的角度，避免给企业造成“干预”的错觉。要让企业明白地知道，在企业需要的时候，有问题可以找到政府。要保持企业到政府的通道畅通。

进一步拓展和用好涉企政策发布平台，在隐去部分商业信息的基础上，凡是应该透明公开的信息，都尽量发布。企业家反映在政府委托开发商或是委托第三方进行服务的时候，会出现信息不对称的情况，埋下隐患从而严重影响营商环境。建议政府服务企业的项目，尤其是服务多家企业的政府采购和服务外包项目，可以通过公开政府的相关具体要求（亩产要求、税收要求、环保要求等相关要求），来保障受委托企业的行为和服务受到被服务对象的监督，从而有效地保证服务质量。

四要切实帮助企业降低各种成本。企业家建议，学习广州的做法，降低温州绕城高速收费（以2~3元为宜），同时建议把温州北的罗东出口5元收费取消，目前温州瓯越大桥过来从罗东出口出来要收5元，从罗东去温州要过罗东出口要收5元，被收费的大部分是来自功勋企业伯特立和巨龙企业工正集团的员工，应取消收费方便员工进出。

建议政府加快瓯江口新区的配套先行，将道路、公交、轻轨、公租房和生活基本设施等配套提前建设，为企业入驻打好基础。

土地使用方面，建议工业用地优先供给高新技术企业和传统优势产业。建设宽松公平的供地环境，对于一些潜力还没有发挥出来的企业，可以采用先租后买的方式进行，根据企业后续发展提供优先购买的机会。近几年政府要快速地建立小微园，提供充分的工业厂房，以有利于温州经济的发展，此外还可以探索可分割产权的厂房销售方式，从而更好地满足小精尖科技型企业的发展需求。

（四）强化人才支撑

人才需要的东西，就是政府需要着力解决的问题，公共服务的配套是强化人才支撑的基础保障。一是科学测算人才政策的收益面。受访企业家建议，对温州的人才政策，应按实际的受惠面有多大，其中企业人才的比重有多少进行测算。以民营经济为主的温州，在人才的定义方面，应该考虑企业的人才特点，考虑企业技能型人才。企业家提出，企业解决大量就业，为当地贡献税收，应该在企业员工子女就近入学问题上给予一定的考虑。

二要从平台支撑和环境支撑两个方面强化人才支撑。平台支撑主要是科技创新平台和企业事业平台，环境支撑则需要政府提供外部的生活环境。主要体现在住房和子女入学两个重点。因此建议政府将人才政策的补贴费用转化为对人才公寓和子女入学两个方面的推进。可以盘活既有资源，调用国有资产中空置的房子，通过短时间的改造提升成为人才公寓。同时也可以利用“大建大美”的契机，在全市不同区域集中建设人才公寓和公租房，用“安居”留住企业关键的技术人员，也有助于激发人才的活力。子女入学方面，有企业家提出，可以探索基于税收贡献的子女入学名额分配制度，同时政府可以效仿东莞的做法，通过购买优质民办学校的学位，引进关键技术人才，解决子女入学问题，从而助力实现人才支撑。

三是建议启动“温州技术人才计划”，系统地从招才引才、存量人才提升、新人才储备与培养、人才安居四个方面，通过精细化的规划与管理，为温州民营经济发展提供人才保障。人才安居要与其他几个方面配套进行。加强各部门之间的协作，将人才计划与各科技创新平台，与各企业信息平台联通，对全市人才招聘与引进做到较为准确地把控，从而有助于调配相关资源。企业家认为，温州发展所需的基础性技术人才要靠温州自身解决，因此要特别重视存量技术人员的提升和新生技术人员的培养。对现有存量人才要加强技能培训，可以依托技术创新平台的资源和便利，形成存量人才提升的常规机制。新人才的储备与培养，则是依托各个产业特点，鼓励行业和企业与本地大专院校进行定制化“订单班”人才培养和实训基地的合作模式，并结合职业生涯的提前引导与安居工程的提前设计，为技术人才储备铺平道路。

（五）传统工业区改造升级

按照行业分板块，对于已有的工业区，启动改造升级专项行动，将其作为未来1~3年的重点工作。对符合温州未来规划的主导产业，下定决心，搭建科技创新公共服务平台。平台包括研究所、质检院、国家和省级实验室等科技创新平台，还包括与之配套的研发中心、人才公寓和人才计划。提升可以从硬件和软件两个方面进行。从硬件上，不断进行资源挖掘，进行合理的空间拓展。空间拓展可以多种途径进行，可以探索“零增地”的“向上空间”，通过可能的加层方式增加空间，或是对利用率低的厂房进行改建。在条件允许的情况下，可以考虑打破“企业围墙”，特别是中小企业园区，通过打破隔离，提高现有空间利用率的同时，也有助于交流和提升。还可以结合就近大拆大整空出的区域，将其作为工业区提升的可用空间。同时可以创新使用“可分割产权”的方式盘活既有的工业厂房，更好地满足发展需要。从软件上，要推进信息技术的应用，引导中小企业借力智能制造，加快“机器换人”，要有意引导优质中小企业与大型骨干企业进行配套发展。

改造升级工业区配套环境。从绿化、道路、公交、公租房建设、文化娱乐中心、医疗等多方面，改造提升现有工业区。企业家建议创新机制，探索与税收挂钩的给地建宿舍机制，在企业快速成长期，打造真正的留人组合拳。对靠近工业区周边的“大建大美”工程也充分考虑工业区改造升级的需求，城市为工业发展升级留出空间的同时，也留住了企业发展所需要的技术和人才。长城纽扣的退二进三项目，具有协助原有产业配套升级的特性，建议政府可以提出一定的科技创新平台要素要求，从而引导他们成为工业区改造升级的样板工程。

（六）促进小精尖培育专项

建议设立促进小精尖培育专项，主要包括产业链招商、助力传统产业升级的新兴产业以及投资产业培育等几个方面。

产业链招商指在进行招商的过程中，特别注重完善温州产业链的发展需求，将有助于补齐温州优势产业的项目和促进温州传统产业提升的项目引入温州，帮助他们落地发展。除了前文提到的动能转化平台，还包括助力传统产业升级的新兴产业以及投资产业培育。

受访企业家建议打造温州创新铁三角，首先构建温州重点发展信息化的2.5产业软件园，为企业的信息化以及智能化提供强有力的支持。

同时温州是一个民间资本十分丰厚又十分活跃的城市，目前有大量的民间资本积极对外投资并积极参与外地注册的各种股权投资，比如私募基金。建议温州重点引进私募基金等投资机构在温州注册，有效引导温州民间资本的同时，能够有效增加温州的税收收入，同时，随着本地投资机构的发展，不久的将来，成为对温州小精尖企业重要的投资力量。

温州的民营经济发展，特别是小精尖企业的快速发展，越来越依赖温州营商环境快速和实质性的提升。打通政府与企业政策通道，构建区域科技创新平台，化公共服务，强化金融、人才等要素资源保障，助推企业“轻装上阵”，力促实体经济行稳致远，这些都对地方政府和各级领导的系统管理水平提出了更高的要求。

第二十章　疫情防控常态下的创业自我效能

2020年春爆发并延续至今的新冠肺炎疫情，是人类历史上影响最为广泛的疫情。从2021年回头看，相比较而言，最早爆发的中国，因为抗疫决心坚定，采取措施果断，虽然经历了最初的艰难，但目前已相对安全和平稳。

回顾中国疫情最为严峻的时期，温州曾被视作除了湖北之外最有挑战的地区。身处民营经济最为活跃的地区（民营企业数量占全市企业总数的99.5%，税收贡献的90%，工业增加值的92%，外贸出口的95%，就业人员的93%），中小微企业主由于自身的地位和特征，在特殊的复杂而严峻的国际形势和经济背景下，面临极大的挑战。

一、研究对象与方法

自我效能是企业主心理资本的重要方面（Luthans等，2004），对创新过程和创业绩效具有正面影响（《企业家心理资本对回乡创业绩效影响机制研究》，2018）。

表20.1　调查对象情况统计表

变量	选项	人数	比例/%
性别	男	248	71.68
	女	98	28.32
年龄	35岁及以下	104	30.06
	36~45岁	149	43.06
	46~55岁	78	22.54
	56岁及以上	15	4.34
婚姻状况	未婚	45	13.01
	已婚	292	84.39
	离异	9	2.60

续表

变量	选项	人数	比例 /%
受教育程度	初中（初中专）及以下	42	12.14
	高中（高中专）	114	32.95
	大专或本科	173	50.00
	硕士（博士）研究生	17	4.91

为了了解疫情背景下中小微企业主的心理状态如何？其创业自我效能感如何？课题组调查了涉及温州 12 个县（市、区）的中小微民营企业主及高层管理者，共收集了 384 份调查问卷，筛查出明显规律作答问卷后，最终确定有效问卷 346 份。同时，通过走访企业服务平台和企业主的方式，进行非定量信息的收集。收集的样本中企业家性别、年龄、婚姻状况、教育程度、从事工作年限、从事行业、担任职务等各变量的分布比例与温州中小微民营企业家队伍真实结构情况较为符合，其详细分布如表 20.1 所示，企业所在地、行业和企业规模见表 20.2。

此次研究主要采取问卷调查法，并结合访谈法。课题组在温州市企业综合服务平台和温州地区 12 个县（市、区）分平台召集了 11 场当地企业家集体座谈会。每场座谈会分别由当地中小微民营企业家代表 10 余人与会，听取与会人员对企业家身心健康的现状介绍和意见建议。

表 20.2　调查对象所在企业区域、行业、年限、规模

变量	选项	数量	比例 /%
所在区域	四个核心区（鹿城区、龙湾区、瓯海区、洞头区）	88	25.43
	三个县级市（乐清市、瑞安市、龙港市）	87	25.15
	五个县（永嘉县、文成县、平阳县、泰顺县、苍南县）	171	49.42
行业	第一产业	16	4.62
	第二产业	215	62.14
	第三产业	115	33.24

续表

变量	选项	数量	比例/%
企业创建年限	3年以下	59	17.05
	3~5年	88	25.43
	6~10年	77	22.25
	11~20年	71	20.52
	20年以上	51	14.74
企业规模	中型	142	41.04
	小型	129	37.28
	微型	75	21.68

二、调查结果分析

关于自我效能的评估，选择六个维度进行。这六个维度的选择，综合了已有的研究，并考虑到疫情对企业影响的几个重要方面，统计结果如表20.3所示。维度一是战略贡献，即企业主相信自己对公司战略的讨论有贡献；维度二是问题解决能力，即企业主相信自己能分析长远的问题并找到解决方案；维度三是外部联络方面，即企业主相信自己能够与公司外部的人（客户、供应商等）联系并讨论问题；维度四是内部沟通，即相信自己能够向一群同事精准陈述和传达信息；维度五是员工带领方面，即相信自己能带领员工完成更高的目标和挑战；维度六是本职工作，即管理层开会时在陈述自己工作范围内的事情很自信。

表20.3　自我效能测评指标的描述性统计分析

维度	最小值	最大值	均值	标准差
自我效能感	14	30	23.83	3.18
维度1：战略贡献	2	5	3.90	0.73
维度2：解决问题	2	5	3.91	0.65
维度3：外部联络	1	5	4.00	0.71
维度4：内部沟通	2	5	4.01	0.66
维度5：带领员工	1	5	3.97	0.70
维度6：本职工作	2	5	4.03	0.69

疫情带来的挑战，最明显的冲击就是“没有局外人”，促使企业主和创业者重新思考战略问题，因为原有战略的背景已经发生了改变，必须思考后疫情时代的世界会发生怎样的变化。本书前文所述的疫情调查中发现企业主比普通人花更多的时间进行思考，其中很重要的就是关于战略调整的思考。特别是受疫情冲击最为严重的餐饮业和旅游业，许多企业主已经在短时间内进行了战略布局的挑战。例如，餐饮业从堂食转为外卖就比较典型，还有一些餐饮企业从原来的以聚会服务为主转为工作餐服务为主。战略思考与调整本来就非常有挑战性，从自我效能评价的结果看，六个维度中得分最低即平均自我效能感最弱的就是这一项。

疫情暴发以后，对大部分的温州企业家和创业者来说，最直观的感觉是“遇到了从未有过的问题”，比起温州地区传统的台风等灾害，疫情挑战又急又狠、无色无味，让人看不见摸不着，而且最艰难的是持续时间无法估计。所有这些都让解决问题变得十分有挑战性，因此找到解决问题的方案显得尤为重要。疫情调查中发现，很多企业主不等不靠、积极主动地思考各种可能的解决途径。瑞安有一家制造业型企业的企业主，在听到相关消息后，马上组织自己的工人留在工厂，停止返乡，并主动采取相关措施，从而保证了企业在疫情期间平稳生产。疫情暴发之后，企业主所面临的问题不仅不是常规问题，更是一个之前没有处理经验的问题，也许正因为如此，解决问题这个维度的自我效能平均值与战略贡献相似，是最低的。

此次疫情影响涉及面之广之快，以至于似乎大家还没有完全明白过来的时候，整个社会已经被按下了暂停键。此时出现了大量的原定计划搁浅，外部协议无法履行等众多问题，很多供应链瞬间中断。所有这些都需要企业主与公司外部的客户、供应商等进行大量的协调沟通工作并进行有效讨论。作者调研发现，旅游业产生了大量海外和国内行程的取消，特别是海外订单常常需要预付相关费用，因此引发了大量国内客户的投诉。为此，旅行社企业主不得不通过行业协会，积极地与国内平台以及政府部门协调沟通，努力化解矛盾解决问题。此次调研发现，温州的中小微企业主的对外沟通自我效能均值较高，这与前面章节研究的结论是一致的，温州创业者在社交公关方面的自我效能相对较高。另一方面，调查中发现，此次疫情当中，政府的积极作为、勇于担当，快速调查企业需求，快速研究出台相关配套政策，这些让企业家和创业者感受到了与政府沟通的效率得到了极大的提升。

除了外部沟通，对内协调沟通的需求也在疫情暴发之后显得尤为重要。虽然大家几乎同时面对疫情的冲击，但企业主需要快速反应并理清状况之后，在系统内部进行精准陈述和信息传达。在这种关键时刻，谣言与误解非常容易滋生，所以及时、准确有效地沟通企业员工，回应他们的需求显得尤为重要。这次疫情之前，在线会议和远程办公等技术已经具备，但是使用并不广泛。在强烈的内部沟通需求的推动下，这些技术模式得到广泛推广，并催生了许多协同办公的方式。中小学的在线学习几乎算是零的突破，许多成年人的在家工作也被广泛尝试。也许是由于人际间工作技能是相通的，评估结果发现企业主的内部沟通自我效能与外部沟通效能基本一致。

带领员工的能力在疫情的环境下面临更高的要求。受疫情的冲击，员工的心态和工作状态偏离了正常状态，想法也会因疫情的进展与波动产生一定程度的波动，甚至可以说是上上下下、跌宕起伏。这个时候，是领导力发挥作用的关键时刻。相比较而言，组织或是团队的员工具有多样性，并有不同的角色和分工，正是因为如此，这个工作的挑战性极大，调研结果显示带领员工的自我效能平均值略低于人际沟通，排在六个维度中的第四位。

第六维度是关于本职工作，这项自我效能在六个维度中平均分最高。这说明企业主们对自己本职工作的自信心最强。本职领域和工作范围，是企业主最为熟悉的部分，也通常是最为熟练的部分。在疫情期间，比起不确定的环境，对本职工作的掌控感相对要高一些。

三、自我效能的分层分类分析

按照不同年龄段，对企业主的五个维度的自我效能进行分析，如图 20.1 所示。从图中可以看出，56 岁以上年龄组的企业家们在外部联络和带领员工方面的自我效能相比较其他年龄组企业主明显高出许多。35 岁以下、36–45 岁、46–55 岁三个年龄组的企业主，在解决问题和内部沟通方面的自我效能比较接近，其他几个方面的自我效能都随着年龄的增大相应提高。36–45 岁及 46–55 岁年龄组企业主本职工作的自我效能与 35 岁及以下的年龄组相比高出最多，而与 56 岁及以上年龄组较为接近。

将企业主自我效能按照不同规模进行分类，如图 20.2 所示，我们可以看到一些特点，即总体来讲，规模越大，企业主的自我效能评价水平越高。作者认为企业规模的信息里面通常蕴含着时间维度和能力维度，即企业通常是从小到大发展起来的，而且通常企业规模越大，对创业者的能力要求也越高。从这个角度，企业主自我效能与企业规模之间有一定程度的正比关系。

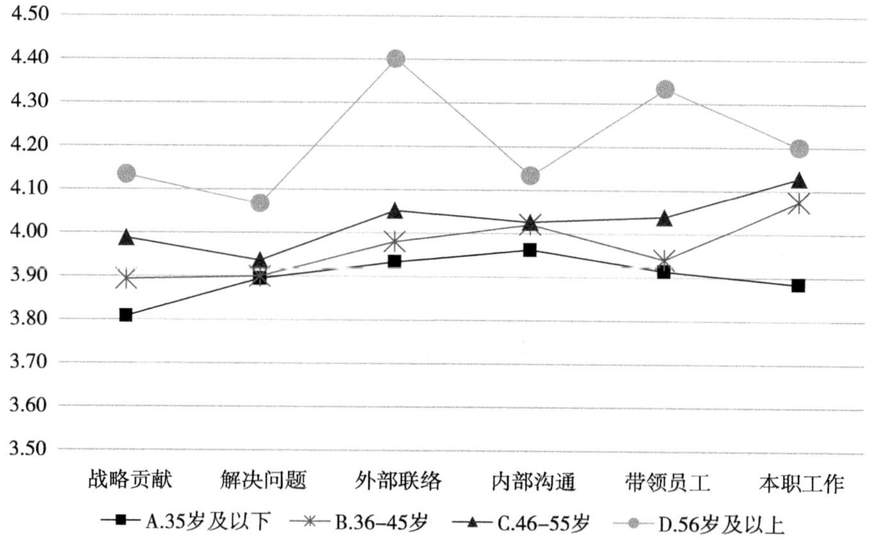

图 20.1 不同年龄企业主的自我效能

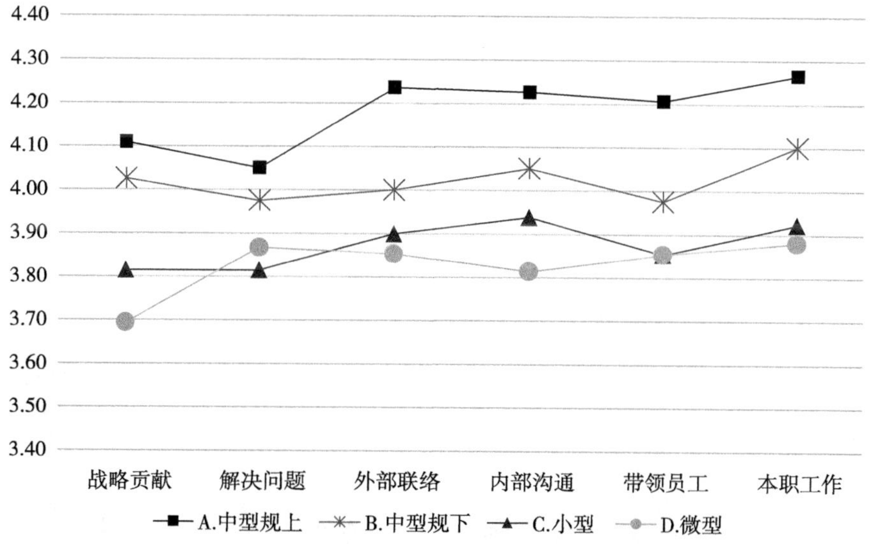

图 20.2 不同规模企业企业主的自我效能

在六个维度具体地看，解决问题这个维度有些不同的特征，在这个维度，四种规模的企业主的自我效能差距最小，中型规模以上企业主的分值与其他维度相比最低，而微型企业主的解决问题的自我效能是六个维度中几乎最高的。

作者认为，在疫情暴发这个特定的历史背景下，越是规模大的企业主，由于其决策的影响面以及决策带来结果的不确定性，使得这个维度的自我效能相对较低。相较而言，由于规模较小，微型企业的创业者对于问题的掌控感相对高一些。也是因为规模的因素，小微企业主的战略贡献自我效能是六个维度中最低的。

不同性别企业主的自我效能差异，如图 20.3 所示，体现出明显的差异。可以看到男性企业主的各维度自我效能均值都高于女性企业主，评价高出 0.21 个分值。男性企业主自我效能中最低的是解决问题这个维度，而女性企业主最低的是战略贡献这个维度。这个差异与平时人们感觉女性很难把握宏观与战略的直觉相一致。在六个维度当中，男性与女性企业主共同之处在于自我效能感最低的三个维度是一致的，即战略贡献、解决问题和带领员工。作者在调研中发现，这三个方面比起另外三个维度本身更为综合，在疫情暴发的外部环境下，这三个维度变得更有挑战性，也因而显示出较低的自我效能。

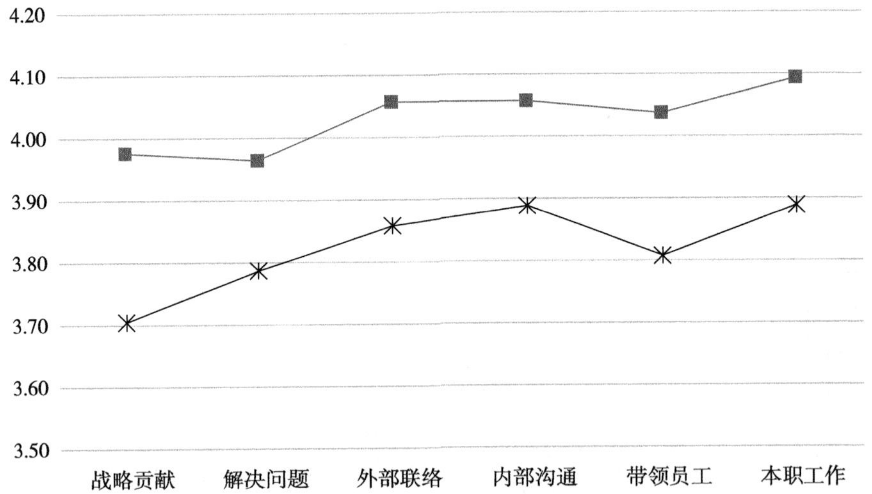

图 20.3　不同性别企业主的自我效能

按照企业主的受教育经历进行分析，如图 20.4 所示，可以看到就六个维度的自我效能平均值而言，初中及以下的企业主自我效能感最高，超过其他三种学历的企业主 0.1 分以上。作者认为有两方面的因素，一方面，初中以下学历的企业主具有相对更多的创业经历和磨炼；另一方面，创业自我效能高的创业者更容易采取创业行动。当然后一种情况在所有创业者当中都存在。

在六个维度当中可以看到不同学历企业主自我效能的丰富性。初中及以下学历企业主的自我效能最高的是战略贡献和带领员工这两个维度。高中学历的企业主在解决问题和本职工作两方面的自我效能感最高。大专或本科学历的企业主在外部联络和本职工作两个维度的自我效能感最强。硕士研究生及以上学历的企业主则是在内部沟通维度上自我效能感最高，其次是本职工作自我效能。

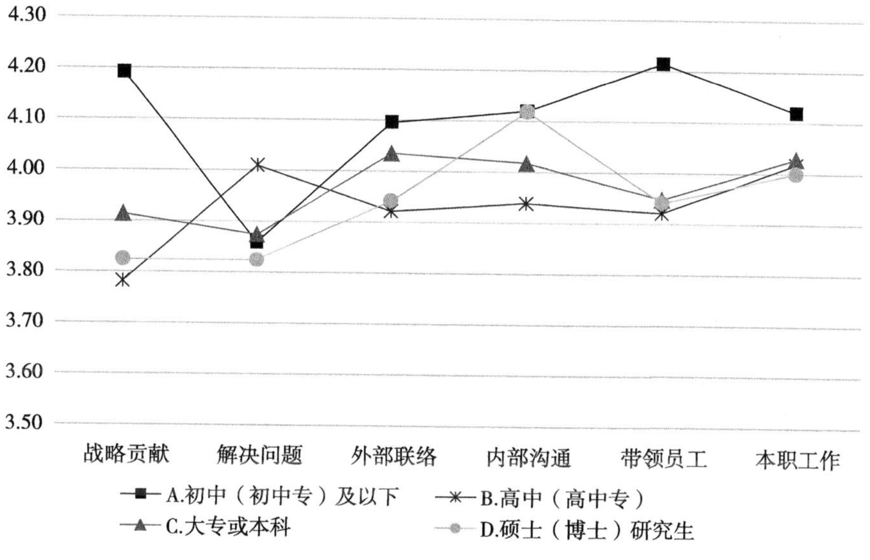

图 20.4　不同教育经历企业主的自我效能

按照不同维度比较，发现在战略贡献和带领员工这两个维度上，初中学历企业主的自我效能远高于其他三种学历水平的企业主，且其他三种学历水平的企业主都较为接近。作者认为初中学历的企业主往往较早进入职场，而且是年轻时候可塑性强，所以在战略思维与带领员工这两项很难通过更多学习获得的能力上具备了早期塑造和早期积累的优势。在解决问题这个维度，高中学历的企业主自我效能感明显高于其他三种学历水平的企业主。作者推测高中学历的企业主相对初中学历有更多的学科知识基础，同时又避免了更多学历学习带来的思维定式，因此在解决问题上更为灵活和自信。此外，高中、大专或本科以及硕士及以上三种学历企业主在带领员工和本职工作两方面的自我效能都非常接近。作者认为可以理解为更多的学历教育对这两方面的影响不大。

将以上四种分类的自我效能进行比较，发现教育经历与自我效能之间的整体规律性是最不明显的。这也说明创业是一件非常社会化的事情，学历教育的影响是带有不确定性的。

四、性格与创新创业自我效能

创新与创业自我效能是典型的创业者心理指标。怎样的人具有更高的创新和创业自我效能呢？按照心理学的冰山理论，除了基于容易看到的一些“水面之上”的分类，例如性别、年龄、学历、企业规模等，还有不容易看到的“冰山之下”的特征，例如价值观和性格。价值观往往在创业意图和性格中有所体现。性格相对稳定，从性格的角度进行自我效能分析，个体的思维、情感和行为特征影响着创业者的创新创业自我效能，这是作者在长期的创业者访谈中发现的。在这里作者试着从性格的几个方面[①]，概括出与创业者创新创业自我效能相关的个性特征，作为未来研究的引子。

与高创业自我效能相关的性格特征，从五个维度进行观察。

目标性向。在对事务的回应中，高创业自我效能者常常表现出有备自若或是随时备战，不需要花很长的时间做心理上和行为上的准备。高创业自我效能者通常有一定的条理性，能够做到严谨有序，也能应对乱局。高创业自我效能者通常是努力尽职的，会想法子解决问题，通过自己也可能通过他人。高创业自我效能者的成功欲求通常较强，注重结果或是力求成功。他们通常律己专注。

动能性向。高创业自我效能者通常在人际互动中注重交流互动、交游广阔，通常能够果敢表达，通常表现出从容不迫或是精力充沛、马不停蹄。高创业自我效能者往往敢于冒险、追求刺激，在积极乐观的同时，也能防范

① 这里利用 PEAKS 性格测评的框架进行观察。

风险。

鉴赏性向。高创业自我效能者往往有质疑精神，能够挑战现有的解决方案。通常圆滑老练，选择性进行坦诚或隐瞒。高创业自我效能者能够较好地分清界限，同时能够在必要时候选择竞争、妥协或是合作，更倾向于协商共赢或是敢于竞争。

学识性向。高创业自我效能者往往踏实果敢或是高瞻远瞩，通常相信自己能够看到不远或是更远的将来。高创业自我效能者逻辑与感觉兼顾，多是依靠直觉，通常他们思想明智且开放。高创业自我效能者通常能够接纳新观念，兴趣专一或是兴趣广泛，往往会影响创业者的发展路径和模式。高创业自我效能者一般来说有自己的道德准则，同时也能开明省视。

耐受性向。高创业自我效能者通常表现出冷静从容或是坚定沉着，感觉到怒气但是通常能控制和延缓动怒。遇到挫折他们通常能迅速复原，表现出较强的心灵韧性。在众人面前，高创业自我效能者能够驾驭窘迫、旁若无人。

综合以上五个方面，勾勒出了高创业自我效能者的综合概貌特征，即有远见，具备做抉择的能力，追求品质，能够建立人际网络并处理困难人物，能够自我激励或是激励推动他人，既能与他人合作又敢于竞争，保持意志坚定应对创业的挑战。

表 20.4　与高创业自我效能相关的性格特征

对事务回应	对人际回应	对权威回应	对改变回应	对压力回应
有备自若或随时备战	交往互动或是交游广阔	挑战现有的解决方案	踏实果敢或高瞻远瞩	冷静从容或坚定沉着
条理性	果敢表达	圆滑老练	依靠直觉	延缓动怒
努力尽职，解决问题	从容不迫或精力充沛	分清界限	明智且开放	坚定不移
注重结果，力求成功	追求刺激，敢于冒险	协商共赢或敢于竞争	接纳新观念	驾驭窘迫旁若无人
专注律己	积极乐观	坚定不移	平衡观点	协调压力或处变不惊

与高创新自我效能相关的性格特征，从五个维度进行观察。

目标性向。在对事务的回应中，高创新自我效能者常常表现出随时备战，似乎随时做好了心理上和行为上的准备。高创新自我效能者通常能够应对混乱。高创新自我效能者通常是想法子解决问题，通过自己也可能通过他人。高创新自我效能者的成功欲求通常较强，注重结果或是力求成功。他们大抵专注，也存在一定的弹性。

动能性向。高创新自我效能者在人际互动中的方式不是特别突出，通常表现出从容不迫或是精力充沛。高创新自我效能者往往敢于冒险、追求刺激，往往倾向于积极乐观。

鉴赏性向。高创新自我效能者往往有质疑精神，能够发现需要改革的地方，注重寻找解决方案。通常实话实说，倾向坦诚直率。高创新自我效能者能够较好地分清界限，在创新的关键问题上，更敢于竞争，看重原则与事实依据。

学识性向。高创新自我效能者往往富于想象或是高瞻远瞩，通常相信自己能够看到不远或是更远的将来。高创新自我效能者逻辑与感觉兼顾，多是依靠直觉。通常他们思想明智开放或是喜欢新奇。高创新自我效能者通常能够接纳新观念，创新路径和模式往往受到创新者个人兴趣专一或是兴趣广泛的影响。高创新自我效能者一般来说有自己的道德准则，同时也能开明省视。

耐受性向。高创新自我效能者通常表现出冷静从容或是坚定沉着。遇到挫折他们通常能迅速复原，表现出坚定不移的心灵韧性。在众人面前，高创新自我效能者能够驾驭窘迫、旁若无人。他们通常能够协调压力。

综合以上五个方面，勾勒出了高创新自我效能者的综合概貌特征，即有远见，思想开放，有质疑精神，追求突破难题，精力充沛，能够随时备战并能够自我激励，保持意志坚定应对创新的挑战。

表 20.5　与高创新自我效能相关的性格特征

对事务回应	对人际回应	对权威回应	对改变回应	对压力回应
随时备战		发现需要改革的地方，质疑精神	富于想象	冷静从容或坚定沉着
应对混乱		实话实说		
解决问题	精力充沛	分清界限	思想开放	坚定不移
重视成功	追求刺激，敢于冒险	强势好胜	接纳新观念，博学多才	驾驭窘迫旁若无人
大抵专注	积极乐观	看重确据	开明省视	协谐调压力

随着数字技术发展和大数据计算的深入，基于性格科学测评的大数据计算可以更加精准地给出不同领域或是不同规模创业者的“创业者画像”。作为开启，以上这些性格特征与创新创业自我效能的相关性研究，是基于调研案例的定性的初步梳理。希望将来能够与基于大数据的定量研究进行深度的结合，并且希望研究成果能够推动温州乃至中国“两个健康”。

第二十一章　整体智治、数字化改革与创业创新效能

党的十九届四中全会提出“坚持和完善中国特色社会主义制度、推进国家治理体系和治理能力现代化”以来，浙江省充分利用数字化发展的优势，把“整体智治”作为全省治理体系和治理能力现代化建设的重要抓手。

整体智治是与数字政府、数字经济、数字社会、数字法制相关的数字化城市治理的方式，也是数字化改革中处于核心地位的部分[97]。整体智治的提出，从某种意义上说，是一种重构，包括政府与市场主体的关系、政府治理方式、市场主体经济和社会活动等这些方面都将发生巨大的变化。

一、理解整体智治与数字化改革

“整体智治”指的是政府通过广泛运用数字技术，推动治理主体之间的有效协调，实现精准、高效的公共治理。温州龙港提出的“全域整体智治”，对“全域”特别强调。“全域”是全区域、全功能、全流程、全方法和全员参与的智慧化公共治理。“全域”的内涵，首要的就是涵盖整个区域的空间概念，另外一个内涵就是“全员参与”和“无死角”。比如，温州鹿城区丰门街道在疫情前推出的“安居码”和浙江省在疫情期间推出的“健康码”，就是全域整体智治的初步尝试，在抗疫期间发挥了重要的作用。而最近温州市推出的“智慧村社通”，也是让每一个民众都能与自己所居住的社区、村居连接，实现全域化服务和治理的积极探索。作者认为，整体智治的建立和形成过程中，自然而然地包含了“全域”的内涵和要求，因此表达上是可以省略的。

社会发展进入新时代，世界的连接更加紧密，复杂性和不确定性急剧增大，人员流动、信息传播乃至病毒传播也更加迅速。以2020年年初爆发，现

在仍然在全球各地愈演愈烈的新冠肺炎疫情为例，每一个个体信息的遗漏和错判，都有可能在很短时间内，产生很大的影响面。因此，社会治理需要全覆盖、更精准的整体智治。

“整体”，就是整体治理，它强调政府、社会组织、市场主体及个人等各治理主体之间的协同，因此必然对系统性、功能性和融合性有着较高的要求，尤其对政府跨部门、跨层级、跨治理主体以及跨领域、跨空间的协同性有着极高的要求。浙江大学教授郁建兴认为“整体智治”包含三个关键元素：一是政府的数字化转型；二是整体化的治理实践；三是精准、高效的需求回应，其中第二个是关键元素。“整体政府”是“整体治理”的基础。我们已经开展的“大部制”改革、“最多跑一次”改革都是“整体政府”取向的重要实践。中央党校教授赖先进则强调要“促进政府、企业和社会间协同治理”，并指出首先需要“加强政府组织体系内部的深度协同整合”。可见，“整体政府”是“整体治理”中的重要子系统，运用大数据和人工智能技术，推进政府组织变革和业务流程再造，仅仅是初级形态的整体治理。高级形态的整体治理，则需要在制度创新、法治保障和民主协商方面进行系统创新和突破。

“智治”，即“智慧治理”，作者认为它不仅强调治理主体对数字技术的广泛运用，还强调“双智融合”，即机器智能与人的智慧的融合。因此，“智治”也有两个阶段。基础阶段的智治是通过数字赋能和科技赋能，提升大数据和科技水平，拓展治理覆盖的广度和精度，帮助提升社会治理的效率。高级阶段的智治则是专家智慧与人工智能的融合，拓展社会治理的深度和人性化，帮助提升社会治理的效能，从而真正实现社会治理的价值。

总之，整体智治不是整体治理与智慧治理的简单叠加，而是两者的有机结合。“整体智治”的提出，是城市化和超大城市发展的背景下，对城市建构全新的治理体系提出的更高要求，是在技术进步的支撑下，对城市自身治理能力现代化的迫切需要和全新探索。城市具有人口密集、社会多元复杂、空间区域多样、民营经济发达、市民公共参与意识强烈的特点，具备了全域整体智治十分有利的条件。如果能够构建起全域整体智治的治理体系，将有利于全面提升社会治理效能，提高为人民服务的效率，进一步增加群众的获得感、幸福感和安全感，从而为地方政府的治理体系和治理能力现代化提供范本。

数字化改革是整体智治的基础，也是数字化政府、数字化经济、数字化社会和数字化法制的共同基础。因此2021年2月18日，春节假期后的首个工作日，浙江省委召开全省数字化改革大会，部署全面推进数字化改革工作。政府数字化改革是在政府数字化转型基础上的推进和升级。数字化改革更重要的部分是变革，在数字化基础上生产方式、生活方式、治理方式等方面将发生基础性、全局性、根本性的改变。正是因为如此，数字化改变必然推进系统性的制度重塑、营商环境的提升、社会治理效能的提升。另一方面，数据成为重要生产要素，战略资源的地位也将进一步提升[97]。基于以上这些，可以推断数字化改革与整体智治对区域和企业的创新和创业将产生巨大的影响。

二、创新创业将处于更优的营商环境

伴随着政府提出的数字化改革，产生的最大变化之一，就是营商环境的优化。

（1）政府对企业的扶持政策更加精准。数字化的推进，使得政府对于企业的情况把握得更加精准也更加全面，从而可以分行业分类型地设计各类政策，使之更容易理解、更可行。一是通过数字化改革的加深，面向企业的政策需要进行针对性的标准设置，或者说就是经过“数字化”的方式进行过滤，相当于对文件进行了详细的解读，这使得原来需要解读才能执行的情况，以及因为解读困难而无法执行的情况变得越来越少。二是通过数字化改革，每一项政策都可以通过数字化来评估政策效果，这使得原来“放在抽屉的政策”的情况消失，取而代之的是主动把政策推送给符合政策的企业。再者，政府可以基于企业数据进行政策仿真，从而更好地为政策制定提供决策参考。

（2）政策执行更加公正透明。在以人为工作为主的阶段，基层政策执行存在着各种问题，其中最让创业者愤怒的是政策的“选择性执行”，即手握政策文件的执行者根据与企业主的关系，决定使用“老政策”或是“新政策”，或是基于人情关系决定政策执行的宽松和优惠程度。这些行为给基层执行者造成了寻租的空间，也很大程度损害了政府的形象。通过数字化改革，主动推送的政策信息，让每个企业主或是创业者共享到，同时所有政策执行过程都被记录在案，从而促进了政策执行更加透明公正。从这个意义上说，数字化天然地具有一定的执行监督功能，保护了企业主、创业者的情感，同时保护了公务人员和政府的形象。

（3）数字化促进信用社会建设。营商环境中一个非常重要的因素就是信用体系建设。良好的信用社会建设，为市场环境的建设提供了非常重要的保障。数字化改革进一步推进和加速了这一进程。完备的信息社会的建设，也具有引导和约束功能，引领和指导自然人和法人更加注重承担应有的社会责任。

（4）数字化改革开启大量创新和价值创造的空间。作者认为2020年爆发并延续至今的新冠疫情以及政府提出的数字化改革，共同推进了数字化的进程。因此，与数字化有关的领域，成为一个新兴的具有活力的发展领域，成为一片新的蓝海，特别是基于工业数字化的发展空间更是无限广阔。另一方面，数字化经济社会的发展，对创新的依赖不断增加，从而使得价值创造更加往创新集聚。所以，作者认为数字化改革可以视作数字化升级版，更多地需要数字化创新，在这个过程当中，人类的创新成效凭借数字化技术得以增强，得以快速扩散，更快达到价值实现。

基于这些变化，作为管理者和服务者的地方政府，需要形成“智治”思维，做好数字赋能。首先建议政府通过系统性的“智治”培训，引导和促进“数治”与传统智力的融合。其次在扶持企业和创业者的健康成长上要：（1）精准发力，满足需求，强化政策和制度保障。例如，政府积极配套与整体智治相关的政策，又如，鼓励数字人才流动的政策，引进数字产业企业的优惠政策等。（2）政策指引数据流向和数据共享。根据不同数据特征，引导现有和新收集数据的流向和共享，提供更高效的公共数据服务。促进和推动基于数据的价值创造。（3）创新政策，鼓励社会资本参与智慧城市建设，同时有利于培育数字产业，更有效地发挥效用。（4）政策保障治理效能。注重线上和线下结合，深刻理解工具属性，注重线下人员支撑，鼓励多元参与，注重治理效能，要见物，更要见人。积极探索使用者评价机制、使用者改善机制、主动服务群众等多种机制。

三、创新创业自我效能的变化

数字化变革是一个深刻的时代发展背景，已经对创新创业产生了巨大的影响。这些影响已经在很大程度上传递和影响到创业者的创新创业自我效能。

（1）销售方面。随着数字化变革的加深，市场份额目标的边界在不断扩大，从原有的地理上的局限，不断拓展到全国，并不断加速走向世界，例如随着国家一带一路的战略走向全球。中国的电子商务不断地与国外的平台进行更深度的对接和合作，从而使得中国企业的销售更容易地走向全世界。因此，创业者对于销售的自我效能得到了一定程度的提升。另一方面，数字化的变革，也使得在数字空间的销售竞争变得异常剧烈，并且领先效应和马太效应比较明显，因此对于与市场份额、销售目标、利润目标的实现相关的自我效能变得不太确定。同时在数字技术的支持下，创业者建立市场定位、进行市场分析的自我效能大大提升。因为数字技术提供了更为精准的用户画像，可以进行低成本的销售尝试，能够相对便利地进行市场分析。

（2）创新方面。随着数字化变革的推进，创业者认为发现新的商机和新的点子，一方面变得容易，因为与数字化有关的蓝海画卷正在慢慢展开，而且越来越容易获得更广泛的信息和资源；另一方面变得更加有挑战性，是因为原有的相对分割的创新领域被打通，对创新有了更高的要求，同时也会有更多的竞争者。关于新产品和服务的创新、新市场和区域的创新，创业者自我效能都因着数字化浪潮变得更加容易，因为跨领域跨区域的合作变得更加便捷和高效，例如鼓励设立企业研究所、企业博士后流动站等方式都是有力的手段。影响最大的是新的生产、销售和管理方法，创业者效能提升得到了外力的帮助，最典型的是地方政府，通过开展企业培训、鼓励“两化融合”以及其他的科技项目补贴，帮助企业在观念上更新，在知识上武装，在手段上升级，从而促进了新方法手段的推广。在助农项目上特别典型，例如“直播带货”这样的项目，很多地方是基层政府开始带头尝试。在数字化农业项目上，很多地方也是政府带头开展试点并进行推广。

（3）管理方面。由于数字化的加深，创业者对于信息系统开发的自我效能明显提升，因为身边成功的案例变得越来越多。在通过设定目标进行时间管理这个维度的管理效能提升最为明显，因为数字化的协同办公服务以及个人的时间管理功能也越来越普及。一个典型的案例是温州市瓯海区的瞿溪街道，通过“浙政钉”中的模块功能，将工作分配到人，并通过“Ding”的方式，持续提醒、推进和跟踪，帮助团队更加高效协同地完成目标任务。另外一个典型案例是牛年春晚红包的发放。2021 年 1 月 15 日，拼多多和央视牛年春晚的红包合作被宣布终止；同一天，抖音和央视的合作敲定。通常认为，需要花 4~5 个月的时间来准备春节红包的发放工作，但是这时距离春节只有 27 天时间。不仅时间紧，还需要大规模协作研发，调研发现，抖音有 1000 多人参与了这个项目。假设每 2 个员工之间都需要沟通的话，计算 1000 个员工的沟通渠道超过 50 万条。采取大群或是层级式沟通，这样的工作效率是无法忍受的。抖音通过类似企业微信和钉钉办公的办公工具“飞书”来实现了大规模的协同。

（4）风险承担方面。数据科学的发展，让一部分风险变得相对容易监控和评估，从而基于预测的风险管理变得更为高效。另一方面由于世界发展的不确定性增大，使得在不确定性情况和风险下做出决策的挑战更大，从而自我效能下降。这使得在创业者的自我效能中，进行风险决策，并为做出的决策和提出的想法承担责任的要求变得更高。这些变化要求创业者在压力和矛盾冲突下工作的能力更高。

（5）财务管理、资金控制方面。由于财务管理中存在大量标准化、规范化的操作和内容，基于数字技术的支撑，进行财务分析以及完善财务系统和内部控制的自我效能预计会普遍增强。同时，基于财务分析的成本控制也由于数据挖掘、数据分析的助力变得目标更明确、路径更清晰。除了基于财务分析的成本控制，数字化技术带来的创新性的成本控制则更多体现为创新能力。典型企业的案例，例如通过数字化改造炼钢炉，使得原本依靠经验控制的炉温得到更加精确的控制，从而大大降低能源消耗；又如通过数字化改造的电解铝工艺，使用精确控制降低耗电量，同时大幅提高产品质量。

（6）社交能力方面。关于社会关系和有效沟通，也会因数字科技的进步产生变化。在传统的创业过程中，拉近与地方政府和各部门单位的关系，往往有助于得到特殊的政策照顾，很多时候也是市场资源获得的重要渠道。随着数字化改革的深入，尤其整体智治的提出，重构了政企关系，政企沟通的渠道也更加开放和多元，数字化沟通也成为重要的方式，大量来自事实统计的参数，代替关系和感觉成为决策依据。这些方面的变化，使得社交能力的重要性对于创业的影响力下降。同时，与公众有效沟通的相关需求显著提升。所以，关于社交方面自我效能的发展方向和重点也相应有所调整。

四、创业其他方面的影响

随着社会的进步和科技的发展，特别是数字化的推进，大数据参与的生产方式会越来越深入，大数据参与的消费方式会越来越丰富，大数据作为一种重要生产要素的观念也会越来越深入，因此数据驱动的创业会不断涌现出来。基于这种趋势判断，创业意图中“把想法变成现实”的驱动比重预计会上升。在这些创新项目中，发展型创业预计占主导。此外可以预测，在这个方向上，技术型人才创业的比重也将越来越高。

创业者主动谋数，更加重视数据共享与系统集成也将是数字化变革对现有创业者的影响。与数字化趋势相匹配，企业内部也将更加重视相关专业人才的引进和培养，甚至随着数字化的推进，预计很多企业内部会建立类似智慧中心的专职部门，或是转型升级已有的信息部门以便更好地服务于越来越数字化的业务和需求。与此同时，企业内部也将激活企业内外的相关智力资源，那些原先已经具备一定数据科学基础的人才会不断发挥出复合型人才的优势。

企业内部的另一个变化就是打通各部门各层级沟通的深化，流程再造成为必然，数据驱动和需求驱动两端共同发力，形成闭环的特点愈加强化。随着数字化改革的深入，相关人才的需求会出现爆发式的增长。因此建议企业通过少量引进外部智力资源，重点培育内部团队。作为地方政府，可以给足优惠政策，引进国内先进团队到温州成立分部，带来专家智力资源的同时，能够成为吸引和培育人才的平台。地方政府成立数字化项目的专家顾问委员会。政府整体智治亟需懂业务、又懂技术的复合型人才，这样的人才必然需要依靠内部主体。此外，长短期结合，启动智治人才培智计划，建议定向招聘年轻人直接参与既有模块的推广落地，进行数据分析管理等支持工作，为后续深入应用积累经验和人才。

参考文献

[1] AJZEN I. The theory of planned behavior[M]. Organ. Behav. Hum. Decis. Processes, 1991, 50(2): 179–211.

[2] ZHAO H, SEIBERT S E, HILLS G E. The mediating role of self–efficacy in the development of entrepreneurial intentions[J]. J. Appl. Psychol., 2005, 90(6): 1265–1272.

[3] CHEN C C, GREENE P G, CRICK A. Does entrepreneurial self–efficacy distinguish entrepreneurs from managers? [J] J. Bus. Ventur., 1998, 13(4): 295–316.

[4] MCGEE J E, PETERSON M, MUELLER S L, SEQUEIRA J M. Entrepreneurial self–efficacy: refining the measure[J]. Entrepreneurship Theory Pract., 2009, 33(4): 965–988.

[5] BANDURA A. Self–efficacy: the Exercise of Control[M]. New York, NY: Freeman, 1997.

[6] BANDURA, A. Social Foundations of Thought and Action: A Social Cognitive Theory. Englewood Cliffs, NJ: Prentice–Hall, 1986.

[7] SELIGMAN M E P. Learned Optimism[M]. New York, NY: Knopf, 1990.

[8] KRUEGER N, Jr, DICKSON P R. How believing in ourselves increases risk taking: perceived self–efficacy and opportunity recognition[J]. Decis. Sci., 1994,25(3): 385–400.

[9] WOOD R, BANDURA A. Social cognitive theory of organizational management[J]. Acad. Manag. Rev., 1989, 14(3): 361–384.

[10] BANDURA A. Social cognitive theory: an agentic perspective[J]. Asian J. Soc. Psychol., 1999, 2(1): 21–41.

[11] BERGMAN N, ROSENBLATT Z, EREZ M, DE–HAAN U. Gender and the effects of an entrepreneurship training programme on entrepreneurial selfefficacy and entrepreneurial knowledge gain[J]. Int. J. Entrepreneurship Small Bus., 2011,13(1): 38–54.

[12] FLORIN J, KARRI R, ROSSITER N. Fostering entrepreneurial drive in business education: an attitudinal approach[J]. J. Manag. Educ., 2007, 31(1): 17–42.

[13] OOSTERBEEK H, PRAAG M, IJSSELSTEIN A. The impact of entrepreneurship education on entrepreneurship skills and motivation[J]. Eur. Econ. Rev., 2010, 54(3): 442.

[14] PETERMAN N E, KENNEDY J. Enterprise education: influencing students' perceptions of entrepreneurship[J]. Entrepreneurship Theory Pract., 2003,28(2): 129–144.

[15] VON GRAEVENITZ G, HARHOFF D, WEBER R. The effects of entrepreneurship education[J]. J. Econ. Behav. Organ., 2010,76(1): 90–112.

[16] WILSON F, KICKUL J, MARLINO D. Gender, entrepreneurial self–efficacy, and

entrepreneurial career intentions: implications for entrepreneurship education[J]. Entrepreneurship Theory Pract., 2007, 31(3): 387–406.

[17] COX L W, MUELLER S L, MOSS S E. The impact of entrepreneurship education on entrepreneurial self–efficacy[J]. Int. J. Entrepreneurship Educ., 2002,1(2): 229–245.

[18] YAR HAMIDI D, WENNBERG K, BERGLUND H. Creativity in entrepreneurship education[J]. J. Small Bus. Enterp. Dev., 2008,15(2): 304–320.

[19] FAYOLLE A, GAILLY B. The impact of entrepreneurship education on entrepreneurial attitudes and intention: hysteresis and persistence[J/OL]. J. Small Bus. Manag. 2013, http://dx.doi.org/10.1111/jsbm.12065.

[20] GALLOWAY L, BROWN W. Entrepreneurship education at university: a driver in the creation of HIGH growth firms? [J]. Educ. Train., 2002,44(8/9): 398–405.

[21] KOLVEREID L, Moen O. Entrepreneurship among business graduates: does a major in entrepreneurship make a difference? [J]. J. Eur. Ind. Train., 1997, 21(4):154–160.

[22] SOUITARIS V, ZERBINATI S, AL–LAHAM A. Do entrepreneurship programmes raise entrepreneurial intention of science and engineering students? [J]. The effect of learning, inspiration and resources. J. Bus. Ventur., 2007, 22(4): 566–591.

[23] VAIZLER B. The Impact of Entrepreneurship Education on Entrepreneurial Self–efficacy and Behavior: Unfolding the Effects of Passion and Inspiration [J]. Haifa, Israel: Technion, 2011.

[24] WU S, WU L. The impact of higher education on entrepreneurial intentions of university students in China[J]. J. Small Bus. Enterp. Dev., 2008, 15(4): 752–774.

[25] 钟卫东，孙大海，施立华. 创业自我效能感、外部环境支持与初创科技企业绩效的关系——基于孵化器在孵企业的实证研究 [J]. 南开管理评论，2007，5：68–74.

[26] 王彭，周彩英. 大学生创业自我效能感现状分析. 创新和创业教育，2015，2：111–116.

[27] Mokhber M, Tan G G, Vakilbashi A, et al. Impact of entrepreneurial leadership on organization demand for innovation: Moderating role of employees innovative self–efficacy[J]. International Review of Management and Marketing, 2016, 6(3):415–421.

[28] 刘志迎，陈青祥，徐毅. 众创的概念模型及其理论解析 [J]. 科学与科学技术管理，2015，2：52–61.

[29] 祝智庭等. 从创客运动到创客教育培植众创文化 [J]. 电化教育研究，2015，7：5–13.

[30] 王佑镁，叶爱敏. 从创客空间到众创空间：基于创新 2.0 的功能模型与服务路径 [J]. 2015，11：5–12.

[31] 孟国力. 北京“众创空间”区位选择特征及影响因子分析 [J]. 首都经济贸易大学学报，2016，6：35–38.

[32] 卓晓宁. 苏北地区众创空间的发展战略路径研究 [J]. 中共南京市委党校学报，2015，6：35–38.

[33] 黄世芳. 众创空间与区域创新系统的构建——基于欠发达地区的视角 [J]. 广西民族大学学报（哲学社会科学版），2016，1：156–160.

[34] 邵永新. 关于众创空间的理论研究及思考 [J]. 江苏科技信息，2016，6：4–7.

[35] 刘金婷. "互联网 +" 内涵浅议. 中国科技术语，2015，3：61–64.
[36][美] 克里斯・安德森. 创客：新工业革命 [M]. 萧潇译，北京：中信出版化，2012：12.
[37] 陈劲，王焕祥. 创新思想者：当代十二位创新理论大师 [M]. 科学出版社，2011.
[38] 任艺. 天津市众创空间发展研究 [J]. 硕士学位论文，2017.
[39] 王晴. 图书馆创客空间的运行模式及影响因素研究—基于美国图书馆界实践案例的考察 [J]. 国家图书馆学刊，2014，5：66–73.
[40] 赖晓南，特色化众创空间的发展模式 [J]. 高科技与产业化，2015，234：98–100.
[41] 王圣丹. 我国高校众创空间运营模式及支持系统探索 [J]. 产业与科技论坛，2017，1：227–229.
[42] 周素红. 众创空间的非正式创新联系网络构建及规划应对 [J]. 规划师论坛，2016，9：11–17.
[43] 董弘毅. 现阶段众创空间发展中存在的问题与对策研究 [J]. 山西科技，2016，6：1–3.
[44] http：//news.163.com/16/0818/14/BUOPET7H00014JB5.html.
[45] 王忠诚. 创新自我效能：理论生成、测量及影响研究综述 [J]. 科技广场，2016，6.
[46] M Mokhber，GG Tan，A Vakilbashi，NAM Zamil，R Basiruddin. Impact of Entrepreneurial Leadership on Organization Demand for Innovation：Moderating Role of Employees Innovative Self–efficacy.
[47] 丹尼尔・艾森伯格，志华. 政府如何建立创业生态系统 [J]. 哈佛商业评论，2010，7.
[48] 毛大庆主编. 中国众创空间行业发展蓝皮书（2016）[J]. 浙江人民出版社，2016，6（3）：16–28.
[49] 吕力等. 众创、众创空间与创业过程 [J]. 科技创业月刊，2015，10.
[50] 范海霞. 各地众创空间发展政策比较及启示 [J]. 杭州科技，2015，3.
[51] 杭州市政府研究室调研组. 杭州 "众创空间" 发展现状研究 [J]. 杭州科技，2015，3.
[52] 投中研究院. 众创空间在中国：模式与案例 [J]. 国际金融，2015，6.
[53] 陈夙等. 众创空间创业生态系统：特征、结构、机制与策略——以杭州梦想小镇为例 [J]. 商业经济与管理，2015，6.
[54] 张永飞. "众创时代"：开启经济新引擎 [J]. 中国政协，2015，6.
[55] 李泽众. "众创空间" 发展的浙江路径 [J]. 浙江经济，2015，16.
[56] 王德禄. 众创空间未来发展方向初探 [J]. 中关村，2016，2.
[57] 潘海燕. "创客" 托起 "双创" 新热潮 打造经济新常态新引擎 [J]. 经济观察，2015，24.
[58] 李万. 创新 3.0 与创新生态系统 [J]. 科学学研究，2016，12.
[59] ECKHARDT J T, SHANE S A. Opportunities and entrepreneurship[J]. Journal of Management, 2003,29(3):333–349.
[60] Kirzner I M. Competition and entrepreneurship [M]. Chicago Press，1978.
[61] 唐鹏程，朱方明. 创业机会的发现与创造两种创业行为理论比较分析 [J]. 外国经济与管理，2009，31（5）：15–22.
[62] GUAGNANO G A, STERN P C, DIETZ T. Influences of Attitude–behavior–Relationships: A

Natural Experiment with Curbside Recycling[J]. Environment and Behavior, 1995, 27(5):699–718.

[63] 王建明，王俊豪. 公众低碳消费模式的影响因素模型与政府管制政策——基于扎根理论的一个探索性研究 [J]. 管理世界，2011，4：58–68.

[64] 高翔，郁建兴. 新冠肺炎疫情防控中的公共治理机制：信息、决策与执行 [J]. 治理研究，2020，2.

[65] 鲍勃，杰索普. 治理与元治理：必要的反思性、必要的多样性和必要的反讽性 [J]. 国外理论动态，2014，5.

[66] 刘鹏. 科学与价值：新冠肺炎疫情背景下的风险决策机制及其优化 [J]. 治理研究，2020，2.

[67] 白岩松连线温州市长谈疫情防控，市长姚高员实力圈粉 http：//news.66wz.com/system/2020/02/03/105230368.shtml.

[68]“江苏疾控”微信公众号，http：//jscdc.weiynet.cn/index.

[69] 卢晖临. 社会学概论. 北京大学公开课，http：//open.163.com/newview/movie/free？pid=MDPROOG8D&mid=MDQDO4KOC.

[70] 徐伟俊，申爱君，阮爱清等. 关于新冠肺炎疫情对我市中小企业影响的调查与建议 [J]. 温州政研决策参考，第 7 期.

[71] 赫茨伯格. 双因素理论 [M]. 北京：中国人民大学出版社，2016.

[72] 代耀. 双因素激励理论在企业管理中的应用研究 [J]. 现代商贸工业，2011，23（4）.

[73] 杨东进，冯超阳. 保健因素主导、激励因素缺失：现象、成因及启示———基于“80后”员工组织激励的实证研究 [J]. 管理工程学报，2016，30（2）：20–27.

[74] 郭木英，冯爱明，李丹青. 双因素激励机制与科技管理 [J]. 中国计量学院学报，2000（S1）：87–90.

[75] 杨卫敏. “两个健康”引领机制的战略考评研究 ——非公经济人士综合评价的实践意义及时代价值. 宁波大学学报（人文科学版），2019，1（32）:93–101.

[76] 温州市创建新时代“两个健康”发展先行区总体方案，http：//news.66wz.com/system/2018/10/18/105120844.shtml，温州网，2018–10–18.

[77] 温州市创建新时代“两个健康”先行区加快民营经济高质量发展相关政策和具体措施，温州市人民政府办公室，http：//www.wenzhou.gov.cn/art/2018/11/8/art_122 9314_41358.html.

[78] 刘昌年，梅强. “专精特新”与小微企业成长路径选择研究 [J]. 科技管理研究，2015，5.

[79] 王旭东. 以创新精神培育绍兴独角兽企业 [N]. 绍兴日报，2018–4–9.

[80] 勒川. 中国独角兽企业有望引领全球大数据产业发展 [J]. 中关村，2017，7.

[81] 孙韶华. 中国“独角兽”企业崛起引全球关注 [J]. 决策探索，2018，1.

[82] 楚天骄，宋韬. 中国独角兽企业的空间分布及其影响因素研究 [J]. 世界地理研究，2017，12.

[83] 秋实. 用新价值观定义 2016 未来独角兽企业 TOP15. 互联网周刊，2016–5–5.

[84] 刘程，王胜勇. “独角兽”企业来了 [J]. 中国中小企业，2016，10.

[85] 徐天舒，朱天一. 中小制造企业“专精特新”导向评价指标体系设计——基于苏州200 家“隐形冠军”企业的实证分析 [J]. 科技与经济，2017，6.
[86] 吴贝贝，王胜勇. 新经济下企业爆发式成长研究 [J]. 中国市场，2017，29.
[87] 彭琳. 美国如何孵化独角兽企业 [N]. 南方日报，2017-12-19.
[88] 李晓锋. 美日韩“专精特新”企业建设经验及对天津企业建设的启示 [J]. 天津经济，2018，1.
[89] 谢云挺. 杭州为何能快速冒出一批独角兽企业 [N]. 经济参考报，2018-3-20.
[90] 李天舒. “专精特新”中小企业的基本特征和培育机制——以上海市为例 [J]. 特区经济，2012，7.
[91] 张培培. 互联网时代工匠精神回归的内在逻辑 [J]. 浙江社会科学，2017，1.
[92] 马骏. 提升上海“专精特新”中小企业国际竞争力的对策研究 [J]. 科学发展，2017，4.
[93] 独角兽企业. 天津经济 [J]. 2017 第 4 期（总第 275 期）。
[94] 支持中小企业“专精特新”发展的地方经验 [J]. 中国中小企业，2014，4.
[95] 胡峰，李晶，黄斌. 中国独角兽企业分析及其对江苏的启示 [J]. 科技与经济，2016，10.
[96] 袁家军. 全方位深化政府数字化转型，加快打造“整体智治”现代政府 [EB/OL]. [2020-3-26]. http：//www.zj.xinhuanet.com/2020-03/26/c_1125772878.htm.
[97] 郁建兴，黄飚. “整体智治”：公共治理创新与信息技术革命互动融合 [J]. 人民周刊，20209（12）：73-75.
[98] 赖先进. 人工智能赋能政府治理体系和治理能力现代化建设 [J]. 审计观察，2020，5.
[99] 余敏江. 整体智治：块数据驱动新型社会治理模式 [J]. 行政论坛，2020，4：76-82.
[100] 周俊. 以整体智治消除基层“数据烟囱”[J]. 国家治理，2020，8（2）：24-26.

后 记

2018年正值改革开放四十周年，2021年是中国共产党建党一百周年。温商创业创新的历史是中国改革开放的缩影，更是在中国共产党的领导下开启的奋斗征程和历史。所以成书并出版于2021年，是特别有纪念意义的。

本书缘于温州大学的浙江省哲学社会科学重点研究基地课题“（16JDGH097）：基于创业自我效能视角的创业创新动力系统研究：以温商为例”。温州人民在改革开放中展示出了让人瞩目的奋斗精神和开拓勇气，这些是本书研究的出发点。

在多年的研究过程中，有大量的温州创业者和企业家们，给予本人积极的支持和配合，贡献出自己内心的想法和感受，这是极大的信任和支持。尽管你们当中大多数人在本书当中以匿名受访者的方式出现，本人依然要在此对每一位创业者表示深深的谢意。在我的心目中，走在创业创新路上的你们是我心中的英雄。

原温州大学城市学院舒晓楠教授、谢健教授、朱沛博士，中共温州市委党校朱康对教授，温州大学任宗强博士，常常给我具体的指点。感谢你们在百忙之中给我的帮助。

感谢东莞理工学院尹小勇副教授，邀我一同讨论他主持的课题“互联网时代基于创新自我效能视角的广东省区域创新动力系统研究：以东莞市为例（2016GXJK157）”，使我有了更广阔的研究视角，并与他一起开展了关于创新创业的籍贯差异的跨区域合作研究。感谢将研究成果并入此书一同出版。

感谢浙江东方职业技术学院的吴同喜老师，疫情暴发期间我们共同开展的相关研究是本书中创业者研究的基础。

感谢温州职业技术学院的薛小莲老师和温州广电集团的何可人老师，与两位老师在心理学相关方面的讨论激发了许多新的视角。关于疫情后创业者自我效能的研究，得到了薛小莲老师的大力支持。

感谢经济日报出版社的陈礼滟编辑的悉心指点，使本书得以顺利出版。本人经验不足，得到本书责任编辑老师的细心帮助，真是非常感激。

本书得到浙江省哲学社会科学重点研究基地“温州大学温州人研究中心”的大力支持。

由于作者研究水平和表达能力有限，内容素材还有待进一步挖掘和加工，研究的深度还有待进一步加强。研究中还有很多想法没有诉诸笔端，希望将来能够付诸实践。由于时间仓促等原因，书中难免存在许多不足之处，恳请读者批评指正。

作者

2021 年 4 月